U0522618

奋斗者

《环球人物》杂志社 主编

人民东方出版传媒
People's Oriental Publishing & Media

东方出版社
The Oriental Press

图书在版编目（CIP）数据

奋斗者 /《环球人物》杂志社主编 . —北京：东方出版社，2024.4
ISBN 978-7-5207-3867-5

Ⅰ.①奋… Ⅱ.①环… Ⅲ.①人物—先进事迹—中国 Ⅳ.① K820.7

中国国家版本馆 CIP 数据核字（2024）第 036440 号

奋斗者
（FENDOUZHE）

主　　编：	《环球人物》杂志社
策划编辑：	鲁艳芳
责任编辑：	杭　超　鲁艳芳
出　　版：	东方出版社
发　　行：	人民东方出版传媒有限公司
地　　址：	北京市东城区朝阳门内大街 166 号
邮政编码：	100010
印　　刷：	北京明恒达印务有限公司
版　　次：	2024 年 4 月第 1 版
印　　次：	2024 年 4 月北京第 1 次印刷
开　　本：	710 毫米 ×1000 毫米　1/16
印　　张：	18.25
字　　数：	265 千字
书　　号：	ISBN 978-7-5207-3867-5
定　　价：	59.80 元

发行电话：（010）85924663　85924644　85924641

版权所有，违者必究

如有印装质量问题，我社负责调换，请拨打电话：（010）85924725

踔厉奋发　勇毅前行

新时代是奋斗者的时代，团结奋斗依然是不变的时代呼声。习近平总书记在党的二十大报告中指出，党用伟大奋斗创造了百年伟业，也一定能用新的伟大奋斗创造新的伟业。

一百多年来，在中国共产党的领导下，无数革命先烈用鲜血浸染了猎猎红旗，用生命捍卫了民族尊严；在实现中华民族伟大复兴的历史征程上，一代代中国人奋斗不止，无数奋斗者在各个领域披荆斩棘、砥砺前行，为国为民，奉献一生。

"幸福都是奋斗出来的，奋斗本身就是一种幸福。"在中华民族一往无前的滚滚洪流中，在科技强国的路上、文化传承发展的前沿、抗击疫情一线，处处跃动着奋斗者的身影。为大力弘扬"幸福源自奋斗、成功在于奉献、平凡造就伟大"的价值理念，激励广大干部群众把人民对美好生活的向往作为奋斗目标、做新时代长征路上的不懈奋斗者，人民日报社旗下《环球人物》杂志社选取了30多位科技、经济、文化等领域杰出代表的相关报道，与东方出版社联合推出《奋斗者》一书，通过记者团队采访、深度挖掘，力求为读者呈现最真实、全面的人物事迹。他们中有：一生只为大国重器的"中国卫星之父"孙家栋，不改革命本色、居功不自傲的"共和国勋章"获得者李延年，一生守护敦煌的"文物保护杰出贡献者"樊锦诗，挽救了数百万疟疾患者生命的"共和国勋章获得者"屠呦呦……

  他们以中华民族振兴为己任，始终与国家同甘苦、共患难，为了中国的强盛，情愿燃烧自己的一生；他们如同一面面鲜艳的旗帜，激励着人们奋勇前进。如今，在习近平新时代中国特色社会主义思想的引领下，中国的发展一日千里，神州大地欣欣向荣，14 亿多中国人民踔厉奋发，将继续在民族复兴的征程上勇毅前行！

编者
2024 年 3 月

目 录

第一章　以身许国　奋斗续写辉煌

003 ｜ "中国卫星之父"孙家栋：一生只为大国重器

013 ｜ "共和国勋章"获得者黄旭华：一辈子只为干好一件事

022 ｜ 中国科学院院士王希季：造火箭的人

031 ｜ 科学家黄晖：在海底世界"种"珊瑚

037 ｜ "奋斗者"号总设计师叶聪：带着国旗潜入万米海底

045 ｜ 粒子物理学家周光召："我愿意改行，随时听从祖国的召唤"

第二章　自强不息　实干成就未来

059 ｜ 华为创始人任正非：带领华为走过数个艰危时刻

072 ｜ 娃哈哈创始人宗庆后：用脚丈量中国市场

078 ｜ 浦东新区首任掌门人赵启正：浦东30年，"软成果"不容忽视

085 ｜ 格力创始人董明珠：一秒典雅，一秒爆发

092 ｜ 海尔创始人张瑞敏：颠覆创新，凡墙皆是门

100 | "民营企业家"鲁冠球：风云激荡五十年

第三章　守护和平　诠释铁血担当

109 | "共和国勋章"获得者李延年："我们是硬骨头，攻上来就能守得住！"

116 | "八一勋章"获得者杜富国：失去双手双眼，是我无悔的选择

123 | "辽宁号"航母的女舵手徐玲："旱鸭子"成女水兵，掌舵航母过七载

130 | "朱日和之狼"满广志：要求严格，让全旅官兵心里发毛

141 | "中国舰载机之父"罗阳：用生命最后一刻，守护歼-15的首次飞

第四章　向阳而生　灌溉美好未来

149 | "中国农村改革之父"杜润生：要尊重农民，让农民解放

156 | "杂交水稻之父"袁隆平：把一生献给了稻田和大地

164 | 三八红旗手贺娇龙："支青二代"野蛮生长，策马雪原只为家乡拉风

173 | "全国先进工作者"常明昌：扶贫路上的"菇神"

180 | 网红县长刘建军：用直播改变多伦

第五章　群星闪耀　演绎东方魅力

191 | "文物保护杰出贡献者"樊锦诗：把所有时间和精力全部倾注在洞窟里

199 | "国家形象设计师"周令钊：百岁画狗票

208 | 半生沧桑的乐黛云：东奔西跑九十载

217 | "人民艺术家"王蒙：活着就是生命的满涨

221 | "诗译英法唯一人"许渊冲：译出了更多的诗情画意

231 | 教育家叶嘉莹：点燃现代人的诗词情

第六章　生命至上　彰显人性光辉

243 | "青蒿素之母"屠呦呦：挽救了数百万疟疾患者的生命

250 | 呼吸病学专家钟南山：生命至上，勇于担当

253 | "人民英雄"张伯礼：用疗效改变人们对中医的看法

260 | "人民英雄"陈薇：中国医生，新偶像的力量

268 | "人民英雄"张定宇：暴风眼里的逆行者

276 | "中国肝胆外科之父"吴孟超：九十六岁的手与刀

第一章

以身许国　奋斗续写辉煌

坚定信念，就是坚持不忘初心、不移其志，以坚忍执着的理想信念，以对党和人民的赤胆忠心，把对党和人民的忠诚和热爱牢记在心目中、落实在行动上，为党和人民事业奉献自己的一切乃至宝贵生命，为党的理想信念顽强奋斗、不懈奋斗。

——2021年6月29日，习近平在"七一勋章"颁授仪式上的讲话

"中国卫星之父"孙家栋：
一生只为大国重器

孙家栋，1929年4月生，辽宁复县人。中国航天科技集团有限公司高级技术顾问，风云二号卫星工程总设计师，北斗二号卫星工程和中国第二代卫星导航系统重大专项高级顾问，航空航天工业部原副部长，中国科学院院士。2018年12月18日，党中央、国务院授予孙家栋同志"改革先锋"称号。他还获评中国航天科技事业创新发展的重要推动者。2019年9月17日，被授予"共和国勋章"。

> 只要国家需要，我就去做。这是一个航天人最基本也是最重要的素质。
>
> ——孙家栋

当年，钱学森向聂荣臻推荐38岁的孙家栋负责第一颗人造卫星的总体设计工作；后来，他成为"北斗""嫦娥"的总设计师。

"喂，天宫二号吗？你的快递到了！"

2017年4月，在天上，中国首个货运飞船天舟一号和空间实验室天宫二号完成对接，离中国人"嫦娥奔月"的梦想又近了一步。在地上，中国网友集体化身段子手，管天舟一号叫"太空快递员"，语气又萌又傲娇。

这样的傲娇,每一次大国重器问世时都会出现。首艘国产航母下水,"蓝鲸一号"首次深海试采可燃冰,首个出口"华龙一号"核电机组亮相……光是2017年上半年,中国网友就涌上社交网络"high"了好多次。

换作从前,人们为大国重器欢呼的方式,是涌向天安门广场。1970年4月25日,新华社向全世界发布了中国第一颗人造地球卫星升空的消息,"消息报出来没10分钟,天安门广场已是人山人海,等我要去天安门广场的时候,挤都挤不进去"。这个挤不进去的中年人,就是负责人造卫星总体设计工作的孙家栋。

弹指间,中年人已是满头华发,但换来了天上的星斗璀璨。"东方红""北斗""嫦娥"……在中国自主研发的前100个航天飞行器中,有34个是由孙家栋担任技术负责人、总设计师或工程总师。可以毫不夸张地说,自从当年钱学森慧眼识珠,向聂荣臻推荐了孙家栋之后,孙家栋的名字就和中国航天血肉相连了。

要采访这样的科技泰斗,绝非易事。谦逊,不喜抛头露面,躲着聚光灯走,是他们的特点;忙,七八十岁还醉心科研,连轴转,也是他们的特点。然而一听说我们要写孙家栋,一个个科技大咖都立刻放下手头的工作:"哎呀,孙老总啊,就应该多说说他!"于是,在起初的几个月里,我们寻不见孙家栋的人,却处处耳闻孙家栋的事。

探月"铁三角"

欧阳自远这个名字,随着"嫦娥工程"而妇孺皆知。可一见面,他就爽朗地说:"我不喜欢别人称我'嫦娥之父'。我不懂航天,读书时学的是地质;我搞航天,是孙家栋领进门的。"

他们的故事,从2000年开始。欧阳自远想探月,但不知道中国在技术上有没有可行性。他找到时任国防科工委副主任栾恩杰,讲了探月的构想。栾恩杰说:"我给你介绍一个人,搞探月,你得把他拽进来。"

"谁啊?"

"孙家栋!你去跟他详详细细汇报。"

欧阳自远跑到了孙家栋的办公室,一谈就是两个上午。每一步构想、每一个目标,孙家栋都问得非常仔细。谈完后,孙家栋说:"咱们这辈子怎么也得把这个事干成。"他有这么大的决心!

这是科学家欧阳自远和工程师孙家栋的第一次相见,也是一种境界与另一种境界的相遇。"科学家的境界,是要做单枪匹马、潜心研究的英雄,就像陈景润那样。"认识了孙家栋,欧阳自远才发现工程师和科学家不一样,"工程师是投身一个团队,讲集体英雄主义"。

欧阳自远探月的那些科学构想到了孙家栋手里,就被分解成一个一个步骤、一个一个系统。"探月工程获得国家立项后,任命了三个人,栾恩杰是总指挥,孙家栋是总设计师,我是首席科学家,大家管我们叫探月'铁三角'。孙家栋一上来就说:'欧阳,我是给你打工的。'我说:'你胡说八道,我对航天一窍不通,我给你打工还差不多!'他就笑:'嫦娥一号能不能到达月亮,这是我的活,到不了,你唯我是问。但是到了月亮以后,该看什么、该拿什么,就轮到我一窍不通了。我把你的眼睛、你的手伸到月亮上去,后边一切事,归你。'他这番话,让我很感动。别看说起来简单,把嫦娥一号送到月球,需要哪些关键技术?如何攻关?哪些单位和个人牵头参与?阶段性目标和时间表怎么定?……事情千头万绪,他操心死了!"

欧阳自远很快发现,孙家栋不仅航天技术过硬,对各个部门和人的情况也了如指掌,大事小事到了他这儿,都能迅速决断。欧阳自远边听边学习,渐渐进入航天这个领域,也彻底走进了一个团队。"现在,我觉得一切成功,都是靠集体英雄主义,而不是哪一个人的功劳。"

最刻骨铭心的事,当然是 2007 年 11 月 5 日。"我们最操心的不是发射,而是嫦娥一号到了月亮附近后,得被月亮抓住。抓不住就飞跑了,要不就撞上月亮了，前功尽弃。以前美国和苏联失败最多的就是这一步。我们从来没有去过月球，心里真是一点底都没有。嫦娥一号发射出去，从地球到月球，走了13天14小时19分钟，终于到了这个时间节点，我和孙家栋坐立不安，一直在问测控数据。最后一下，汇报说：'抓住了！'我俩说，再验证一下，几点几分几秒在哪个位置抓住的。之后再校准一次，又校准一次，确认，真的抓住了！我俩抱起来痛哭。"

那一年，孙家栋78岁，欧阳自远72岁。

"我始终是老同志的尾巴"

"为什么会哭呢？"几个月后，我们终于等到了孙家栋，坐在他面前，好奇地问。

孙家栋坐在沙发一角，一只手紧握身旁一个巨大月球仪的轴——这个月球仪是按照嫦娥一号采集的数据绘制的。他微笑："不知道媒体怎么就拍下来了。我是经历过旧社会的人，那时什么东西前面都要带个'洋'字，洋钉、洋火、洋油、洋盐，因为我们自己生产不了。结果几十年时间，我们国家就能发射自己的航天飞行器到月球，实在太不容易了。当时我就是想到了这些，那种成就感和激动的心情，让我一下子克制不住情绪。"

想当年，第一颗人造卫星上天的时候，年轻的孙家栋并没有哭。那是1970年4月24日的晚上，人造卫星在酒泉卫星发射中心升空，孙家栋则在北京临时卫星接收站内紧张等待，第一次感知这种发射时的巨大压力。"假设当时咱俩坐在一起，肯定能听到彼此的心跳声。火箭带着卫星升空后，我把眼珠子瞪圆了，盯着显示板上的曲线，看着那条线按照设计的弹道轨迹运行起来。我心里还在想：这到底是真起来了，还是假起来了？就像他们搞原子弹的，蘑菇云都炸在那儿了，还在想到底起爆没起爆呀？"

不敢置信，又不知深浅，因而满怀豪情。这是孙家栋他们年轻时的心境。

"这玩意儿真能掉下来吗？我就不信它能掉下来！然而干了几十年的航天后，经历过几次失败，体会过沉痛的教训，就知道事情不那么简单了。"

这期间，无论成与败，都有个名字在引领着孙家栋，那就是钱学森。如今，一提到这个名字，88岁的孙家栋还是掷地有声地说道："恩师！绝对是我的恩师啊！"随着他的讲述，你会发现，他身上那种令欧阳自远难忘的气质——集体英雄主义，恰恰源自钱学森。

孙家栋在苏联学习了6年多，1958年一回国，就被分配到国防部五院一分院导弹总体设计部，院长正是钱学森。部里设了一个总体组，负责对接和贯彻总设计师的意图，孙家栋当组长。那时国内还不兴总设计师之名，但人人都明白，钱学森就是总设计师。

这是青年学生们和大科学家的相遇。青年学生很紧张，早就听说钱学森的大名，连 guided missile 这个词，一会儿被译作"飞弹"，一会儿被译作"带引导的弹"，最后还是钱学森准确译为"导弹"。可自己专业不对口，学飞机的，能干导弹吗？见了面，连话都不敢说。大科学家却很谦逊，对青年学生们说，你们在一线，比我强多了，你们先说说吧。这帮年轻人，有学力学的、数学的、化学的、文史的……五花八门，大科学家便当起先生，自己编教学大纲，自己讲《导弹概论》，还邀请庄逢甘、梁守槃、朱正等人担任讲师。

吃苦，奋斗，这些都不在话下。最难得的是，钱学森示范了怎么面对失败。有一次导弹发射失败了，分析故障原因时，孙家栋和设计组的人懊恼自责，情绪极低。钱学森见状，当即停止了对故障原因的分析："如果说有考虑不周的原因，首先是我考虑不周，责任在我，不在你们。你们只管研究怎样改进结构和试验方法，大胆工作，你们所提的建议如果成功了，功劳是大家的；如果失败了，大家一起来总结教训，责任由我来承担。"

孙家栋跟着钱学森做了近10年导弹。1967年7月29日午后，正是一年中最热的光景，孙家栋趴在桌子上进行导弹设计。他担心汗水打湿设计图，特意围了毛巾在脖子上。门被敲响了，是一位国防科工委的同志，告诉他，钱学森已向聂荣臻推荐他负责中国第一颗人造卫星的总体设计工作。

那一年,他才38岁。

"那时候,在美苏的包围下,我们必须有大国重器,必须有人造卫星。第一颗上天后,第二步就得解决实在的、急用的问题。所以就做遥感卫星,得拍照、得传回、得把我们960多万平方千米的国土,连同附近海域,都拍得清清楚楚。"

但这颗遥感卫星发射失败了。1974年11月5日,由孙家栋担任技术负责人的中国第一颗返回式遥感卫星在升空后20秒爆炸。孙家栋待在发射场坪的地下室里,不用看测控数据,已经明显感觉到火箭爆炸的余震。"我跑出地下室,只看见沙漠里一片火海,整个脑子一片空白,痛哭起来。"11月的沙漠多冷啊,整整三天三夜,孙家栋和同事在滴水成冰的沙漠里,一寸一寸地找火箭的残骸,把所有的螺丝钉、小铜块、小线头一点点收集起来,查找事故原因。他们真找到了。那是一小段导线,属于火箭控制系统的,表皮完好,可里面的铜丝有裂痕,在火箭发射时受到剧烈震动断开了。"一个裂痕就牵扯到整个航天产品的成败,这个教训太深刻了!"就像恩师钱学森当初所做的那样,孙家栋承担了失败的责任。"从此我们就狠抓质量,逐步建立起一套完整严格的质量管理系统。"

1999年,在庆祝中华人民共和国成立50周年之际,国家为23位"两弹一星"元勋授予功勋奖章。孙家栋和恩师钱学森一同授勋,但在他心中,"我始终是老同志的尾巴,是他们的学生"。

又过了10年,2009年3月,钱学森送了一封生日贺信给"我当年十分欣赏的一位年轻人"。工作人员按照要求拟好,钱学森签上了自己的名字,感慨道:"在我眼里,他还是一位28岁的年轻人呢!"这封生日贺信的收件人,就是即将满80岁的孙家栋。7个月后,钱学森与世长辞。

"让年轻人放心地干"

听孙家栋讲述，很少听他说"我"，总是说"我们"。

"国家授予'两弹一星'元勋奖章，激动吗？激动。但这个奖章不是个人的，是我们航天的。"

"我们航天这片沃土很好，只要进来一个年轻人，就能受到我们队伍的感染，一步一个脚印发展得很好。"

"我们航天啊，也有日子难过的时候。"

他说的是20世纪八九十年代，"造导弹的不如卖茶叶蛋的"，航天院收入很低，而外企纷纷涌入，做通信的、做测量的，都跑来航天院"挖角儿"。印象最深的是诺基亚公司的人开着大轿车，跑到航天院的对面，挂出招聘的大牌子，给的待遇跟航天院的待遇真是天壤之别。"年轻人去了，临走时跟我讲：我很热爱航天事业，搞了航天以后有很大的成就感，可是我实在寒酸，请女朋友吃几顿饭都请不起。"孙家栋听得心里难受。

也就是在那一时期，中国航天走出重要一步——进入国际商业卫星发射服务市场。1988年9月9日，美国国务院宣布，批准一项用中国火箭发射美国通信卫星的计划。这个消息是轰动性的，美国政府竟然同意一个社会主义国家发射美国卫星。当时，担任中国航天对外发射代表团团长的正是孙家栋。时任中国长城工业总公司副总经理、曾与孙家栋一同参与谈判的乌可力，至今记得孙家栋在谈判结束后对他说："不容易，我们这样的谈判不容易啊！"老帅聂荣臻更是高兴坏了："中国能为世界上科技最发达的美国发射卫星，是一件很了不起的事情，外国卫星发射成功既可以在政治上产生巨大影响，又可以在经济上得到好处。"

如今，航天人员的待遇大有好转。孙家栋再跟刚毕业的年轻人谈话，他们说："孙老总，我们航天现在收入可以了！中等收入，但我的荣誉感非常强，这是去外企的同学比不了的。"

1994年，北斗导航卫星工程启动，孙家栋担任工程总师。第二年，一位年轻的女工程师周建华加入"北斗"，与孙家栋初见的情形历历在目："第一次见面，是在工程总体协调会上。我小心翼翼的，他可是航天泰斗啊！但多接触几次后，我就发现不用绷着神经了。他实在平易近人，既给年轻人压担子，又给年轻人解压。比如说，他要求'北斗'在实际应用时达到和美国GPS（全球定位系统）一样高的水平。'北斗'起步比GPS晚了很多年，中美两国的工业基础也有差距，这个要求的压力很大。但在攻关的过程中，我们遇到任何困难，孙老总都会帮我们想办法。他让我们放开做，大胆想，不要有后顾之忧，出了问题他负责。"

这样的场景何其熟悉，恍如当年钱学森与孙家栋的翻版。我们忍不住问周建华："您觉得这是传承吗？"周建华想了一下，笃定地回答："是传承！"如今，她已是北斗二号地面运控系统总师了。

网友们精心描述过一个细节："2003年杨利伟上天时，镜头扫过，满屏幕白发苍苍的老科学家。现在，每一次大国重器上天，镜头扫过，满屏幕年轻稚气的脸。神舟八号与天宫一号对接，认识了25岁的'天宫神八哥'杨彦波；天宫二号发射，认识了29岁的'飞控女神'申聪聪。"

这样的变化，孙家栋看在眼里。"以前，我们好几年才能发射一个型号的卫星；现在，一年就发射二三十颗，发射场都排不开，大家争着排队。每个型号的总设计师，也就四十来岁。他们二十七八岁博士毕业，进了航天院，第一个回合，跟着大家干，从立项到发射，最多5年就完成了。第二个回合，他们就能领着一支小队伍了。第三个回合，就可能当一个总设计师的副手了。最多20年，45岁左右，就到了第四个回合，成了一个型号的总设计师，真是年富力强！和美俄比起来，我们的技术水平还有一段距离，但这样年轻而热情的队伍，他们是羡慕我们的！"

2014年，孙家栋从担任了20年的"北斗"总设计师位置上退下来。"让年轻人放心地干。"只要年轻人不找他，他就不再管"天上的事"。"你很长时间不在天上了，突然之间给年轻人提个问题，你又有个头衔，人家年轻人是同意你好，还是不同意你好？所以天上的事我不干预了，我去搞地面的事。我到南方，到西部，到东北，到处出差，跟企业家谈，告诉他们'北斗'能提供时间和空间的坐标，能办成很多事。它就像一部手机一样，只要你会玩，里面的名堂就越来越多。"

孙家栋随手举了个例子，"就说共享单车吧。这些单车有一个重要的环节，要用天上的信号给它导航。地面信息传递的时候，我这辆车到哪了，用的是天上的信号。北京这几家，有的用美国GPS，有的用我们'北斗'，这是企业的自主决定。但我每次出去，一定会告诉他们：你还是用'北斗'好"！孙家栋大笑起来，"再进一步考虑，'北斗'的可用之处就多了。运危险品的汽车开到哪了？接送孩子的校车开到哪了？淘气的孩子跑到哪了？走失的老人走到哪了？如果车上装一个，老人、孩子手上戴一个，'北斗'就都能帮到你了"。

另一种"我们"

白发苍苍的孙家栋还是为航天的年轻人犯愁，愁的是"脱不了单"。"他们太忙了，每天要工作近20个小时，根本没时间。好不容易有人给他们介绍对象，一次两次没时间约会，马上就黄喽！"

"您当初是怎么'脱单'的？"

孙家栋一愣，继而哈哈大笑："我从苏联回来后已是大龄青年了，也是工作忙，顾不上。有一次清明节，和同事们去郊外踏青，发现照相机忘带了。车子经过木樨地，我同学住在那，我就上他家借。结果借了相机，他不放我走，拿出一张照片给我看，上面是他夫人在哈尔滨医科大学的同学，叫魏素萍，也就是我现在的妻子了。"

魏素萍和孙家栋开玩笑："我们算不算'闪婚'？"孙家栋一点头："算！"那年"五一"，孙家栋利用假期跑去哈尔滨见了魏素萍。他在哈尔滨只待了20

多个小时,两人一见如故,相见恨晚。这次见面后的第100天,魏素萍穿着定做的镂花布拉吉裙和高跟皮鞋,只身来到北京找孙家栋,两人签下了一生的"契约",从此成了孙家栋人生里的另一种"我们"。

婚后3年,魏素萍才调到北京航天总医院,大约猜到了孙家栋是干什么工作的。"那时我们的工作属于绝密,我给她留的通信地址是北京多少号信箱。邓稼先不也是这样?他朋友来家里找他,他夫人说:邓稼先去多少号信箱出差了。"

两人团聚后,依旧是聚少离多。孙家栋待在靶场,常常好几个月不着家。家中的大事小事都是妻子一肩挑。最"离谱"的事有两件。一件是,孙家栋有一回在外屋接电话,门开着,看见妻子在走廊,他想都没想,伸脚就把门关上。妻子难过得不行,打电话还避着我?另一件是,女儿的小名叫"小红",难得有一次孙家栋回家吃饭,到院子里叫一声"小红",结果好几个叫"小红"的小朋友跟他回了家。

所有"两弹一星"元勋家庭的牺牲都是相似的,但各有各的浪漫。孙家栋的浪漫是,每次离家时,都画张妻子的鞋样带在身边,这样为她买鞋时,拿出来一比,就知道买多大的了。

"我们"的故事总是如此熟悉,这不是孙家栋一个人的故事,而是从钱学森到孙家栋,从孙家栋到周建华,从周建华到"天宫女神"……一代代人传承不绝的故事。把他们的命运连接在一起的,就是那四个字:大国重器。在采访的最后,孙家栋用沉思的口吻说道:"当年,如果没有'两弹一星'这些大国重器,中国就生存不下去。现在也是这样的,生存和发展都重要,但国家安全是首要的。我们只是生活在一个和平的国度,而非一个和平的年代,国家始终需要拿出一定力量来建这些大国重器。"

(文/郑心仪)

"共和国勋章"获得者黄旭华：

一辈子只为干好一件事

黄旭华，1926年3月生，广东揭阳人，"中国核潜艇之父"。中国第一代攻击型核潜艇和战略导弹核潜艇总设计师。1994年，黄旭华当选中国工程院院士。2014年1月，黄旭华当选"感动中国2013年度人物"。2019年9月17日，被授予"共和国勋章"。2019年9月25日，被授予"最美奋斗者"个人称号。

> 从一开始参与研制核潜艇，我就知道这将是一辈子的事业。
>
> ——黄旭华

91岁的黄旭华每天早上准点走进办公室。他教我们辨认办公室里一胖一瘦两个核潜艇模型："胖一些长一些的是中国第一代'夏'级弹道导弹核潜艇，瘦一些短一些的是中国第一代'汉'级攻击型核潜艇。我们都把核潜艇叫作'三驾马车'——水下航海技术、水下机动核电技术、导弹装备，缺一不可。核就是'三驾马车'之一。""我们"，是近60年前和黄旭华一起被选中的中国第一代核潜艇人，29个人，平均年龄不到30岁。一个甲子的风云变幻、人生沧桑，从头到尾、由始至今还在研究所"服役"的就剩黄旭华一个。"我们那批人都没有联系了，退休的退休，离散的离散，只剩下我一个人成了'活字典'。"

"我不是不贪生怕死,但我必须一起深潜"

这句话听来伤感。然而庆幸的是,"活字典"黄旭华和1988年共同进行核潜艇深潜试验的100多人还有联系。那是中国核潜艇发展历程上的"史诗级时刻"——由于北方的水浅,中国核潜艇在问世18年中,一直没能进行极限深度的深潜试验,1988年才到南海开始这项试验。有了这第一次深潜,中国核潜艇才算走完它研制的全过程。这个试验有多危险呢?"艇上一块扑克牌大小的钢板,潜入水下数百米后,承受的水的压力是1吨多。100多米长的艇体,任何一块钢板不合格,一条焊缝有问题,一个阀门封闭不严,都可能导致艇毁人亡。"黄旭华当时已是总设计师,知道许多人对深潜试验提心吊胆,"美国王牌核潜艇'长尾鲨号',比我们的好得多,设计的深度是水下300米。结果1963年进行深潜试验,不到190米就沉掉了,什么原因也找不出来,艇上129个人全找不到。而我们的核潜艇没一样东西进口,全部是自己做出来的,一旦下潜到极限深度,是不是像美国的一样回不来?大家的思想负担很重"。

有一天,艇上的艇长和政委找到黄旭华,他们做了三个月的思想工作,但还是没有把握,有人写好了遗书,有人哼唱《血染的风采》,"也许我告别,将不再回来"。黄旭华第二天就带着几个技术骨干跟艇上的人座谈:"这样吧,我跟你们一起下去。"一句话点炸了整个会议室。"总师怎么能下去?""您冒这个险没有意义!""您都60多岁了,身体怎么受得了?""这不行,绝对不行!"

面对激动的人群,黄旭华拿出了科技人员的范儿:"第一,我们这次去,不是去光荣的,是去把数据拿回来的。第二,所有的设计都留了足够的安全系数。第三,我们复查了三个月,很有信心。"

其实,他心里比谁都绷得紧。面对这样的生死选择,没想到妻子李世英成了他的支持者。他和妻子是同事,在工作中相知相爱。她当然知道试验的危险性，嘴上说的却是："你是总师，必须下去，不然队伍都带不好，没人听你的话。再说，你要为艇上人的生命负责到底。"黄旭华明白，妻子比他更紧张，她的平静，只是为了不动摇他的决心。

深潜试验当天，南海浪高1米多。艇慢慢下潜，先是10米一停，再是5米一停，接近极限深度时1米一停。钢板承受着巨大的水压，发出"咔嗒""咔嗒"的响声。在极度紧张的气氛中，黄旭华依然全神贯注地记录和测量各种数据。核潜艇到达了极限深度，然后上升，等上升到安全深度，艇上顿时沸腾了。人们握手、拥抱、哭泣，有人奔向黄旭华："总师，写句诗吧！"黄旭华心想，我又不是诗人，怎么会写？然而激动难抑，"我就写了四句打油诗：'花甲痴翁，志探龙宫。惊涛骇浪，乐在其中。'一个'痴'字，一个'乐'字，我痴迷核潜艇工作一生，乐在其中，这两个字就是我一生的写照"。

"您当时不怕死吗？""怎么不怕！我不是不贪生怕死，我也贪生怕死的，但当时只有这一个选择，顾不得了。""那么多人哭了，您没哭吗？"

"没有，没哭，就是松了一口气：太好了，没出事！眼睛里有点湿润。"

千里之外，终于等来人艇平安消息的妻子李世英，泪如雨下。

玩具、算盘和磅秤

对于大国而言，核潜艇是至关重要的国防利器之一。有一个说法是：一个高尔夫球大小的铀块燃料，就可以让潜艇巡航6万海里；假设换成柴油作燃料，则需要近百节火车皮的体量。

黄旭华用了个好玩的比喻："常规潜艇是憋了一口气，一个猛子扎下去，用电瓶全速巡航1小时就要浮上来喘口气，就像鲸鱼定时上浮。而核潜艇可以真正潜下几个月，在水下环行全球。如果再配上洲际导弹，配上核弹头，不仅是第一次核打击力量，而且有第二次核报复力量。有了它，敌人就不大敢向你发动核战争，除非敌人愿意和你同归于尽。因此，《潜艇发展史》的作者霍顿认为，导弹核潜艇是'世界和平的保卫者'。"

正因为如此，1958年，在启动"两弹一星"的同时，主管国防科技工作的军委副主席聂荣臻向中央建议，启动研制核潜艇。中国曾寄希望于苏联的技术援助，然而1959年苏联领导人赫鲁晓夫访华时傲慢地拒绝了："核潜艇技术复杂，要求高，花钱多，你们没有水平也没有能力来研制。"毛泽东闻言，愤怒地站了起来。赫鲁晓夫后来回忆："他挥舞着巨大的手掌，说：'你们不援助算了，我们自己干！'"此后，毛泽东在与周恩来、聂荣臻等人谈话时发誓道："核潜艇1万年也要搞出来！"

就是这句话，坚定了黄旭华的人生走向。中央组建了一个29人的造船技术研究室，大部分是海军方面的代表，黄旭华则作为技术骨干入选。苏联专家撤走了，全国没人懂核潜艇是什么，黄旭华也只接触过苏联的常规潜艇。"没办法，只能骑驴找马。我们想了个笨办法，从国外的报刊上搜罗核潜艇的信息。我们仔细甄别这些信息的真伪，拼凑出一个核潜艇的轮廓。"

但准不准确，谁也不知道。恰好，有人从国外带回了两个美国"华盛顿号"核潜艇儿童玩具。黄旭华如获至宝，把玩具打开、拆解，发现玩具里排列着复杂的设备，和他们构思的图纸基本一样。"我当时就想，核潜艇也没什么大不了的嘛！不需要神话尖端技术，再尖端的东西，都是在常规技术的基础上综合创新出来的，并不神秘。"

黄旭华至今保留着一把前进牌算盘。当年还没有计算机，他们就分成两三组，分别拿着算盘计算核潜艇的各项数据，若有一组的结果不一样，就从头再算，直到各组数据完全一致才行。

还有一个"土工具"，就是磅秤。造船最基本的需求是：不能沉、不能翻、开得动。核潜艇发射导弹，要从水下把导弹推出去，这一瞬间发射的动力、水的压力与浮力，都会挑战潜艇的稳定性，就需要船的重心准。黄旭华便在船台上放了一个磅秤，每个设备进艇时，都得过秤，记录在册。施工完成后，拿出来的管道、电缆、边角余料，也要过磅，登记准确。黄旭华称之为"斤斤计较"。靠着磅秤，数千吨的核潜艇下水后的试潜、定重测试值和设计值竟完全吻合。

1970年，我国第一艘核潜艇下水。1974年"八一"建军节，交付海军使用。作为祖国挑选出来的1/29，黄旭华从32岁走到了知天命之年，他把最好的年华铭刻在大海利器上。

如今回想那段岁月，黄旭华别有一份达观。他会笑着说，最"舒服"的是养猪的那两年，白天与猪同食，晚上与猪同眠，但常有"访客"趁着月色来猪圈找他求教技术问题。他把图纸铺在泥地上，借着月光悄声讲解。告别时，"访客"会偷偷说一句："明天要斗你，不要紧张，是我们几个来斗。"黄旭华很感动，忙说："谢谢！"

"那是我人生中唯一轻松的时候，没什么责任，也没有负担，把猪养好就行了。""也没有牵挂吗？""有，我放心不下核潜艇。一万年太久，只争朝夕。造不出核潜艇，我死不瞑目。"

"为什么我连读书的地方都没有"

准确地说，黄旭华是把最好的年华隐姓埋名地刻在核潜艇上。"别的科技人员，是有一点成就就抢时间发表；你去搞秘密课题，是越有成就越得把自己埋得更深，你能承受吗？"老同学曾这样问过他。"你不能泄露自己的单位、自己的任务，一辈子都在这个领域，一辈子都当无名英雄，你若评了劳模都不能发照片，你若犯了错误都只能留在这里扫厕所。你能做到吗？"这是刚参加核潜艇工作时，领导跟他的谈话。

91岁的黄旭华回忆起这些，总是笑："有什么不能的？比起我们经历过的，隐姓埋名算什么？"

一个广东海丰行医之家的三儿子，上初中的年龄却遇到日寇入侵，附近的学校关闭了，14岁的他在大年初四辞别父母兄妹，走了整整四天崎岖的山路，找到聿怀中学。但日本飞机的轰炸越来越密集，这所躲在甘蔗林旁边、用竹竿和草席搭起来的学校也坚持不下去了。他不得不继续寻找学校，慢慢越走越远，梅县、韶关、坪石、桂林……1941年，黄旭华辗转来到桂林中学，他的英语老师是当过宋庆龄秘书的柳无垢，数学老师是代数极好的许绍衡。

1944年，豫湘桂会战打响，中国守军节节败退，战火烧到桂林。黄旭华问了老师三个问题："为什么日本人那么疯狂，想登陆就登陆，想轰炸就轰炸，想屠杀就屠杀？为什么我们中国人不能好好生活，而是到处流浪、妻离子散、家破人亡？为什么中国这么大，我却连一个安静读书的地方都找不到？"老师沉重地告诉他："因为我们中国太弱了，弱国就要受人欺凌。"黄旭华下了决心："我不能做医生了，我要学科学，科学才能救国，我要学航空、学造船，不让日本人再轰炸、再登陆。"

1945年抗战胜利后，他收到了航空系和造船系的录取通知书。他想了想："我是海边长大的，对海有感情，那就学造船吧！"

在大学里，黄旭华遇到了辛一心、王公衡等一大批从英美学成归国的船舶学家。辛一心比黄旭华大一轮，他留英时，在家书中写道："人离开祖国，如螺旋桨之离水。以儿之思念祖国，知祖国必念念于儿也。"在战火中，他赶回祖国，一面在招商局做船舶实业，一面在大学教课。正是辛一心教给了黄旭华那三条造船的规矩："船不能翻，不能沉，要开得起来。"在黄旭华入选建造核潜艇的1/29时，辛一心却因积劳成疾，45岁英年早逝了。

王公衡授课则是另一种风格。当时，上海的学生运动如火如荼，黄旭华加入了"山茶社"。课间，他走到王公衡讲台边，恭敬地说："王教授，我们'山茶社'下午有活动，我向您请个假。"王公衡一听，故意拍桌训斥道："班上的同学都让你带坏了！"吼罢，睁只眼闭只眼，默许了黄旭华的"胡闹"。新中国成立后，师生二人重逢，王公衡笑呵呵地说："要不是新中国成立了，你毕业考试都通不过我这关。"黄旭华连连向他道谢。

一代名师荟萃，成就了黄旭华这日后的火种。而"山茶社"的经历，则在他心中开出了另一条道路。在这个学生社团里,他口琴吹得极好,指挥也很在行,登台演进步话剧更是不在话下。但这些都比不上其他事情精彩:去南京请愿的"护校"运动中有他,掩护进步同学厉良辅逃跑的是他,躲过宪兵抓捕的还是他……终于有一天,"山茶社"一名成员找到他,问:"你对共产党有什么看法?"黄旭华又惊又喜:"共产党在哪里?"同学笑了笑:"我就是。"多年后,黄旭华丝毫不以隐姓埋名为苦时,总会回忆起秘密入党的这段往事:"有人同我开玩笑,你做核潜艇,以后整个人生就是'不可告人'的人生了!是的,我很适应,我在大学上学时就开始'不可告人'的地下党人生了!"

时至今日,我辈年轻人在面对黄旭华时,很容易以为,像他这样天赋过人、聪明勤奋的佼佼者,是国家和时代选择了他。然而走近他后才会懂得,是他选择了这样的人生。1945年"弃医从船"的选择,与1958年隐姓埋名的选择、1988年一起深潜的选择,是一条连续的链条。

他一生都选择与时代相向而行。

是母亲的信箱,是妻子的"客家人"

人生是一场"舍得",有选择就有割舍。被尊称为"中国核潜艇之父"的黄旭华,他的割舍远远超出人们的想象。

从1940年离家求学,到1957年出差广东时回家,这17年的离别,母亲没有怨言,只是叮嘱他:"你小时候,四处打仗,回不了家。现在社会安定了,交通方便了,母亲老了,希望你常回来看看。"

黄旭华满口答应,怎料这一别竟是30年。"我既然从事了这样一份工作,就只能淡化跟家人的联系。他们总会问我在做什么,我怎么回答呢?"于是,对母亲来说,他成了一个遥远的信箱号码。

直到1987年,广东海丰的老母亲收到了一本三儿子寄回来的《文汇月刊》。她仔细翻看,发现其中一篇报告文学《赫赫而无名的人生》,介绍了中国核潜艇黄总设计师的工作,虽然没说名字,但提到了"他的妻子李世英"。这不是三儿媳的名字吗?哎呀,黄总设计师就是30年不回家的三儿子呀!老母亲赶紧召集一家老小,郑重地告诉他们:"三哥的事,大家要理解、要谅解!"这句话传到黄旭华耳中,他哭了。

第二年,黄旭华去南海参加深潜试验,抽时间匆匆回了趟家,终于见到了阔别30年的母亲。父亲早已去世了,他只能在父亲的坟前默默地说:"爸爸,我来看您了。我相信您也会像妈妈一样谅解我。"

提及这30年的分离,黄旭华的眼眶红了。办公室里如深海般的寂静,我们轻声问:"忠孝不能两全,您后悔吗?"他轻声但笃定地回答:"对国家尽忠,是我对父母最大的孝。"

幸运的是,他和妻子李世英同在一个单位。他虽然什么也不能说,但妻子都明白。没有误解,但有心酸:从上海举家迁往北京,是妻子带着孩子千里迢迢搬过去的;从北京迁居气候条件恶劣的海岛,冬天几百斤煤球,妻子和女儿一点点往楼上扛;地震了,还是妻子一手抱一个孩子拼命跑。她管好了这个家,却不得不放弃原本同样出色的工作,事业归于平淡。妻子和女儿有时会跟他开玩笑:"你呀,真是个客家人,回家做客的人!"

在聚少离多中,也有甘甜的默契。"很早时,她在上海,我在北京。她来看我,见我没时间去理发店,头发都长到肩膀了,就借来推子,给我理发。直到现在,仍是她给我理。这两年,她说自己年纪大了,叫我'行行好,去理发店'。我呀,没答应,习惯了。"黄旭华笑着说。结果是,李世英一边嗔怪着他,一边细心地帮他理好每一缕白发。

"试问大海碧波,何谓以身许国。青丝化作白发,依旧铁马冰河。磊落平生无限爱,尽付无言高歌。"这是2014年,词作家阎肃为黄旭华写的词。黄旭华从不讳言爱。"我很爱我的妻子、母亲和女儿,我很爱她们。"他顿了顿,"但我更爱核潜艇,更爱国家。我此生没有虚度,无怨无悔。"

黄旭华的办公桌上有张照片,照片上的他着衬衣、领结、西裤,正在指挥一场大合唱。自从 2006 年开始，研究所每年文艺晚会的最后一个节目，都是他指挥全体职工合唱《歌唱祖国》。

"对您来说，祖国是什么？"

"列宁说过的，要他一次把血流光，他就一次把血流光；要他把血一滴一滴慢慢流，他愿意一滴一滴慢慢流。一次流光，很伟大的举动，多少英雄豪杰都是这样。更关键的是，要你一滴一滴慢慢流，你能承受下去吗？国家需要我一天一天慢慢流，那么好，我就一天一天慢慢流。

"一天一天，流了九十多年，这血还是热的！

"因为祖国需要，就应该这样热。"

（文/许陈静　郑心仪　姜琨）

中国科学院院士王希季：
造火箭的人

王希季，1921年7月生，云南昆明人，中国空间技术研究院顾问、研究员，中国卫星与返回技术专家，何梁何利基金科学与技术进步奖获得者、"两弹一星"功勋奖章获得者，国际宇航科学院院士、中国科学院院士。曾任七机部八院总工程师、航天工业部总工程师、中国空间技术研究院副院长及科技委主任。

> 研制人员通过认真讨论，认为只有充分了解中国的国情和实际，充分利用中国可以利用的资源，在此基础上自主创新，才能完成国家提出的新任务，满足迫切的新需求，除此之外，别无他途。
>
> ——王希季

无论是东方红一号的轨道倾角，还是载人航天器的选择，他总是看得更长远。

当中国科学院院士王希季在2022年7月26日迎来101岁生日时，遥远太空中，中国首个科学实验舱问天实验舱与空间站核心舱组合体顺利完成交会对接，中国航天员首次在轨进入科学实验舱。对王希季来说，这无疑是最好的生日礼物。

1999年，王希季被授予"两弹一星"功勋奖章，他的获奖简介中有这样一段介绍："我国早期从事火箭技术研究的组织者之一，是我国第一枚液体燃料火箭及其后的气象火箭、生物火箭和高空试验火箭的技术负责人，倡导并参与发展无控制火箭技术和回收技术两门新的学科。他创造性地把我国探空火箭技术和导弹技术结合起来，提出我国第一枚卫星运载火箭的技术方案。主持长征一号运载火箭和核试验取样系列火箭的研制……"此外，王希季还主持了中国第一颗返回式卫星的技术设计，参与过多艘神舟飞船研制过程的技术把关……这位造火箭的"两弹一星"元勋，穷其一生都在为实现中国人的太空梦想殚精竭虑。

"他把困难留给自己"

中国第一颗人造地球卫星东方红一号是1970年4月24日晚间从酒泉发射的，由中国首枚运载火箭长征一号送入太空，卫星入轨后很快飞出国境。第二天晚上8时29分，东方红一号卫星和长征一号运载火箭第三级火箭飞经北京地区上空，第三级火箭上的"观测裙"反射出太阳光，在空中形成一个地面上"看得见"的亮点。无数双喜悦的眼睛追踪着那个亮点，其中一双是属于王希季的，他深知这光亮来之不易。

1957年，苏联率先发射了世界上第一颗人造地球卫星。美国紧随其后，也于次年成功发射一颗人造卫星。中国要发射人造卫星的呼声渐高，毛泽东很快有了指示："我们也要搞人造卫星。"

中国第一颗人造卫星工程由工程总体和4个系统组成，包括卫星本体系统、运载火箭系统、测控通信系统和发射场系统。其中，研制中国第一颗人造卫星运载火箭的任务，于1965年落在了第七机械工业部第八设计院（以下简称七机部八院）身上，王希季是七机部八院时任总工程师。

采用哪一种技术途径发展中国的卫星运载火箭，是研制人员面临的问题。

同时，他们还面临时间紧、任务重、要求高的难题，要能在1970年左右发射中国第一颗人造卫星，还要在技术上有所超赶，把比苏联和美国第一颗人造卫星重量大得多的中国卫星送入预定的太空轨道。但在预定的发射时限内，中国没有现成的火箭可以改进为卫星运载火箭。

"面对这些难题怎么办？"王希季多年后回忆道："研制人员通过认真讨论，认为只有充分了解中国的国情和实际，充分利用中国可以利用的资源，在此基础上自主创新，才能完成国家提出的新任务，满足迫切的新需求，除此之外，别无他途。"

要把人造卫星送入预定轨道，运载火箭必须达到7.9千米/秒的第一宇宙速度。单级火箭不具备如此强大的动力，只能依靠多级火箭接力。于是，王希季带领他的团队提出了一个以中程液体推进剂导弹为火箭的第一级和第二级、研制一个固体推进剂火箭作为第三级的运载火箭方案。这一方案充分利用了中国当时的导弹研制成果，在可靠的基础上力求先进，符合国情，比较简单又切实可行。

当东方红一号卫星进入环地球运行轨道时，轨道倾角（卫星轨道面与地球赤道面的夹角）为68.5度。事实上，在最初的方案设想里，这一倾角为42度。钱学森"四弟子"之一的李颐黎回顾了这段往事——李颐黎早年在钱学森的指导下探索中国卫星技术和空间技术，从事过火箭、卫星和载人飞船系统的设计与研究，是王希季登攀航天科技高峰的重要见证者。

李颐黎说："王希季当时是七机部八院的总工程师。在他的领导下，人造卫星和运载火箭总体设计室副主任朱毅麟、总体组组长倪惠生和作为参数组组长的我带领一批年轻的科技人员紧张地开展方案论证工作，并于1965年10月向国防科委委托中国科学院召开的我国第一颗人造卫星方案论证和工作安排会议提出了《我国第一颗人造卫星运载工具方案设想（草案）》。该会议确定了我国第一颗人造卫星的发射场为酒泉卫星发射中心，轨道倾角为42度。限于当时的条件，这一轨道倾角的确定没有考虑到后来返回式遥感卫星的研制要求。

"七机部八院于1966年初开始了我国返回式卫星的方案论证工作，论证中研究人员发现返回式卫星需要更大的轨道倾角，不适合采用42度的轨道倾角。那么，东方红一号卫星能不能也选用较大的轨道倾角呢？我们计算了长征一号火箭沿不同方向发射时所能达到的运载卫星的质量，结果证明东方红一号卫星可以采用和返回式遥感卫星相同的轨道倾角。我向王希季总工程师汇报了这一结果，得到他的大力支持。

"1966年4月1日晚，中国科学院和七机部有关领导及主要科技人员在北京中关村召开碰头会，我也参加了。会上，王希季总工程师介绍了上述计算结果，他说：'一个发射方向被选定了，若后续型号需要再变就很困难，因此倾角42度有问题，它不符合我国返回式卫星（需要的）轨道倾角。'时任中科院副院长裴丽生也说：'第一颗（卫星）必须与以后的（卫星）结合，不结合就不行。第一颗还是搞极地轨道，这是个方向。'这次会议经过讨论，一致认为第一颗卫星的轨道倾角要与后续系列卫星结合起来考虑。

"王希季总工程师在东方红一号卫星工程中是负责运载火箭长征一号研制的。如果仅从运载火箭考虑，采用42度轨道倾角可以大大减少运载火箭研制的困难，但他能从全局出发，站在国家利益的立场上，主动提出更改原定的东方红一号卫星轨道倾角。他把困难留给自己。

"随后在中国科学院力学研究所召开了人造卫星轨道选择会议，会议比较了轨道倾角为42度、60—70度及90度左右的三个方案，与会者一致认为以60—70度作为卫星的轨道倾角是最合适的。后来的实践也表明，这一选择是正确的。1970年4月24日，长征一号运载火箭搭载着东方红一号成功发射。从1970—1983年，我国发射的3个系列13颗卫星的轨道倾角均在57—70度，大大节约了投资。"

观察小小的降落伞

1986年10月,时任航天工业部科技委主任的任新民在一次讲座上谈到他最近访问欧洲的观感时说:"欧洲的航天界人士认为中国空间技术有两件事了不起,一件是独立自主研制出液氢、液氧做推进剂的发动机,另一件就是独立自主研制出返回式卫星。"

研制返回式遥感卫星比研制东方红一号卫星要困难和复杂得多。东方红一号是一颗不需返回地面的小卫星,技术比较简单,而返回式遥感卫星则要用航天相机进行对地摄影,并需要使储存对地观测成果的载体返回地面。一旦相机出现故障,卫星就无法观测地物;一旦密封不当,胶片就会曝光变得一片漆黑;一旦卫星调姿有误或返回舱制动变轨失灵,返回舱就不能转入返回轨道;即便调姿正确,制动可靠,若返回舱再入防热失效,降落伞没有打开或被撕破,返回舱也会被烧毁或摔毁。

这样一项大难度的航天工程,于1966年落在了七机部八院身上。面对众多新课题,王希季带领研制人员提出了返回式0型试验遥感卫星总体方案。

后来在一篇有关中国航天自主创新的文章中写道:"在中国人造卫星事业刚刚步入工程研制的时期,在受到国外严密的技术封锁的情况下,如何提出一个完全依靠本国的力量自主创新,在技术上追赶苏联和美国(当时只有这两个国家成功发射并回收了返回式照相侦察卫星),能适应任务需求又具有发展潜力的返回式卫星遥感工程系统总体方案(指不仅提出返回式遥感卫星的总体方案,还要具体提出与卫星处于同一系统层次的运载火箭、发射场和测控网应达到的设计指标要求,即进行返回式遥感卫星的外部设计),对于研制人员来讲,确实是一个严峻的挑战和难得的机遇……在返回式0型试验遥感卫星的方案提出和其后的研制过程中,自主创新的瞄准点(一直)放在如何更好地实现中国第一种返回式卫星遥感工程系统的功能上,放在使该工程系统有可能适应今后的发展要求上。"

最后提出的方案是充分利用长征二号运载火箭能力的、由返回舱和设备舱两舱组成的、采用弹道式返回方式的大返回舱方案，兼顾了可行性和可发展性。当时，在如何回收胶片问题上有3种意见。第一种是回收整颗卫星，第二种是回收装载胶片暗盒的大容积返回舱，第三种是弹射回收装胶片的容器。王希季决策只回收装胶片的舱段，并相应地在卫星构形上把卫星分为返回舱和设备舱两个舱段，前者装载储存胶片的暗盒，后者装载相机和卫星服务与支持系统。

1994年，时任返回式Ⅱ型遥感卫星总设计师林华宝在发表的论文中认为，在返回式0型试验遥感卫星总体方案论证中，王希季卓有远见地决策采用大容积返回舱，从而使这种返回舱成为可适用于其他返回式卫星的公用舱，为后来研制返回式Ⅰ型遥感卫星和返回式Ⅱ型遥感卫星时能集中力量去提高卫星的在轨性能和相机的技术水平打下了坚实的基础。

1975年11月，返回式0型试验遥感卫星产品首次完成轨道运行和对地摄影任务，并基本上完成了返回舱的返回任务。此后，返回式0型试验遥感卫星第二颗、第三颗产品又分别于1976年和1978年成功完成飞行和返回任务。至此，中国成为继美国和苏联之后世界上第三个掌握卫星返回技术和航天摄影技术的国家。

着陆回收系统是返回式0型试验遥感卫星的一个重要分系统，而降落伞系统是返回式0型试验遥感卫星着陆回收系统的重要部件。在参与研制返回式遥感卫星着陆回收系统的日子里，王希季钻研起降落伞，上班时多方查找资料，在家休息时，又会翻出剪刀、针线、布头，做成小小的降落伞，让家人从高处放下，自己从旁观察。

王希季还多次参加着陆回收系统的空投试验。用空投试验方法试验、检验和验证降落伞回收系统，是研制过程中必不可少的工作。空投试验场基本位于偏远空旷无人之地，条件很艰苦。王希季如此回忆过其中的两次："一次空投试验，时值隆冬，选在结冰的内蒙古黄旗海。我们吃的是又粗又黑的'钢丝面'，住的是十几个人挤在一起的、只有一张床的、窗户也不很严的小屋。同志们爱护我，把仅有的一张床给了我，其余的人都睡在铺了稻草的地上。另一次是在天津地区靠海的芦苇塘空投，同志们在水深齐腰的芦苇丛中蹚水寻找空投模型，从上午找到下午才找到。"返回式卫星的回收系统，经过58次空投试验，反复改进，才送交总装和参加发射。

后来，由王希季作为第一完成人的返回式0型遥感卫星与东方红一号卫星合并作为一个项目，获国家科学技术进步奖特等奖。

"重复使用的并不都是经济的"

20世纪70年代，中国曾批准立项研制曙光一号载人飞船，王希季也参加了飞船的论证工作。在曙光一号计划因故夭折后，他始终留意着载人航天的发展。1986年，中国制订了跟踪世界高技术前沿的"国家高技术研究发展计划"，即"863"计划，航天是其中重点研究和发展领域之一，这为中国载人航天的再度兴起提供了契机。

1986年3月，中国空间技术研究院（以下称航天五院）开始了空间站及其空间运输系统的研究，王希季时任航天五院科技委主任。在他主持召开的航天五院第一次空间站研讨会上，五院508所提出了采用飞船向空间站运人运货、载人飞船兼做轨道救生艇的建议。

当时，国际航天界发展的潮流是研制航天飞机，希望通过运载器的重复使用降低发射成本，中国多数专家也赞同航天飞机是世界最新、最先进、可重复使用的航天器，中国应该尽快研制。但王希季研究后认为，航天飞机由于研制费用高，使用频率低，再加上每次发射的维修、储存等费用，实际上不可能真正实现减少发射费用的初衷，也不符合中国的国情。他写了一篇文章《重复使用的并不都是经济的》来论证自己的观点。

1988年7月，"863"计划航天领域专家组召开空间站天地往返运输系统论证结果评审会。会上提交的论证方案有5种，其中4种都是航天飞机，只有

508所提出了飞船方案。据当时参加会议的专家回忆，王希季作为评议专家，不顾多数人支持航天飞机的方案，坚持认为当时我国航天不具备超前发展的能力，也不具备全面跟踪条件，载人航天只有以载人飞船起步才是切实可行的发展途径，好高骛远只会给国家造成浪费。

此后，航空航天工业部拟进一步比较研究小型航天飞机和多用途飞船这两种方案。王希季又指导508所对多用途飞船方案的技术和经济可行性做进一步论证。在1989年举行的比较论证会上，李颐黎代表航天五院做了主张采用多用途飞船方案的汇报发言，发言稿由王希季认真修改，从任务和要求的适应程度、技术基础情况、配套项目规模、投资费用、研制周期5个方面，比较了小型航天飞机和多用途飞船，得出发展多用途飞船是中国突破载人航天技术、形成空间站的第一代天地往返运输系统和作为轨道救生艇的适合中国国情的最佳选择。

1990年6月，中国载人航天从发展飞船起步在航空航天工业部范围内取得了共识。1992年，中国载人航天工程正式立项。

在神舟飞船研制过程中，王希季虽然没有在设计师体系内担任职务，但他对飞船及其各分系统的方案制定、技术攻关和产品质量保证提出了很多有价值的建议。

这在实施中国载人航天工程第二步载人飞船与其他航天器交会对接任务的过程中就有体现。原本方案对接的目标飞行器是神舟飞船的留轨舱，王希季一直不赞成。他和其他一些研制人员主张研制一个具有空间实验室主要功能的航天器，既用来突破交会对接技术，又用来试验航天员进驻空间实验室技术。这样虽然会稍许延后空间交会对接试验的时间，但能为研制正式的空间实验室打下更好的基础。神舟飞船设计师系统最终决定采用王希季等人的建议，研制天宫一号目标飞行器。2011年，天宫一号发射升空，先后与神舟八号、九号、十号飞船进行6次交会对接，为空间站的研制积累了经验。

而建立空间站，正是中国跨世纪载人航天工程第三步的目标。在问天实验舱发射之后，梦天实验舱也于 2022 年 10 月 31 日发射，中国空间站完成在轨建造。

2015 年，中国第一颗返回式卫星发射成功 40 周年之际，94 岁的王希季受邀参加了曾参与卫星研制老同事的聚会。李颐黎是聚会的筹备组成员之一，他在欢迎词中概述了王希季多年来的贡献。王希季在接下来的发言中说："刚才李颐黎谈了很多情况，对我过誉了，因为工作都是各位同志跟我一起做的，而不是我怎么样怎么样。我不过是带领大家，跟大家综合分析，然后作出决定。这个决定也不是属于我的个人创造，都是属于大家的功劳。我们是一个团队……"

那次聚会让李颐黎久难忘怀："王希季院士虚怀若谷，他把几十年在航天事业上取得的成绩都看作'大家的功劳'；他平易近人，与每位参会者都一一握手，还同有的同志提起了往事；他对讲话后多达十几种组合的合影，都含笑允诺。"

那时，王希季仍然每天去上班，不生病、不下雨的话，八点半前肯定到。正是凭着这股精气神，王希季和中国航天人的太空梦想才能一步步走向现实。

（文／航天五院 508 所航天专家　李颐黎）

科学家黄晖：

在海底世界"种"珊瑚

黄晖，1969年生，江西人，毕业于中国科学院南海海洋研究所，中山大学理学博士，现为中科院南海海洋研究所特聘研究员，博士生导师，珊瑚生物学与珊瑚礁生态学学科组组长，中科院海南热带海洋生物实验站站长。她是中国第一位在海底进行珊瑚修复的女科学家，参与建立了300亩珊瑚礁修复示范区。

> 这么多年，我从不走上船头区域。渔民尊重我的工作，我也尊重他们的风俗。
>
> ——黄晖

当别人知道黄晖经常潜水工作时，总会兴奋地问："你见过鲨鱼吗？珊瑚礁是不是像花园一样？"黄晖常常苦笑。她告诉记者："第一次潜水至今，我没见过鲨鱼，也见不到几条鱼。先不提生物多样性，现在已是珊瑚礁荒漠化了。"她是中科院海南热带海洋生物实验站站长，中国第一位在海底进行珊瑚修复的女科学家。

英国自然出版集团旗下的《科学报告》发布的一份研究报告，引起世人对深海生物的关注。在报告中，美英等国的研究团队发现近年石珊瑚深水栖居、独居、抗白化的频率越来越高，而上一次大规模发生这类体征是在6600万年前的生物大灭绝时期，因此他们预测，石珊瑚正在为又一场重大灭绝做准备。石珊瑚是分布最广的一种珊瑚种类，大部分珊瑚礁的骨架就是由它形成的。珊瑚礁是由珊瑚的石灰质遗骸和其他生物的骨骼堆积而成的礁石，在全球海洋中的分布面积不到0.2%，却养育了1/4的海洋生物，被称作海洋中的"热带雨林"。同时，珊瑚礁蕴含的渔业资源养育超过10亿人口。很快，珊瑚登上了微博热搜，"珊瑚显示出生物大灭绝特征"话题的阅读量仅3个小时就破千万。

在这份报告发表两天后，记者采访了黄晖。此前，她在海底修复珊瑚时"亲吻"珊瑚礁，身姿轻盈，数次被媒体报道，还登上热搜，网友说她"种"珊瑚。"珊瑚是一个群体，上面有成千上万个珊瑚虫，可以无限地分裂生长。"黄晖告诉记者。珊瑚被称为海底最美的动物之一，形状像树枝，在海中随水流浮动的样子特别像绽放的花朵，因此，群聚的珊瑚也被称为"海底花园"。

"猫"着等珊瑚虫产卵

2019年，黄晖去南沙进行科学考察。平日她和团队最多下到20多米，但这次她一口气就潜了30多米，"要不是同事拽着我的手臂，我还会继续游下去"。原来，因为全球气候变暖，即便到了30米处，水温也有30摄氏度，黄晖没感觉出异常，才一直往下游。

这些年，海洋暖化成为全球热门议题，这也是珊瑚遭受灭绝威胁的一个原因。2020年1月，世界经济论坛发布了《2020年全球风险报告》，提到若全球平均气温再上升1.5摄氏度，地球上70%—90%的珊瑚将消失。联合国政府间气候变化专门委员会也指出，如果全球平均气温上升2摄氏度，全球99%以上的珊瑚将消失。

"以植树造林为例，森林遭受破坏后，哪怕恢复植被，森林覆盖率上去了，生物多样性也难以立刻变多,因为此时其他物种可能早就消失了。但无论如何,还是要复绿,第二步才是深度绿化,也就是保护或引进物种。而我们修复珊瑚,就是第一步。"

2008年,黄晖开始在位于海南三亚鹿回头的三亚珊瑚礁国家级自然保护区进行珊瑚修复。海底珊瑚修复有几个步骤:收集精卵团(采精卵),上岸进行有性繁殖培育(繁殖、育苗),再放回海底(移植)。

采精卵要等珊瑚虫产卵,黄晖和同事出海到附近海域,"在海上待一两天,'猫'着等"。产卵时间一般是晚上8点到10点,珊瑚即将排卵,他们就下海。卵产出后,像雪花一样在海里漂浮着,黄晖和同事拿滤网,把它们小心捞起来放到水桶里。

团队慢慢摸清楚珊瑚产卵的规律后,在岸边建了岸基实验场,珊瑚虫快产了就把它拿上来,放到室外养殖缸。养殖缸的环境比天然海域简单,能避免刚产的卵被鱼虾吃掉,成活率高,但水质可能不如天然海域好。他们将珊瑚卵放在附着器上进行培育。附着器一般是陶瓷片,"一来这种材质有利于珊瑚生长;二来避免污染,如果你把珊瑚放到PVC上,之后将其投入海中移植,就会造成污染,而陶瓷则比较环保;三来就是成本比较低"。

打锚就像在太空抡锤子

移植是恢复珊瑚非常关键的一步。早期,美国和以色列的科研团队在加勒比海及一些太平洋流域做了树形苗圃来移植珊瑚。他们在海底放浮床,把珊瑚置放在浮床上。一开始,黄晖和同事也沿用了这一做法,但很快发现了问题。

原来,在不同的海区,海动力各异,搭建苗圃要选中层水域,光线好、温度适宜,在不同流域,这些标准由当地环境决定。比如,树形苗圃一般搭在海面下10米处的地方,但在沿岸,水较浅,就要调整距离,改在五六米处搭苗圃；而在海水透明度很高的西沙海域，水质好，阳光充足，光合作用充分，就可多搭些树形苗圃。

材质也颇为讲究。在一些渔民频繁来往的流域，不能采用原本苗圃的铁网，"不是说技术上不行，而是渔民的船来来回回的，一过去就把网挂走了，苗圃建不起来"。根据"因地制宜"的原则，黄晖和团队在不同地方分别搭过由不锈钢、铁丝等材质制成的苗圃。

建苗圃还需要很多巧劲儿，比如在失重的环境下打锚。他们要将固定苗圃的鸭嘴锚打进1米多深的海床沙底里，鸭嘴锚如手电筒般大，"像个大饼，把它打进海床里，连着钢丝，串联起扶床，能固定住"。不过，鸭嘴锚在海底容易生锈，一般只能用一年，每年黄晖和同事都要下海钉锚。"在陆地上，你抡一下锤子就打进去了；但在海里，就跟在太空抡锤子一样，好像有个人拉你的手往后扯，有个反作用力，使不上劲。"黄晖钉个锚要来回抡好几下，一罐氧气瓶一般能撑40分钟，但钉鸭嘴锚时很耗气，一趟要用掉两三罐氧气瓶。

就这样，黄晖和团队在我国西沙群岛及南海南部建立了面积达300亩的珊瑚礁修复示范区，搭建的苗圃可培育4万株珊瑚断枝。

唯一女性让船老大心服口服

从事和海相关的工作已经有20多年了，黄晖仍然会晕船。她第一次潜水是在西沙，当时晕得特别厉害，游到几十米的海底开始反胃想吐，"张口不都让水灌进嘴里，甚至没法呼吸了"？后来实在忍不住，她只得张口，吐掉胃里的食物，才发现，"人有生存本能，在那个时刻，你会非常小心"。她小心翼翼地拿掉呼吸嘴，憋气把嘴里的东西吐掉。

黄晖在江西抚州的山区里长大，大学被调剂学了水产养殖，在海南的海边实习，给繁殖的斑节对虾做育苗。当时母亲开玩笑："养虾养鱼还读什么大学?"毕业后,很多同学都改行了,但黄晖因经常接触海洋,觉得大海更有意思,便到中科院南海海洋研究所读了硕士,专业为海洋生物。博士毕业后,她到南海所工作。

一开始,黄晖是带头的,领着同事出海,早期条件有限,常向渔民租渔船。第一次上船,黄晖和船老大打招呼,对方却绕过了她,只和身边的男同事讲话,不搭理黄晖。原来,渔民有个传统,觉得女人不应该上渔船,"不吉利,会让出行不顺利",而黄晖是团队里唯一一名女性。

后来船老大发现,很多出行事宜男同事做不了主,黄晖是带头的,什么事情只有她说了算,只好和她沟通。几次出海,黄晖和渔民同吃同住,背着很沉的氧气瓶潜水调查,结束后上船,太累了,就一屁股坐在甲板上,甚至直接躺上去。船老大见她不娇气、不柔弱,很敬业,能和大家打成一片,渐渐接受了黄晖。

2006年,黄晖在西沙出海。当时船老大的另一条船也出海了,但不断遇到麻烦,锚链断了,发动机也出现了问题,而黄晖所在的渔船却很顺利,船上的人开玩笑说:"黄晖上了船,船就越开越快,而且海面风平浪静,气场很强。"自那之后,船老大对黄晖更加尊重了。"其实,在海洋工作,经常和渔民打交道,要尊重海上人的习惯。比如渔民觉得女人不该上船头,这么多年,我从不走上船头区域。渔民尊重我的工作,我也尊重他们的风俗。"

说到"船上唯一女性科学家",还得提到"深海女王"、美国海洋科学家西尔维亚·厄尔。20世纪60年代,厄尔与70名研究者赴印度洋考察,是船上唯一一名女性,但当时民风不开放,厄尔也遭受非议。不过,她很快用实力证明了自己,于1970年组建世界上第一支女子深海探险队,还成为美国国家海洋和大气管理局首席科学家,获得上百项国际级和国家级荣誉。《时代》周刊称她为"星球英雄"。

几年前,厄尔曾到海南,结识了黄晖。厄尔想下潜,看看中国的海底世界,黄晖帮她联系了好多家潜水机构,但对方均担心厄尔70多岁了,下潜不安全，纷纷婉拒。2017年，"国际海洋保护区大会"在智利召开，各国海洋学家一起讨论对海洋的保护。在智利期间，80岁的厄尔找来两罐氧气瓶，潜入了智利附近的海域，那时是冬天，海水非常冷。回忆起来，黄晖很佩服："她对海洋的爱坚定又狂热，是一种极致的爱。"

（文/陈霖）

"奋斗者"号总设计师叶聪：
带着国旗潜入万米海底

叶聪，1979年11月生，湖北黄陂人，毕业于哈尔滨工程大学船舶工程专业，高级工程师。中国船舶重工集团有限公司第七〇二研究所副所长、水下工程研究开发部主任，"蛟龙"号深海载人潜水器首席潜航员，全海深载人潜水器总设计师，"奋斗者"号总设计师、万米海试总指挥。2021年6月，被中共中央授予"全国优秀共产党员"称号。

> *如果在地球之外的某颗行星上真有海洋，希望能够出现中国潜水器的身影。*
>
> ——叶聪

2012年，对中国载人深潜项目来说是一个特殊的年份。这一年的6月24日，我国首台载人潜水器"蛟龙"号在马里亚纳海沟创造了7020米的世界载人深潜纪录。作为"蛟龙"号的主驾驶，叶聪谈起当时的情景仍记忆犹新。

"那是我驾驶'蛟龙'号第一次突破7000米的深度。那一天正好是神舟九号与天宫一号对接的日子，我们团队和'神九'航天员团队进行了互动——早上，当'蛟龙'号下潜深度突破7000米时，我们在水下通过水声通信机预祝他们对接成功；傍晚，当我们回到水面甲板上的时候，他们的对接已经成功了，并从'天宫'发来祝贺，祝贺'蛟龙'号突破 7000 米大关。那是很值得纪念的一天。"叶聪对记者回忆道。

这两个团队，一个在海面之下 7000 米，另一个在海面之上 300 多千米，成员都是 3 人，彼此为对方取得的重大科学突破而祝贺。那一天的媒体报道很多以"中国人的海天对话"为标题。

8 年转瞬而过。2020 年 11 月 10 日，"奋斗者"号下潜突破 1 万米时，叶聪再次成为历史的见证者，这一次，他是总指挥。

从"山腰"到"谷底"

马里亚纳海沟位于菲律宾东北方向、马里亚纳群岛附近的太平洋底，最深处超过 10900 米，是目前已知的地球海洋最深处，如果把珠穆朗玛峰放在沟底，峰顶也无法露出海面。"奋斗者"号就是在这里成功坐底，准确深度为 10909 米。

据科学家估算，马里亚纳海沟已经形成了 6000 万年。这里水压高、完全黑暗、温度低、含氧量低，是地球上环境最恶劣的区域之一。但同时，这条海沟位于板块俯冲地带，地质运动非常活跃，这里的物质构成、海底生物的生存方式等，是科学家们非常感兴趣的。总之，探索价值高，难度也极大。

叶聪将马里亚纳海沟形容为"挑战者的深渊"。他对记者描述，如果说"蛟龙"号 7000 多米的下潜处相当于在一座山的山腰，那么"奋斗者"号 1 万多米的下潜处就相当于在一条峡谷的谷底。

"两次看到的景象完全不同。在'山腰'时，潜水器周围白茫茫一片，全是沉积物，就是俗话说的淤泥。在'谷底'时，我们看到的则是一条南北走向的深沟，沟的一侧是陡峭的绝壁，接近 90 度垂直，就像一堵墙，这是大陆板块的边缘；相隔五六百米的另一侧，坡度相对缓和，这是太平洋板块的边缘。

就在这几百米之间，沉积物由软变硬、由细变粗，直到出现巨大的砾石，对比非常强烈。"

从 7000 米到 1 万米，中国载人潜水器经历了"蛟龙"号、"深海勇士"号和"奋斗者"号三个阶段。

"蛟龙"号是由中国自行设计、自主集成研制的第一台深海载人潜水器，从项目启动到下潜突破 7000 米用了整整 10 年时间。在它诞生前，中国载人潜水的深度只有 500 多米。

叶聪坦言，相对于发达国家，中国载人深潜起步较晚。国外在 20 世纪六七十年代和八九十年代已经历过两波研发高潮，中国则是从 21 世纪初才开始做自己的载人深潜装备。"蛟龙"号的设计完全是中国自主，只有一些零部件采购自国外，还有一些测试在国外进行，主要是因为当时国内不具备相关的生产和测试条件。

"在研制'蛟龙'号时，我们认识到发展海洋装备不能依赖国际合作，一定要有自己的技术和基础设施。为了实现这个目标，在研发'深海勇士'号时，我们把下潜深度调整为 4500 米，这样可以更充分地利用国内工业，材料、工艺、生产、测试的整个流程都在国内开展，打造出了基础链条。"叶聪说。

"深海勇士"号是中国第二台深海载人潜水器，国产化程度更高，其关键部件的国产化率达到 95%，浮力材料、锂电池、机械手等都由中国自主研制，不仅降低了成本，也促进了国内相关技术企业的创新能力。

2017 年 8—10 月，"深海勇士"号在南海进行海上试验，完成了从 50 米到 4500 米的 28 次下潜。这是继"蛟龙"号后的又一里程碑，实现了中国深海装备由集成创新向自主创新的历史性跨越。

有了"蛟龙"号和"深海勇士"号的基础，"奋斗者"号的目标更加明确——针对海洋最深处的复杂环境，运用极致设计和极限制造能力，实现万米海底作业。

"'奋斗者'号的作业内容是全球首次，一些制造工艺也是全球首创。20

年来,我们的3个载人潜水器代表了中国载人深潜的三大步跨越——从无到有,从有到自己能造,从自己能造到有自身特色和领先之处。后两步,都是在最近这10年完成的。"叶聪说。

从"又聋又瞎"到"精神图腾"

载人潜水器实质上是一种船舶。中国自主研发的3台深海载人潜水器,使用寿命都是30年。目前,"蛟龙"号刚满第一个10年的使用期,"深海勇士"号即将进入第一个5年检测、修理、升级阶段,"奋斗者"号则刚刚开始服役。相比之下,国外的深海载人潜水器大多已经接近使用寿命末期,现在全球每年的载人深潜任务,约有一半是中国的载人潜水器在执行。

从分工来说,"蛟龙"号侧重于资源项目的考察、勘探、环境评估;"深海勇士"号侧重探索热点科学问题,包括热液、冷泉、海底生物、海底环境变化等;"奋斗者"号侧重深渊科考,主要是水下6000—11000米的海沟,这些区域几乎都在中国境外,人迹罕至。

叶聪回忆,"蛟龙"号进入海试阶段后,他连续五六年都在出海、下潜,协助科学家们科考,"那是一段很快乐的时光"。

第一次下潜的时候,深度只有2米,"蛟龙"号甚至没有没入水下,大家调侃这个潜水器"又聋又瞎"。当时叶聪感觉就是把他们团队3人关在一个钛合金罐子里,在海上漂,海面水温30摄氏度,舱内气温40摄氏度,人在里面很煎熬。潜水器的舱是完全密闭的,每次爬出来,衣服都被汗水浸湿了,"有时还要跟人解释,这是汗水,不是舱里漏水了"。新闻媒体来采访,3人回答最多的问题就是在潜水器里怎么吃饭、怎么上厕所、心理压力有多大。

之后,随着下潜得越来越深,叶聪经历了很多奇妙的时刻。水下两三百米,阳光照不到了;水下两三千米,水温降下来了;水下八九千米,看不到鱼了……每个区域都会带给他很大的震撼。他曾认为极深的海底就是生命禁区,但在一些热液（高温热气溶液）附近，他看到大量贻贝、螃蟹在活动。还有一次，"深海勇士"号发现了一具鲸鱼尸体，周围大量海底生物正在"聚餐"。

第一次下潜到7000米时，叶聪感觉身处一片白沙滩，四周全是沉积物，如同荒原一般。第二次再来，团队带了一些臭鱼烂虾做诱饵，景象马上变了——狮子鱼从远处游过来了，大片的钩虾爬了出来，密密麻麻地向潜水器靠近……他们还曾碰到一条特别的鱼，"感觉它像一个'村主任'"，于是跟着走，果真找到了要找的冷泉口。

孕育出这些奇观的海域，海面上看不到油轮、货轮，看不到岛，也看不到鸟，只有无垠的海、无边的天。唯一的人工产品，就是叶聪所在的潜水器。

"只有第一个吃螃蟹的人才知道螃蟹好不好吃，之后才知道该怎么做、怎么吃，科学研究也有这么一个过程，向未知探索，开拓新边界。"叶聪说，"人类正面临气候变暖等问题，探索深海有非常重要的价值，比如研究那些不依赖氧气生存、能抵抗海底高压力的生物，对生命健康科学有很大的促进作用。我们已经迎来了世界深潜技术的第三次高潮，中国发挥了很好的作用。"

在叶聪看来，"蛟龙""深海勇士""奋斗者"这三个名字一脉相承，都代表着民族精神。他们曾将国旗插入中国南海海底，极大地鼓舞了团队士气。

"坚韧不屈、勇敢奋进是中华民族的精神内核，我们自己研发的3个潜水器就像精神图腾一样。这些年来，一批又一批科研人员在深海领域深耕，不断创造新纪录，他们是蛟龙、是深海勇士、是奋斗者，这就是我们整个团队的精神风貌和精神状态。"

从"深度"到"广度"

21年前，叶聪从哈尔滨工程大学船舶工程专业毕业，进入位于江苏无锡的中国船舶科学研究中心。第二年，"蛟龙"号载人潜水器正式立项，叶聪成为团队一员。

那时，载人深潜在国内是一片空白。中国的科研人员只能自己摸索方向，尽一切可能寻找相关资料，其中甚至包括《泰坦尼克号》等外国影视作品。而现在，每年中国载人深潜的次数是全世界最多的，万米深潜的人数也是世界第一。

"一开始，我们到国外交流时，人家介绍说，这几个中国年轻人是做潜水器的，他们准备做个能下潜7000米的。其他外国人觉得你们是不是在开玩笑？你们之前啥都没有，第一步就要搞个比我们还深的出来？所以那时候，我们一方面是谦虚地学习，另一方面是憋着一股劲儿，证明中国人也能干出来。"

近10年来，整个项目团队的年龄保持在30多岁，只是骨干从"60后""70后"变成了"80后"；团队的硬件装备水平也有了大幅提升，过去想在海上给家人打电话是一件奢侈的事，现在电话、微信、视频都很通畅，队员们执行任务期间不会再与家人"失联"了。

作为潜航员，叶聪很高兴地看到接班人队伍不断发展壮大，目前已经接近30人。他介绍，这些潜航员主要分成两部分，一部分在青岛的"蛟龙"号团队，另一部分在三亚的"深海勇士"号和"奋斗者"号团队。

"三亚这边已经培养了4批潜航员，其中下潜次数最多的达到100次。我自己是70多次，很多潜航员已经超过我了。"叶聪说，"潜航员要有海洋或理工科专业背景，还要有较好的心理素质和身体素质，能够适应长期出海、密闭环境，应对突发事件的能力要强。总之专业素质第一，心理素质第二，身体素质第三。"

培养一名潜航员一般需要两年多，入选年龄在22—35岁，从基础培训到独立执行任务，中间要经历二三十次下潜训练才能获得资质认定。

新一代潜航员肩负的任务和面对的挑战更加多元化。叶聪介绍，在到达了海洋最深处后，团队正在拓展研究广度：一是探索复杂环境、极端环境，比如冰下、极地、浑水等；二是与其他科技手段协同合作，拓展覆盖范围，"潜水器在海洋中就像一粒米，只有与其他科技设备组成一个体系网络，才能发挥更大的作用，这是我们正在做的事，研发新的潜水器和新的作业模式"。

叶聪认为，过去10年，中国在深潜科技方面整体上了一个台阶，从关键技术开发，到装备生产、制造、检测，再到管理运营，全方位提高，"尤其是制造环节，我们已经达到世界较高水平，这是一个很大的跃升"。

比如高强度材料，以前主要针对航空航天领域进行研发和生产，而深海需要的耐压材料则需要新技术、新工艺、新检测手段，中国已经取得了一些重要突破，填补了世界空白。叶聪还透露，目前全世界万米级潜水器只有两台，一台是"奋斗者"号，另一台是国外产品，前者在很多指标上已经超过了后者。

"一是我们可以负载的人数比国外那台多；二是下潜速度，我们3个小时就可以下潜到万米，国外的要4个小时；三是海底工作时间，我们可以连续工作6小时，国外的是4小时。另外，我们实现了万米深海下的视频直播、互动，可以在海底与北京演播室之间进行实时对话，这在国际上是首次，说明我们能够在海底找到目标、与目标建立数据联系，并把大规模数据从万米海底送到几千公里以外的陆地上。这些都是体现我们技术特色、技术领先的方面。"

下一步的目标是把海底、海面、陆地、太空的全部技术串联、融合起来，形成一套完整的链条、系统、网络，发挥最大的功效。目前的卫星定位系统还不能覆盖海面以下，这就制约了水下航行作业的精准度，只能靠声呐解决。叶聪期待未来北斗等卫星导航系统能延伸到水下，形成水下公共交通、公共运输网络。

除了技术和装备的拓展，载人深潜的应用范围也变得更广，过去主要用于科学考察、勘探资源，近年来在考古方面也做了不少工作，尤其是在南海。这里有中华民族的大量历史遗迹、文化遗存，载人深潜可用于相关文物的发现、保护工作。

"利用载人深潜可以对它们进行考察和保护性打捞。这对研究南海历史具有推动作用。此外，在深海旅游、海上急救等方面，载人深潜都可发挥作用。"叶聪说。

站在今天回看，尽管中国在载人深潜领域是一个后来者，却把握住了整个深海技术装备发展的大趋势。叶聪预测，未来在深海开发领域很可能出现像5G技术、电动汽车、移动互联网一样的爆发式增长，而他心里还有一个更为遥远的梦想："如果在地球之外的某颗行星上真有海洋，希望能够出现中国潜水器的身影。"

（文/尹洁　周盛楠）

粒子物理学家周光召：
"我愿意改行，随时听从祖国的召唤"

周光召，1929年5月生，湖南长沙人，理论物理、粒子物理学家，中国科学院院士、"两弹一星"功勋奖章获得者，中国工程物理研究院研究员，中国科学技术协会名誉主席。周光召主要从事高能物理、核武器理论等方面的研究并取得突出成就。1958年，周光召在国际上首先提出粒子的螺旋态振幅，并建立了相应的数学方法。1996年，国际编号为3462号小行星被命名为"周光召星"。

> 无论是原子弹还是氢弹，远不是几个人的事情，是十万以上人的共同工作。如果要评价我其中的贡献，那只不过是十万分之一而已。
>
> ——周光召

"我知道你们为什么来采访我，马上就是氢弹爆炸成功55周年了。"中国工程院院士、当年参与了氢弹研究工作的杜祥琬见到记者时，如是说道。1967年6月17日晚上，在北京西郊花园路3号院上班的人们发现，单位大门口的地上突然多了一张纸，红彤彤的，凑近一看，是《人民日报》发出的庆祝我国第一颗氢弹爆炸成功的喜报。杜祥琬笑着告诉记者："不知道谁了解到我们院是做这个事的，就把'喜报'贴到大门口的地上。"

杜祥琬口中的"我们院",是第二机械工业部(以下简称二机部)第九研究院(今中国工程物理研究院,以下简称九院),20世纪六七十年代,那里群星璀璨,会集着朱光亚、彭桓武、邓稼先、周光召、于敏、王淦昌、郭永怀、黄祖洽等一批大科学家。到2023年6月17日,那声来自新疆罗布泊的氢弹爆炸成功的巨响已过去56年,23位"两弹一星"(核弹、导弹、人造卫星)功勋科学家仅3位健在,周光召是其中之一,他刚刚过了94岁生日。

当年跟在他们这些大科学家身后的年轻人杜祥琬,如今也已85岁了,这位应用核物理、强激光技术和能源战略专家听说我们想了解周光召等人的故事,毫不犹豫地答应了采访。通过他和其他身边人的讲述,我们得以走近周光召,也走近了原子弹、氢弹、导弹研究领域的先驱们,走近了那个星光熠熠的年代。

第一次改行,研究原子弹

"那半年可真够赶的。"回忆起从氢弹原理试验成功到氢弹爆炸成功的那半年,杜祥琬又笑了。当时法国也在探索氢弹,为了抢在法国前面爆炸,长中国人的志气,时任九院理论部第一副主任的周光召鼓励大家咬紧牙关,理论部大楼每天晚上都是灯火辉煌。"大家很默契地做好自己手头的工作,也不需要特地加油打气,我们都有切身感受,知道中国一定要站起来,爱国从来都不是一件抽象的事。"杜祥琬对记者说。

这在周光召身上表现得更为具体。20世纪60年代,欧洲、美国的科研机构都向周光召发出访问邀请,还提出承担全部费用,如此殊荣在当时的中国物理界是独一份。可这些邀请都如石头扔进大海,毫无回应,周光召在国际学术界"消失"了。与此同时,北京花园路上一幢4层小灰楼里,却多了一名青年的身影,白净的脸,短衣短裤,中等身材,因为对花粉过敏,总戴着口罩,路过的人向他打招呼,叫他"老周"——他就是来到九院理论部工作的周光召,理论部那时的主任是邓稼先。

周光召是以天才科学家的形象出现在这里的。1961年5月他到来时,已有好多同事"未见其人,先闻其名"。比周光召早几年来的中国工程院院士胡思得记得,大学就在一本从俄文翻译过来的杂志上看到周光召的报道,那时周光召在苏联杜布纳联合原子核研究所(以下简称杜布纳)工作,报道称赞他年轻有为,才华出众。

胡思得所说的杜布纳,当时聚集了社会主义阵营国家的许多科学家,科研水平全球领先。周光召4年里发表了30多篇论文,在国际物理学界声名远播。后来与周光召相熟的诺贝尔物理学奖得主杨振宁,就是那时第一次听说周光召的:"美国所有高能物理领域的人都知道他是一位中国年轻的研究员,是当时最杰出的、最有新思想的一个物理学家。我记得很清楚,周光召那时候发表过的好几篇文章我都仔细研究过,而且在一些学术讨论会上,也都是大家热烈讨论的题目。"

正当周光召在科学界崭露头角时,中苏关系开始恶化,去留问题摆在他的面前。恰在此时,时任二机部副部长的钱三强赴苏,与周光召有一次长谈,就中国如何发展核武器谈了自己的观点。"这次谈话对我影响很大,使我知道了党中央发展核武器以加强国防建设的紧迫性和重要性。我决定回国,将自己投身到'两弹一星'的研制中去。"周光召日后回忆道。他主动请缨:"作为新中国培养的一代科学家,我愿意放弃自己搞了多年的基础理论研究工作,改行从事国家急需的工作任务,我们随时听从祖国的召唤。"

周光召进入九院时,理论部正面临一个令人头疼的问题,有一个关键数据始终和苏联方面给的对不上,前前后后已经算了9次。在仔细分析核查了同事们的计算过程后,周光召觉得问题不在这里,而在那个一直被视为"权威"的苏联数据。"这是一个非常大胆而具有挑战性的判断!包括所有的专家在内,我们都没有搞过原子弹,要能令人信服,必须有严格的论证。"胡思得说。周光召用了一个"最大功"原理——即便炸药没有任何耗散,能量全部作用于核材料，压力也达不到那个数值。这个论证方法言简意赅，得到一致赞同和支持，计算得以继续进行。1962年底，周光召协助邓稼先完成并提交了中国第一颗原子弹的理论设计方案。

中国第一颗原子弹在1964年10月16日爆炸成功。试验前夜的10月15日，周光召突然从时任二机部部长的刘杰那里接到一项紧急任务：认真估算一下中国首颗原子弹爆炸成功的概率是多少。布置任务的是周恩来。这颗原子弹所代表的重大意义让大家必须慎之又慎，刘杰说："不正式爆炸，没有结果以前，那是提心吊胆的，大家都很紧张。"在不到16个小时中，周光召抓住要害，精准筛选出有效参数，连夜计算，确认爆炸成功的概率超过99%，除不可控因素外，原子弹的引爆不会出现任何问题。这为10月16日15时准时起爆中国第一颗原子弹提供了重要保障。

"光召兄的回来，使得中国1964年爆第一颗原子弹（比预想中）早了一两年。"杨振宁说。他记得美国报纸陆续有报道说中国研制原子弹的主要是哪些人物，周光召的名字屡屡出现在《纽约时报》上。

1963年，理论部的工作重心转移到突破氢弹原理上来。周光召和于敏、黄祖洽各率领一路人马展开攻关。氢弹完全是中国自力更生独立研制的，需要运用多门学科的知识，在这场群体攻坚战中，周光召先自己学习、梳理相关材料，然后为大家讲授流体力学、等离子体物理等方面的知识，还编写了讲义。他讲课从不用讲稿，遇到复杂公式就在黑板上边讲边写，一步步把公式推导出来。这种工作方法周光召保持终身，也让他的研究生吴岳良印象深刻："讨论同一个问题时，他不去看自己原来推导过的东西，而是重新推导，重新思考，有一个好处，就是在这个过程中可能会产生新的想法。"现在，吴岳良已经是中国科学院（以下简称中科院）院士、中科院大学学术副校长，他向记者回忆。

在朱光亚、彭桓武的主持下，邓稼先、周光召组织科技人员制定了关于突破氢弹原理工作的大纲：第一步，继续进行探索研究，突破氢弹原理；第二步，完成质量、威力与核武器使用要求相应的热核弹头的理论设计。当于敏领衔的攻关团队率先成功后，周光召又迅速集中精力，协助于敏。1966年12月28日，氢弹原理试验成功。1967年6月17日，中国第一颗氢弹爆炸成功。

1999年9月18日，周光召获授"两弹一星"功勋奖章。可他自觉受之有愧，"无论是原子弹还是氢弹，远不是几个人的事情，是十万以上人的共同工作。如果要评价我其中的贡献，那只不过是十万分之一而已。"4年后，他把这枚奖章赠予家乡湖南的一所学校。他说，我很小就离开了故土，奖章与其自己收藏，不如赠给家乡，鼓励后人继续为祖国科研事业作贡献。

第二次改行，成为中科院院长

2019年，周光召九十寿辰时，中科院理论物理研究所和北京应用物理与计算数学研究所共同举办了一场"周光召院士从事科学事业65周年学术思想与科学精神研讨会"。诺贝尔物理学奖得主李政道专门发来贺信，信中说："光召兄和我相识已久，相交甚欢，光召兄有大才，是世界著名理论物理学家。几十年来，光召兄和我共建中国高等科学技术中心，搭建国际科学交流平台、基础科学研究基地，为祖国培养了诸多基础科学人才。"

如果说投身"两弹"研制是周光召前半生的高光时刻，那么贯穿他后半生的则是为中国科技事业发展布局。诚如杨振宁所言："他由一个理论物理学家转变为有影响力并深受尊重的政策制定者。"这次转身同样是应国家所需，代价是放弃了他钟爱的理论研究，但他依然无悔。

1980年初，邓小平在人民大会堂会见并宴请参加广州粒子物理理论讨论会的海内外学者，并提出要见一见中国粒子物理领域的优秀人才。钱三强立刻从宴席中请来几位科学家，特地把周光召放到前面着重介绍："他50年代在苏联和国内作出了很好的工作成绩，起了关键性的作用，可算是国内新一代理论物理方面的佼佼者。"李政道接着说："他不仅在国内同行中是佼佼者，包括我们在内,在所从事的粒子物理理论领域,他也是佼佼者。"邓小平听后欣喜地站起身和周光召握手。两天后在中共中央召集的干部会议上,邓小平提到这场讨论会和中国粒子物理理论研究。他说,我们已经有相当先进的水平,而且有一批由我国自己培养出来的取得了成就的年轻人,只是人数比一些先进国家少得多。邓小平指出,我们要逐渐做到,包括各级党委在内,各级业务机构,都要由有专业知识的人来担任领导。

两年后,正在瑞士日内瓦西欧原子核研究中心工作的周光召收到召他回国的急电,他应召回国,先后任中科院理论物理研究所副所长、所长,1984年升任中科院副院长。"感觉人生又发生了一个大的转折",周光召说。据时任钱三强秘书的葛能全回忆,在钱三强的办公室,钱三强与周光召就此事谈了很久,出来时周光召的眼圈都有些红。1986年底,吴岳良博士毕业前,周光召问他,在以后的人生中可能会面临多种选择,但一旦国家需要你,你是否能服从国家的需要?"当时我只是如实回答可以,后来才想到,那时老师自己是不是也面临新的选择。我想他是站在国家的高度思考后作出选择的,清楚哪个对国家的贡献会更大。"1987年,周光召升任中科院院长。

"中科院真是一个与众不同的地方,把科学家当成宝,不拘一格发现人才,发挥科学家的积极性。我和光召同志的缘分也是从这里开始的。"80岁的徐冠华这样向记者回忆起他与周光召的相识。

"七五"科技攻关期间,中科院开展了两个重大地球科学项目,其中一个是三北防护林的遥感调查。徐冠华是遥感领域的专家,但那时并不在中科院工作。"光召同志和当时的中科院副院长孙鸿烈同志没有部门偏见,让我这个'外人'做负责人。"项目结束,徐冠华于1991年当选为中科院学部委员(现称院士),随后被借调到中科院任遥感应用研究所所长,两年后升任中科院副院长。"光召同志不仅对我,对其他青年人都给予信任。"徐冠华至今感念周光召的知遇之恩,他家的客厅里摆着一张放大的合影,照片中,头发花白的周光召身体侧向年轻许多的徐冠华,笑眼慈祥。"如果不是光召,我现在还不知道在哪儿呢。"2001年，徐冠华出任科技部部长，成为21世纪中国第一位院士部长。

"当时关于科技发展和改革的问题经历过很多争论，光召承受了压力。但他从来都是直率地表达自己的意见。"徐冠华说："他是一个很温和的人，但在关键问题上从不让步。"

周光召对年轻科学家非常关心。他设立了院长特别基金，专门支持有潜力但缺经费的年轻人。吴岳良记得，很多作出成就的人都曾得到这个基金的支持。"他不会偏心自己熟悉的研究领域。对来申请的项目都会认真了解，只要有发展前景、重要，就尽快支持。"中科院原院长白春礼就是这一基金的受益者。他1987年从美国回到中科院工作时，在一次座谈会上提出课题经费困难，"光召院长当即对我说，'你马上写个报告给我'，不到一个月，30万元的院长特别基金拨到了我的课题组，无疑是雪中送炭。"这成为白春礼回国后开始科研事业的一个起点。

在周光召眼里，科学要进步，就必须开放。"'开放、交流、竞争、联合'最早是他在理论物理研究所和中科院开始实践的，后来又成为科技部建设国家重点实验室的一个方针。"吴岳良向记者介绍："他倡导开放，说中科院不只是中科院的中科院，而是全国的中科院，不仅要开放期刊图书等学术资源，还要开放一定的科研经费，支持全国相关领域的科研工作者。不光在国内开放，还要在国际开放，理论物理研究所后来成立了国际顾问委员会，邀请十几位国际顾问委员会成员，周先生也参与进来，帮助营造了一个开放的学术氛围。"

"他是'973'计划的领路人"

周光召是突然病倒的。

那原本是一场交担子的会议。82岁的他把"973"计划专家顾问组组长的身份移交给了已卸任科技部部长的徐冠华，他是应邀前来和大家交流经验的。他高兴地说，我在顾问组做了十多年，"973"是我人生中很重要的经历。这个担子交给新一届顾问组,我非常放心,相信你们能把这个计划继续做好。他还谈了一些心得体会,想多讲几句,但感到体力难支,提前结束了发言。"冠华,我有点累,就不讲了。"他低声说。可没过多久,会议现场的人看到,主席台上的周光召从椅子上偏倒下来。那一天是 2011 年 11 月 15 日,此后他再没离开过医院。

周光召的晚年是忙碌的。从中科院院长任上退下后,他从 1996 年起担任了 10 年中国科学技术协会主席,联系全国科技工作者,促进科学的普及和推广,自称科普工作的"开路小工"。同时,他还参与科技界重大事项的讨论与决策,"973"计划就是其中之一。

"973"计划的全称是国家重点基础研究发展计划,由中共中央、国务院设立,于 1997 年 6 月正式启动,目的是解决国家战略需求中的重大科学问题。周光召是这个计划的专家顾问组组长,带领一批科学家担任项目咨询、评议和监督的工作。从 1998 年起,他在这个岗位上连续工作了 12 年。在缺乏自主创新的年代,中国创造的工业价值相当大一部分交给了外国公司。周光召说,中国要实现可持续发展和自立于世界民族之林,就必须掌握和发现最新的科学技术知识,推动基础研究,这是中国科技界的历史责任。

"光召同志是从事理论物理研究的,但'973'计划几乎涵盖了基础研究的所有领域,为了学习各个领域的知识,他付出了极大的努力。"徐冠华回忆:"有生命科学家说,光召同志在生命科学领域提出的问题,有的比这个领域的专家还要深刻和尖锐。我们都很钦佩他对各个领域科学问题的深刻理解和综合分析能力。光召就是这样一位了不起的科学家。"

杨振宁也曾评价说:"周光召是个绝顶聪明的理论物理学家,他对理论物理的看法既能从大处看,又能在小的地方想出新的办法来。这就跟下围棋一样,既要有布局的能力,又要有想法的能力,他在这两方面都做得很成功。"这样的思维方式,帮助周光召实现了从科研到领导岗位的成功转身。

有一阵,周光召每星期都要请一两位年轻科学家去聊天,一聊就是几个小时，了解相关领域的进展，同时也会去思考怎么解决科学界的一些问题。"我问过老师，为什么他在多个领域都能做得很好。他告诉我，你必须瞄准一个方向，一直研究到最前沿，做到最好，之后再在这个高水平上把研究和思维方法拓展到别的领域。后来他进入新领域，都是先看这个领域最前沿的东西，看不懂的时候，再去找其他综述等材料。"吴岳良说。周光召总是走在前沿。"他看了很多东西，好些资料我都找不到，有些新书出版我也都是晚于老师才知道。"吴岳良博士毕业后出国做研究，1996年回国时发现，自己的老师可能是全国第一个用PPT作学术报告的人。"我的PPT技术就是跟他学的，而且好多软件都是老师帮我装的。"

2016年2月，整合了"973""863"等多项科技计划的国家重点研发计划正式启动实施，旨在解决一批"卡脖子"问题的"973"计划也完成了其历史使命。重大基础研究怎么抓，项目怎么筛选、怎么组织，在这些方面，"973"走出了一条路。"光召同志是'973'计划的领路人，'973'计划也是他晚年最着力的重点工作之一。没有他，就没有'973'计划的成就。"徐冠华对记者说。

"一个爱人的人"

"老师很少对我们谈他以前的经历，也很少提及他在'两弹'中的贡献。"吴岳良告诉记者："他认为如果事情是团队一起做的，就不要再把主要贡献、次要贡献分得那么清楚，因为大家都很重要，缺一不可。"不强调自己，他的心和情总放在别人身上。中科院办公厅原主任李云玲还记得，周光召刚就任中科院院长那几年，院里经费非常紧张，有的所连发工资都困难。一些中年科技人员长期超负荷工作，积劳成疾，英年早逝，周光召为此痛心不已。1991年他在全院年度工作会议上说到这种情况，哽咽良久，说不出话来。在记者此次采访过程中，所有受访者无一例外都提到周光召的人格魅力。徐冠华认为，这和工作无关,周光召就是一个爱人的人。

这样的故事特别特别多。吴岳良还记得,20世纪80年代在中科院理论物理研究所读书时,老师常在周末带着他们去外面改善伙食,半只鸡或一只鸡,桌上是一定会有的,"改善伙食肯定要有肉嘛"。下班看到学生们在打乒乓球,周光召也会兴致勃勃地加入,他的球技很不错,常常获胜。学生们向他请教问题,他也不坐着,就带着学生在楼下院子里一圈圈地散步,边走边讨论。空闲时,周光召还"发"面包给学生吃,从和面、揉筋、发酵、塑形到烤制都由他一人完成。"是那种欧式面包,他做得很好。我从德国回来时还特地带了专用酵母粉给他。"吴岳良"呵呵呵"地笑。有一年除夕他去拜年,发现老师又新增了一个爱好——摄影,尤其喜欢给别人拍。"他很会拍,招呼大家合影的时候就设置'自动'模式。"

周光召与妻子郑爱琴感情很好。郑爱琴是生物化学家,当年在北京东郊的一个研究所工作,与在西边从事核武器研究的周光召距离遥远,交通也不便。考虑到丈夫的工作性质,她主动调到周光召的工作单位,发挥英语好的优势,改做科技情报调研工作,收集和翻译了大量外国文献,他们并肩作战,一起走过那段岁月。周光召很依赖妻子。该吃饭了,该喝水了,妻子总叮嘱他。"师母一直关注着周老师,她好像明白老师心里想什么。"在吴岳良的印象里,周光召和郑爱琴相互话不多,但非常默契。2009年老两口一起出席了庆贺周光召八十华诞的活动,都高高兴兴的,之后不久,郑爱琴就病倒了。徐冠华去探望了几次,都看到周光召陪护在旁。

再向前"倒带",时间回到1976年7月,那时周光召还在九院。由于唐山大地震,九院所有员工和家属都搬到院前的抗震棚里,杜祥琬就在这时患上严重的细菌性痢疾,病倒了。"老周来看我,专门来看我,到我的房间里,什么话都不说。"坐在记者对面,杜祥琬突然哽咽,眼中泛泪:"他坐了20分钟,一句话也没说,但是我俩心里都知道。"

这样的爱人之心,也在师生之间默契传递。2007年离世的彭桓武是周光召的老师,周光召非常尊敬老师,每逢大年三十,总要去彭桓武家拜年。吴岳良也延续了这一传统,要分别上门给周光召和彭桓武拜年。彭桓武曾用一个比喻形容自己在"两弹"研究中所做的工作:我就是老房门口的那一对石狮子,只需要"把住门",其他的交给年轻人去做。半个多世纪以来,这对"石狮子"从彭桓武变成周光召,如今又换成了吴岳良——他仍然带着学生扎在科研第一线,"发挥年轻人的创造性,这是我特别希望做到的事情"。

(文/刘舒扬 朱东君)

第二章

自强不息　实干成就未来

> 人类的美好理想，都不可能唾手可得，都离不开筚路蓝缕、手胼足胝的艰苦奋斗。我们的国家，我们的民族，从积贫积弱一步一步走到今天的发展繁荣，靠的就是一代又一代人的顽强拼搏，靠的就是中华民族自强不息的奋斗精神。
>
> ——2013年5月4日，习近平在同各界优秀青年代表座谈时的讲话

华为创始人任正非：
带领华为走过数个艰危时刻

任正非，1944年生于贵州镇宁布依族苗族自治县，祖籍浙江浦江，1963年考入重庆建筑工程学院，1974年入伍，1987年创立华为技术有限公司。

> 一个没有英雄的公司是一个最好的公司，过去是靠英雄打下这份基业，现在是靠流程、靠平台，不再是靠一个能人。
>
> ——任正非

一位74岁的老者得知女儿被拘押，心中的感情该是怎样的？一家国际知名公司的副董事长、首席财务官被他国以未知罪名拘押，公司员工的感情该是怎样的？以人之常情来说，这当然是任正非的苦难、华为的苦难，甚至有媒体称之为华为的"至暗时刻"。但任正非和华为的应对是理智平和的——在法律和规则下谋求解决。华为甚至以另一种形式继续进击——2019年2月24日晚，华为在西班牙巴塞罗那发布了全球首款5G折叠屏手机HUAWEI MateX，叩响了5G的时代之门。

HUAWEI MateX手机最显眼之处莫过于它的折叠屏。华为消费者业务CEO（首席执行官）余承东说，华为花费3年时间攻克了"铰链"技术，最终用 100 多个组件实现了屏幕的无缝折叠。许多业内人士评价这款手机是"用工业设计和顶尖制造技术实现了变形""无论是设计还是完成度，都堪称目前最完美的产品""这是手机发展史上的一次飞跃"。此外，手机还启用了华为最强的 5G 多模终端芯片，它的速度比 4G 芯片快 10 倍。有媒体评价，这意味着"华为弯道超车"，而苹果"从 3G 时代的领导者变为 5G 新技术的追赶者"。

这场发布会在公众心中激起了更大的回响，人们仿佛看见，华为凭借其无法替代的核心技术吹响了突围的号角，从两个月前的"至暗时刻"走到了一个新的高光时刻。

这样的突围，对任正非和华为来说，过去的 32 年里有过太多次。

1987 年，任正非失业、离婚，在"人生路窄"的时刻决心创办华为。1992 年，为突破国外技术的限制，华为自主研发交换机，他倾尽所有，还借了外债，他说如果研发失败，"只有从楼上跳下去"。2003 年，华为应战美国电信巨头思科的诉讼，任正非说，"敢打才能和，小输就是赢"。此后，任正非下决心把华为推向世界，即便是在国外一些地区持续亏损，他仍然坚持。如今，在世界上 170 多个国家和地区，在偏僻乡镇、非洲大漠、南美丛林都有华为人忙碌工作的身影。2009 年，华为下定决心研究极化码，任正非坚持一条通往 5G 时代的"与众不同"的道路。2016 年，在世界各大电信商云集的 5G 领域，华为拔得头筹……

这一路走来，蹚的都是硬坎，啃的都是硬骨头。任正非是一个硬朗的人。公众在他身上，能够看到遇事不回避，不绕行，甚至不太愿意变通处理；而中庸的态度、圆融的哲学、迂回的方式，在他这儿几乎看不到。一个硬朗的任正非造就了一个硬核的华为，这个硬核是硬啃核心技术，也是精神之核坚硬。这就很好理解，在"至暗时刻"来临时，华为的应对方式为什么会如此清晰简洁：一面遵守法律和规则，一面实打实地推出折叠屏核心技术。没有花式和繁笔，大道至简，却有力。

提"危机"二字,他依旧微笑

2019年1月17日,孟晚舟被拘押的第四十七天,任正非首次接受国内电视媒体采访,并与国内数家媒体见面。此前的1月15日,他接受了《金融时报》、美联社、《华尔街日报》等多家外媒采访;此后的2月18日,他又接受了英国广播公司(BBC)的采访。这样密集地抛头露面,从1987年创办华为以来,还是头一次。见国内媒体那天,镜头前,74岁的任正非是坦然的,身穿蓝西装、白衬衣,全程面带笑容,没有表现出焦虑。谈到某些问题,他甚至哈哈大笑。"见媒体是公共关系部逼的。他们说,这段时间我们处在危机转活的阶段,一定要让客户理解我们,一定要让18万员工理解我们。团结起来奋斗,渡过这个难关。他们说,还是我讲话有权威,那我就来讲话了。"说到"危机"二字时,他依然在微笑。

"您担心她(孟晚舟)吗?"

"我觉得不应该有多大的担心,我估计她需要很长的时间解决这个问题(而已)。""这件事我们通过法律解决,我们是有信心解决的。"

"您作为父亲,想为女儿做些什么,又能为她做些什么?"

"我们首先感谢党和国家对一个公民权利的保护,但是我们能做的,还是要依靠法律的力量。"任正非回答。

任正非说,面对现在的问题,华为并没有猝不及防,"应该说,我们今天可能要碰到的问题,在十多年前就有预计,我们已经准备了十几年,我们不是完全仓促、没有准备地来应对这个局面。这些困难对我们会有影响,但影响不会很大,不会出现重大问题"。

1月18日一早,任正非接受采访的万字长文刷屏,国内外网友燃起一股对华为的深厚情感。中国通信业知名观察家项立刚对记者分析说:"第一,任正非确实是华为的精神领袖。他极少接受采访,他一出来说话,大家肯定会关注。第二,他讲得非常实在,不讲官话、不讲套话。如果仔细想一下,他的话很有思想性、哲学性，大家对华为有了更特别的认识。"

一个月后，《金融时报》称英国政府已得出结论，5G网络使用华为的通信设备所产生的风险可以得到有效控制。土耳其表示将继续使用华为的设备，德国也表态未来5G网络建设不排除使用华为的设备。2月18日，面对BBC的采访，任正非更有信心了，表示孟晚舟事件"对华为的生意没有影响，事实上我们发展得更快了"。他说，"美国不会摧毁华为……美国不能代表世界"，如果英国信任华为而美国不信任，那么"我们将更大规模地把投资从美国转移到英国"。

越是危机时刻，任正非作为"精神领袖"的意义就越发凸显。在华为的成长史上，这样的艰难时刻有过多次。

2003年1月24日，思科在美国得克萨斯州东区联邦法庭对华为的软件和专利侵权提起诉讼。对这场官司，思科精心准备。诉讼前，他们有计划地在全球投放了1.5亿美元的广告，以良好的公众形象获得优势。美国几家最著名的财经媒体认定华为侵权，对华为进行舆论审判。而第三方专家、斯坦福大学教授、数据通信专家丹尼斯·阿利森对思科IOS和华为的VRP平台新旧两个版本进行了对比分析，结果是：华为的VRP平台有200万行源代码，而思科的IOS则有2000万行，华为的VRP旧平台中仅有1.9%与思科的私有协议有关，"200万的软件怎么可能去抄袭一个比自己大10倍的软件？"

项立刚回忆说："当时华为还是一个小公司，面对这场官司，他们缺乏专业经验，没有专业能力，出现了一些混乱。""外界也有不少人觉得，华为是不是真的有问题？整个社会的舆论环境对华为非常不利。"

"在这种时刻，任正非却看到另一面。"项立刚记忆犹新的是，"任正非说，思科这么大的公司来告我们，把我们这样的小企业跟国际大企业放在一起比较，是承认了我们的位置、承认了我们的能力；我们可以从另一个角度看到华为的成长、华为的价值"。

任正非十分清楚，思科对华为采取种种封杀措施并不是为了讹诈和索赔。

思科的真正目的是遏制华为在美国市场的持续发展，使思科在美国市场继续保持一枝独秀。为了稳住军心，任正非给出自己的判断："敢打才能和，小输就是赢。"10 个月的时间里，从媒体危机公关、寻求客户支持到组建律师团、与 3COM 公司联合应诉，华为一点点摸索着突围。2003 年 10 月 2 日，两家企业达成了初步和解协议。2004 年下半年，双方正式达成和解。

正如任正非预料，这场"思科华为之战"使华为品牌知名度大增。如今，华为再不是当年的小公司。从 2013 年起，华为已成为世界上最大的通信设备供应商，销售额远超思科。

华为流淌着任正非的"血液"

2018 年 7 月 26 日下午，土耳其教授埃尔多尔·艾利坎在深圳华为总部享受到他一生中少有的隆重欢迎：华为轮值董事长郭平到门口迎接他，包括任正非在内的华为最高领导层和数百名员工肃立 10 多分钟等候他的到来，任正非向其颁发专门由巴黎造币厂设计制造的奖牌。

华为为什么会给予这位外国教授如此高的荣誉？埃尔多尔·艾利坎自己的理解是："华为是一家与众不同的公司，选择了与众不同的道路。"

这件事得追溯到 2009 年。当年，华为的销售收入仅为现在的 1/6，却下定决心研究 5G 技术。那时 5G 技术标准有很多，华为坚持认为埃尔多尔·艾利坎发现的极化码有作为优秀信道编码技术的潜力。从 2010 年起，华为投入巨资研究极化码，终于在 2016 年 11 月使之成为 5G 控制信道编码方案。这是中国厂商第一次在国际移动通信标准制定中掌握技术话语权。在群雄逐鹿的 5G 技术战场，华为又一次突围而出。

5G 时代是怎样的？项立刚说："4G 改变了生活，5G 将改变社会。4G 对我们生活的改变已显而易见，比如共享单车、移动支付等。5G 则会带来社会管理、社会效率、社会能力的提高。汽车将是无人驾驶的，我们会有一个智能交通系统，也会有智能物流系统。甚至路灯、井盖都有各自的智能管理系统，小偷、罪犯经过的时候都能被记录下来。在4G时代，手机是智能终端，到5G时代，汽车、空调、路灯等全部会成为智能终端。"

"到目前为止，在5G领域，从芯片到系统、基站，再到手机、云终端，都能做的企业，全世界只有华为一家。华为是5G领域综合实力最强的企业，没有之一。美国的高通、英特尔也没有办法跟华为相提并论。"项立刚说。任正非在1月17日接受群访时也不无骄傲地说："全世界能做5G的厂家很少，华为做得最好；全世界能做微波的厂家也不多，华为做到最先进。能够把5G基站和最先进的微波技术结合起来成为一个基站的，世界上只有一家公司能做到，就是华为。"

华为5G技术流淌着任正非的"血液"。"虽然他未必是技术专家，但这种战略选择依赖于他。当然，具体每一款芯片不可能都由任正非作决策。华为刚开始做芯片时每年都亏损，但他们选择坚持，这是任正非的决策。"项立刚说。

华为有这样一项硬性规定——每年销售额的10%投入研发。最初，任正非的这个提议遭到专家组和公司高管的联合反对，但他硬是把这个规定写进了《华为基本法》。时任华为企业顾问、中国人民大学教授彭剑锋当时也非常不理解："从学术角度讲，一个企业要拿10%去做研发，你是疯啦？！你利润有多高？但是他就是坚持，必须这么做！""现在回头来看，他坚持的这些东西，还都是对的。"位于深圳市龙岗区坂田街道的华为总部有一面"专利墙"，上面挂满了近年来华为获得的专利证书。华为在诸多产品上的独特技术正是基于此。

再往前追溯，则会发现5G技术的突围来自任正非的"基因"。华为初创时期，为了不受外国技术的限制，任正非倾尽所有坚持自主研发交换机。1992年，华为资金困难，向银行贷款无望后，又向大企业拆借，前后投入1亿元人民币。当时公司有个内部政策——谁能够给公司借来1000万，谁就可以一年不用上班，工资照发。在一次动员大会上，任正非站在5层会议室的窗边，对身边的干部说:"这次研发如果失败了,我只有从楼上跳下去,你们还可以另谋出路。"1993年,华为研发的C & C08数字程控交换机被浙江省义乌市邮电局试用,此后大获成功,华为在自主研发之路上越走越远。

如今,华为庞大的研发机构是什么样的?一组数字可以体现。任正非在接受采访时说:"华为培养了大量的科学家,其中包括700多位数学家、800多位物理学家、120多位化学家和6万多名工程师。"在华为全球18万名员工中,研究人员占到45%。

2018年,华为在研发方面的投入达到150亿美元,而且还在持续增加。接受采访时,任正非说:"我们有一个主管研发的徐直军,每次我都批判他,我说,你看你这个人,你以前说我浪费了1000个亿,今年你再批评我,那我应该是浪费了2000个亿了?!"任正非边说边哈哈一笑。

目前,从亚洲到欧洲,从南美洲到北美洲,华为在全球170多个国家和地区开展业务。华为的国际眼光,对海外市场的坚守,也是源自任正非。在华为创办初期,他就向仅有的几十个手下喊出"世界级梦想"的口号:"10年之后,世界通信行业三分天下,华为将占一分。"不少人私下嘀咕:这简直是堂吉诃德式的想法啊!还有人悄悄说:老板脑子坏了!

2003年,华为在国内市场站稳脚跟后,开始到海外市场打拼。项立刚说:"很多国内公司是这样的,如果国内市场做得不错,就把主力人员放在中国,但华为把最精干的人抽调到国外。当初,在国外很多地方,华为很长时间在赔钱,但他仍然去做。在市场判断上,任正非是很清楚的。第一,海外是大市场。第二,回报率高、回款快。"最终,"走向世界"成了华为一个很大的特点。

这条路上的突围更不容易。2003年,华为开始争取英国电信的项目。当英国电信负责采购的人员看到华为的标书时,感到非常惊讶,"一个从没听说过名字的机构怎么突然拿了一个标书给我?"在这样极端被动的情况下,华为还是在争取。因为制定了详尽的后期服务方案,综合指标比其他几个竞标方都好,华为最终获得了订单。

在欧洲，为保证设备出故障时能得到抢修，华为工作人员 24 小时开机，随叫随到；在非洲、东南亚、南美洲的许多偏僻乡镇，华为员工和当地部落酋长、地方势力、非政府武装民兵等交涉谈判；2011 年日本发生大地震引发福岛核泄漏，众多公司纷纷逃离震区，只有华为员工冒着危险，抢修通信设备……凭借这样的精神，在欧洲电信商的家门口，华为拿下了法国、德国的大批电信合同；在亚洲，华为赢得了普通日本人的感激，一名经历地震的日本人在信中称，对于孟晚舟遭拘捕一事，他感到"非常悲伤"，他说"孟晚舟是我的恩人"；在南美丛林和非洲大漠，华为依靠过硬的技术保障了人们通信无阻碍。英国《金融时报》惊呼，中国的华为正在改写全球电信业的生存规则。

这次接受采访，任正非以另一种形式表达他对海外市场的坚持："对于欧美国家，我们有很多东西，最终他们非买不可。"他哈哈大笑："但是我们一定会卖给他们，我们不会计较他们曾经拒绝过我们。我们是市场经济，我们是以客户为中心的。"

华为的"文化教员"

华为是任正非"一手带大"的。30 多年来，他希望华为保有初创时期的精神；他自身的性格也影响着华为人。

"太空床垫枕头——华为员工特别优惠！""凭华为工卡七五折，团购七折。"常有经销商在网上挂出这种针对华为的广告。华为员工的办公桌旁，确实常放着一个床垫。"非常忙，他们加班到很晚往往就拿个床垫在自己的办公室睡觉，有时候吃住都在办公室，一星期甚至十几天不下楼的都有。"有知情人士说。

华为推行的床垫文化，是任正非认可的，这是华为一直坚持的拼搏精神。他在一次谈话中提到华为的床垫文化不无骄傲地说："沙特阿拉伯商务大臣来参观时，发现我们办公室柜子上都是床垫，然后把他的所有随员都带进去听我们解释这床垫是干什么用的,他认为一个国家要富裕起来就要有这样的奋斗精神。"

在华为,任正非看不上那些没有做好本职工作就提出远大理想、宏伟计划的员工。华为总部曾贴过这样一条标语:简单的事重复做,你就是专家;重复的事情用心做,你就是赢家。曾经有一名新员工,一进公司就向任正非写了一封"万言书",洋洋洒洒,热情洋溢。但任正非在一次大会上说:"这个人如果病了,他很可能是精神病,应该送去精神病医院;如果他没有病,那么他应该辞职。"他接着说:"公司永远不会提拔一个没有基层经验的人做高级领导工作。要有系统、有分析地提出您的建议,您是一个有文化者,草率的提议,对您是不负责任,也浪费了别人的时间,特别是新来者,不要下车伊始,哇啦哇啦;要深入地分析,找出一个环节的问题,找到解决的办法,踏踏实实地、一点一点地去做,不要哗众取宠。"

在很多华为的高层职员眼中,任正非是个"严父"。有一次,一名副总写了一份报告,呈交任正非。任正非当面看完之后,把报告甩在地上,用脚踩了两下,说:"这算什么报告,简直狗屁不通。"当时办公室里还有其他人,搞得这名副总下不来台。

做一些重大决策时,任正非更是说一不二。1997年,华为引入IBM公司的一套流程和管理体系,其中包括集成化产品开发(IPD)管理、集成化供应链(ISC)管理等。这对华为来说是一场震动式的变革,一次内部管理的艰难突围,时任华为副总裁徐直军说:"这其实是一场组织变革。有权的人变没权了,权大的人变得权小了,不受制约的权力变得有约束了。"可以想象,这套管理体系一开始推行得并不顺利。

在IPD动员大会上,任正非疾言厉色:"首先,要打击一知半解的标新立异者,清除不思进取的懈怠者……我们让大家去穿一双'美国鞋',让美国顾问告诉我们'美国鞋'是什么样子的,到中国后,鞋是不是可以变一点?现在只有顾问有这个权力变,我们没有这个权力……那些长期不能理解IPD改革内涵的人，请他出去。我们这个（核心）小组不是终身制，我想能不能一个月清理一次名单，一个月发一次任命，我一年给你签12次字，每一次都是免费的！"

矛盾的是，在一些普通员工眼里，任正非又是一个体贴的家长。彭剑锋回忆，任正非曾跟在非洲工作的员工做了一次谈话，主题叫作"关爱生命，从自己做起"。"他说，你一遇到劫匪赶快'缴枪不杀'，生命是最重要的！"他发现在非洲的员工生活条件恶劣，很多人被蚊子咬得满身包。后来他在美国发现一种军队用的驱蚊器，就买回来亲自做实验，然后再大批量发给非洲的员工用。

这些年，华为员工读过数百封"总裁办电子邮件"。在这些邮件里，任正非讲的基本上都是思想上的事，用他自己的话说：我不过是华为的"文化教员"而已，"我20年主要是务虚，务虚占七成，务实占三成"。这个"务虚"的"文化教员"塑造了华为的性格，坚韧、务实……同样，也塑造了华为的"沉默"。

在《华为的冬天》一文中，任正非希望全体员工都要低调、本分："不管遇到任何问题，我们的员工都要坚定不移地保持安静，听党的话，跟政府走。严格自律，不该说的话不要乱说……当社会上根本认不出你是华为人的时候，你就是华为人；当这个社会认出你是华为人的时候，你就不是华为人，因为你的修炼还不到家。"

2005年的央视春晚上，一个名叫《千手观音》的节目大放异彩，身在深圳的任正非被这个节目感动得热泪盈眶。他随后提出，要在华为推行一种全新的千手观音文化：华为要学习残疾人在艰苦条件下的拼搏精神；残疾人做出的动作丝毫不差，这就是职业化，华为走向国际化需要这种职业化；而且当他们的表演赢得无数鼓掌、欢呼时，他们自己却听不见，因为他们是聋哑人，那么当所有人都认为华为是全国领先企业、世界级企业的时候，华为"要听不见别人的赞扬"，保持平和的心态。

一个没有英雄的华为

2月18日接受BBC专访时,任正非说:"他们抓了孟晚舟,可能是抓错人了。他们可能是想,抓了她,华为就会衰落,但我们没有衰落,仍然在继续前进。我们公司已经建立程序规章,再也不用依靠某个人。就算我自己哪天不在了,公司也不会改变前进轨道。"

如今的任正非在华为是什么状态?记者发现,最近接受一系列采访时,除了公共关系团队,他身边没有其他高管陪同。"他现在已经不是CEO了,只是一个董事。"项立刚说,"我的朋友在华为工作,常常看到任正非突然出现在华为一些内部会议现场,有时还说说自己的看法,一会儿又跑到其他的会议现场。现在任正非已经没有具体事务性工作了,更多的是去观察、交流、研究,去影响华为的大趋势和大方向。"

一个没有任正非的华为该是什么样的?任正非在数年前就想过这个问题。一位长期在华为从事管理顾问工作的学者说,任正非与大多数企业家有一个区别:很多企业家经过"十月怀胎"诞生了企业这个"婴儿",并辛勤"哺育"它长大,最后割不断与"子女"在生理和心理上的脐带连接,他们在感情上越来越相信"企业是我生命的一部分,我必须牢牢地把持住它";任正非则不同,在他的观念里,企业一旦诞生,它便拥有了独立的生命。

2005年4月28日,任正非应中共广东省委理论学习中心组之邀,做了"华为公司的核心价值观"的专题报告,其中就有这样一段话:

"管理就像长江一样,我们修好堤坝让水在里面自由流淌,管它晚上流,白天流。晚上我睡觉,但水还自动流。水流到海里,蒸发成空气,雪落在喜马拉雅山,又化成水,流到长江,长江又流到海,海水又蒸发。这样的循环多了以后,它就忘了一个还在岸上喊'逝者如斯夫'的人,一个'圣者'。它忘了这个'圣者',只管自己流。这个'圣者'是谁?就是企业家。企业家在这个企业没有太大作用的时候就是这个企业最有生命力的时候。所以企业家还具有很高威望、大家都崇拜他的时候，就是企业最没有希望、最危险的时候。"

任正非又为一个没有他的华为做了哪些准备？

这些年，他一直跟公司高管传达一种思想——"任何一个希望自己在流程中贡献最大、青史留名的人，一定会成为流程的阻力"。

2018年，改革开放40周年之际，党中央、国务院授予100名同志改革先锋称号，其中没有任正非。后来，他承认自己主动向深圳市委、市政府申请放弃这个称号。他不希望华为的领导者有当英雄的想法："一个没有英雄的公司是一个最好的公司，过去是靠英雄打下这份基业，现在是靠流程、靠平台，不再是靠一个能人。"

早在1997年，华为就开始做一系列的管理制度改革。任正非说："哪一天把华为烧没了，你们'带着嫁妆，带着你们的妹妹'都走了，但只要制度和流程在，我们就可以再造一个华为……"

在CEO人选上，他也做了准备。2011年，任正非在《一江春水向东流》一文中专门谈交接班问题。他说："文化的交接班，制度的交接班，这些年一直在进行着，从没有停歇过。"那时华为已经开始执行轮值主席制度，由8名领导轮值，每人半年，最后又演变到轮值CEO制度。任正非仔细斟酌过轮值CEO制度的好处："每个轮值者，在一段时间里担负了公司COO（首席运营官）的职责，不仅要处理日常事务，而且要为高层会议准备、起草文件，这大大地锻炼了他们。同时，他们还不得不削小屁股，否则就达不到别人对他的决议的拥护。这样，他就将他管辖的部门带入了全局利益的平衡，公司的山头无意中在这几年削平了。"

当这一切都做好了，有记者问任正非：下一个倒下的会不会是华为？他的回答却是："一定。"很多公司都在宣誓做"百年老店"，任正非意识到其中的艰难。他说："曾经有首长说要总结一下华为公司的机制，我说首长您别总结，前20年是积极进步的，这10年是退步的，为什么？就是人们有钱就开始惰怠了，派他去艰苦地方就不愿意去了，艰苦工作也不愿意干了。如何能够祛除惰怠，对我们来说是挑战。所以我们强调自我批判，就是通过自我批判来逐渐祛除自我惰怠，但我认为并不容易，革自己的命比革别人的命要难得多得多。"

　　任正非已经带领华为埋头苦干了30多年，完成了一次次的突围和飞跃。但终有一日，任正非会离开华为，彼时谁会成为华为的精神领袖，他会把华为和华为精神交给什么样的人？这是等待任正非的最后一场突围，也许是难度更大的突围，而我们对稳健又严厉、平和又执着的任正非报以信心。

（文／王媛媛）

娃哈哈创始人宗庆后：
用脚丈量中国市场

宗庆后（1945年10月12日—2024年2月25日），浙江杭州人，中国共产党党员，全国劳动模范，全国五一劳动奖章获得者，改革开放40年百名杰出民营企业家，娃哈哈集团创始人。

> 我是一个普通人，从底层崛起的凡人。幸运的是，我生于一个大时代。
> ——宗庆后

杭州清泰街160号，立着一座已有些年代感的六层小楼。1987年，娃哈哈的前身——杭州上城区校办企业经销部就是在这里起家的。那一年，宗庆后42岁，如今，年过古稀的他仍然是这个中国最大食品饮料企业的掌门人，他的办公地点也从未离开过这里。他每天早上7点上班，晚上11点下班，经常住在办公室。接受记者采访的前一天晚上，他就睡在办公室。采访当天早晨，记者8点到达他的办公室时，他已经开始了一天的工作。

15年的"魔鬼历练"

改革开放40多年来，浙江这片土地上涌现的民营企业家灿若星辰。有人用"四个千万"概括浙商精神：走遍千山万水，历尽千辛万苦，道出千言万语，想出千方万法。浙商以勤奋著称，而宗庆后的勤奋，在浙商里又是出了名的。他每天工作 16 个小时以上，没有节假日；一年当中，有超过 200 天的时间奔走在全国各地的生产基地和一线市场。他像一部永不知疲倦的马达，时刻在满负荷运转着，以保持对市场的敏锐洞察。

70 多岁的宗庆后依然精神矍铄，反应敏捷，维持着高强度的工作节奏。在他看来，这离不开年轻时经受的 15 年"魔鬼历练"打下的基础。

宗庆后出生在旧中国，幼时随父母颠沛流离，成长于物资极度匮乏的年代，青年时期又赶上"上山下乡"，经历了一段艰苦的岁月。

尽管从小学习成绩优异，但初中毕业后，懂事的他迫于家境困窘，不得不辍学，干起了谋生的小买卖。他曾走街串巷叫卖爆炒米，也曾在寒冷的冬夜到火车站卖煮红薯，虽然挣到了一些钱补贴家用，但这并不是他想要的人生。

他本打算报考不要学费还能发津贴的师范学校，无奈因不是贫下中农出身被拒之门外。直到 1963 年，宗庆后听到消息，说舟山马目农场正在杭州招收知识青年，不论家庭成分，谁都可以报名参加。这对于当时的宗庆后来说，几乎是唯一改变命运的机会。他紧紧抓住了这根"救命稻草"。

马目农场是一个荒无人烟、寸草不生的地方，本是关押犯人的劳改所，被称为"舟山西伯利亚"。农场里的日常工作就是超负荷的体力劳动，不是挖沟修坝，就是拉土堆石，大多数城里来的年轻人都难以承受，有人晚上偷偷躲在被窝里哭，还有人索性当了"逃兵"。18 岁的宗庆后却选择了默默忍耐，以一颗倔强的心坚持了下来，还被评为舟山地区的"上山下乡积极分子"。

1 年后，马目农场收缩，宗庆后辗转来到绍兴茶场，一样的高强度体力劳动，种茶、割稻、造地，甚至开山打石，他一干就是 14 年。

如今，谈起那段艰苦的岁月，他告诉记者，这段经历于他而言最大的好处便是练就了强健的体魄，锻造了坚不可摧的意志。

这段历练带来的宝贵财富贯穿了他的整个创业历程。娃哈哈刚生产果奶的时候，热销得不得了，有一次装货的工人不够了，来不及发货。宗庆后过去一看，二话不说，把外套一脱，就冲了上去，装完货，浑身像水洗了一样。多年后，在那场轰动国际的"达娃大战"中，宗庆后在跨国公司达能时任总裁扬言要让其"在法律诉讼中度过余生"的威胁之下，以超强的心理承受能力和意志力绝地反击，最终赢得了这场持续两年半的战争，保卫了民族品牌的尊严。

用脚丈量中国市场

"我是一个普通人，从底层崛起的凡人。幸运的是，我生于一个大时代。"宗庆后在自己的传记中这样写道。

1978年是中国改革开放元年，也是宗庆后人生的转折点。在经历了15年的下乡劳动之后，这一年，33岁的宗庆后回到杭州，接替退休的母亲，进了杭州工农校办纸箱厂做推销员，从此在校办工厂工作了10年。正是这段经历的磨炼，为他以后从零开始创办娃哈哈打下了坚实的基础。

当时，北京已经传出了"改革开放"的消息，但形势还不甚明朗。"那个时候还没有明确个人可以搞企业，温州那边（浙南模式）也还没有起来，还只是有些人在搞一点小生意。"但宗庆后已经预感到，一场变革正酝酿而生。他必须为此做好准备。

在校办工厂的10年间，他做过推销员，也办过电扇厂、电表厂。他曾蹬着三轮车到处送货，背着几台落地电扇挤在绿皮火车上，在天涯海角斗智斗勇追款讨债，在简陋的招待所里打地铺，在广交会大门外摆地摊。"我用脚来丈量中国的市场，深入到穷乡僻壤、犄角旮旯，'中国市场地图'就是这样在水里火里、摸爬滚打中摸透的。"后来，他将之称为创办娃哈哈的"秘密武器"。

在他42岁那年，机会终于来了，而他也已经准备好。当时，杭州市上城区文教局要对下属的校办企业经销部采用承包经营的方式，并公开选拔经销部负责人。宗庆后毛遂自荐，夸下了当年创利10万元的"海口"。而文教局要求的当年创利指标仅为4万元，按人均创利标准计算也已经远超当时国企的人均利润指标。"当时大家都觉得不可思议，但其实我心里是有底的。"这底气，就来自在校办工厂做推销员、办厂中厂的磨砺与积累。

在之后的31年，宗庆后从蹬三轮车送校簿、卖冰棍开始，将这个只有3个人的校办企业经销部打造成拥有3万余名员工的中国食品饮料行业巨头，品牌价值超过500亿元。多年来，他亲力亲为，公司几乎所有重大市场决策都是他一人拍板，出差在外的日子，办公室每天晚上要给他发送几十份工作传真，他再用电话做批示或者签字回传，遥控指挥公司的各项事务。

"都说我在娃哈哈大权独揽，这一点说得对，第一代民营企业家都有点这样，不集权内耗太大，根本做不起来，这是时代造成的。"

只有实业做强了，中国才会强大

从2010年首次登上胡润全球百富榜中国内地富豪榜"首富"的宝座开始，宗庆后在之后的4年间3次问鼎该榜单。而近几年，这一"首富"宝座却在房地产商和互联网公司的创始人之间来回更迭。在互联网经济席卷世界，人工智能、物联网、新零售等一批新概念的冲击之下，娃哈哈这一传统的民族品牌似乎显得有些"落伍"。

"有人说娃哈哈这几年走下坡路了，您认为呢？"记者问。

"2015年和2016年下坡路确实走得厉害。"宗庆后并没有避讳。他向记者强调，这并不是因为娃哈哈"落伍"了，而是因为网络谣言带来的负面影响。2014年，关于营养快线、爽歪歪"风干后变凝胶""导致白血病""含肉毒杆菌"等一系列网络谣言迅猛传播，引发了消费者对娃哈哈产品的恐慌情绪。而这两种产品恰恰是娃哈哈的两大主打产品，单是营养快线一年的销量就达到4亿箱。

"谣言出来后，营养快线销量下降了1.5亿箱，爽歪歪下降了8000万箱。"宗庆后认为，这是娃哈哈近年业绩下滑的主要原因。但经过了这一波谣言的

"洗礼"，宗庆后对娃哈哈的品牌和产品也更加坚定了信心。"日本最有名的饮品出现质量问题后就倒闭了，当年三株口服液在湖南的官司纠纷也直接导致了它的消亡。娃哈哈虽然受到谣言影响，但总算活下来了。这证明我们这个品牌还是可以的，换个企业的话早就倒掉了。"

事实上，创业30多年来，资金充沛的娃哈哈之所以始终专注主业，既没有投身房地产，也不涉及金融，并不是因为跟不上时代潮流，而是源自宗庆后的实业情怀。"实体经济是创造财富的经济，没有实体经济搞什么都搞不好。清朝末期我们就提出来要实业救国，实业不发展的话国家就不会发展，老百姓也不会富裕起来。"

心直口快的宗庆后曾在多个场合提出警告，中国经济近些年存在"脱实向虚"的问题。"过多投入房地产以后，回过头来再想好好做企业是很困难的。因为房地产是暴利，实体经济不可能有那么大的利润。很多实体企业遇到困难是因为它不专心，没有专注地去提高自身的技术水平和装备水平，没有开创新的产品。"

他希望年轻一代的企业家、创业者能更多地专注于实业，只有实业做强了，中国才会真正强大。"娃哈哈这么多年一直坚持实业，相信实业真正创造财富，而资本运作只是通过虚拟将财富再分配，而非创造财富。如果大家都去分配财富，而没有人去创造财富，那国家就垮掉了。"

"中国经济永远不会差"

创业至今，最令宗庆后自豪的不是家族财富的积累，也不是"首富"的光环，而是为国家、为社会所作出的贡献。"我交税就交了500多亿元，我们的经销商、批发商也很多，为社会提供了很多就业岗位。"

早在1994年，娃哈哈就在西部贫困地区投资办厂，走上了产业投入、实业扶贫的路子。截至2017年底，娃哈哈集团先后在重庆涪陵、四川广元、湖北红安等17个省市投资85亿元，建立了71家分公司，吸纳当地就业近1.3万人，有力地拉动了当地经济和社会的发展，还带动了更多企业前去投资。

宗庆后见证并推动了食品饮料行业在中国的发展，"我们的食品饮料行业目前在世界上已经处于领先水平，创造了很多好产品。因为中国人是最会吃、吃得最好的，所以也带动了世界范围内整个行业的发展。比如美国以前饮料品种很单一，就可乐、橙汁、雪碧，现在也有了很多别的种类"。

采访当天，恰逢中国2017年GDP增速数据出炉，据国家统计局公布，2017年中国GDP增速为6.9%。近几年来，中国的GDP增速放缓，经济进入新常态，国际上不乏一些唱衰中国经济的声音出现。作为最深入感受中国经济脉搏的人，宗庆后对这种声音不以为然，"暂时放缓没什么太大的关系，我们的经济还有很大的继续增长的空间"。

"中国的经济永远不会差，因为中国人勤奋、聪明，而且人人都想当老板，人人都想当富豪，所以都在拼命，都在创造财富。政府也鼓励老百姓勤劳致富，会逐渐放开审批权限，给企业营造更好的发展环境，这样经济很快就上来了。"出生于20世纪40年代的宗庆后，可以说真正见证了中国从"站起来"到"富起来"，他相信，"强起来"的这一天并不遥远。

中国的改革开放已经过了第四十个年头，这40多年里，广袤的中国大地上，无数人靠勤劳和智慧改变了命运。宗庆后便是这个大时代里通过个人奋斗实现人生价值的一个缩影。当他首次问鼎"首富"宝座的时候，曾有人问他为什么会有今日的成就。他回答："其实我并不比别人聪明，我所有的只是一门心思地做成一件事的冲动，并且甘愿为此冒险。我还有'只争朝夕'的精神。"

或许，40多年来，正是这样一种精神，将一穷二白的中国推向了世界经济的浪潮之巅。

（文/王艺锭）

浦东新区首任掌门人赵启正：
浦东30年,"软成果"不容忽视

赵启正,1940年生于北京,毕业于中国科技大学核物理专业。曾任中共上海市委常委、副市长,浦东新区首任党工委书记、首任管委会主任。中共十六届中央委员,全国政协第十一届会议新闻发言人。

> 未来的浦东,不仅要服务长三角、服务全国,还要为中国和世界连接发挥重要作用,努力成为国内大循环的中心节点和国内国际双循环的战略链接。
>
> ——赵启正

"上海的国际化体现在哪里?"记者问赵启正。

这位上海浦东新区第一任管理委员会主任思考了一会儿,给记者讲了一个细节:从浦东的工作岗位上离开时,他手中仅日本客人的名片就有3500多张。

在浦东工作时,和外国人打交道是赵启正日常工作中一项重要内容。当时到北京访问的外国政要,70%以上都会到上海参观访问,其中包括多个国家的总统。

"上海传统上就是一个开放的城市,浦东则依托改革开放赋予的优势,打造了吸引外国投资者的环境。"赵启正说。在中国改革开放的进程中,浦东是继深圳之后的又一块试验田，凝聚了无数人的心血。

1990年，国务院宣布开发浦东时，这里的生产总值只有60亿元，到2019年，数字已经变成1.27万亿元。

浦东以全国1/8000的面积创造了全国1/80的国内生产总值、1/15的货物进出口总额。这里诞生了全国第一个金融贸易区、第一个保税区、第一个自由贸易试验区及临港新片区、第一家外商独资贸易公司等一系列"全国第一"，承载了上海国际经济中心、金融中心、贸易中心、航运中心、科技创新中心建设的重要功能。

在浦东开发开放30周年之际，赵启正对记者讲述了自己亲身参与和见证的"浦东故事"。

"浦东这个'足球场'要能举办世界杯"

赵启正经历过新中国最艰难、最贫穷的时代。在中国科技大学读书期间，赵启正赶上了三年困难时期。在这所为培养"两弹一星"人才而成立的学校里，他受教于钱学森、钱三强、赵忠尧等著名科学家。大学毕业时，中苏关系破裂，苏联撤走专家，年轻的中国科技工作者被分配到研究第一线，成为国家建设的主力军，赵启正也是其中一员。

在20多年的时间里，赵启正一直从事着与核工业相关的工作，1978年获得了上海市和航天部授予的先进科技工作者和劳动模范称号。那时中国刚刚改革开放，不仅缺少科技人才，也缺少管理人才。在这个大背景下，赵启正接受上级安排，离开老本行，投身人才培养和输送的新跑道，于1984年进入上海市委组织部工作。

就在那一年，赵启正第一次去深圳出差，有件事给他留下了深刻印象。当地一栋刚盖好的大楼堵住了新建道路，不得不马上拆掉。赵启正被深深震撼，意识到规划的重要性。

1992年秋天，当他带领团队开展浦东新区的建设规划工作时，专门在一次会议上提出"形态规划必须服从功能规划"，就是先想好新区的各个项目要具备什么经济功能，再去设计和建设那些看得见、摸得着的东西。

"比如，浦东当时要建一个足球场，必须先确定是大众健身用，还是举办大型比赛用？规模是国家级的，还是世界级的？先根据实际需要建国家级的，将来再建世界级的也不迟。把功能定下来，再去设计足球场的形态。超出太多是浪费，不满足需要则是保守。"事实上，赵启正眼中的浦东就像一个正在建设中的巨大球场，未来这里将上演很多重大比赛，最好能办世界杯。

当时的西方正用怀疑和警惕的目光盯着浦东。之前亚洲"四小龙"崛起时，西方的心态是放松的，在金融和科技成果转让上也相对宽松。但对中国的发展，西方则抱着几种心态：一是傲慢地认为中国根本做不成；二是警惕中国成为对手，不会在政策和科技上加以支持；三是坐观其变，如果中国真的做成了，就搭便车。

20世纪90年代的中国大陆，没有一个城市能够和世界最发达的城市相比。而中国各地区之间的发展差距，也几乎是"第一世界"和"第三世界"的差距。就连上海也流传着"宁要浦西一张床，不要浦东一间房"的顺口溜，尽管二者之间只隔着一条黄浦江。

"那时浦西的上海人管浦东叫乡下，浦东人自己也这么认为，每次过江都说是进城。当时江上没有桥和隧道，只有轮渡和小舢板，浦东的土地几乎处于未开发状态，除了农田，只有一些仓库。"赵启正回忆道。

这种情况在发达国家极少见到，无论是伦敦的泰晤士河还是巴黎的塞纳河，两岸的发展程度都相差无几。赵启正当时的构想就是以黄浦江为圆心，把两岸划到一个圈里，描绘一幅整体发展、共同繁荣的美丽画卷，这就是今天让无数游客慕名"打卡"的外滩和陆家嘴。

"硬成果和软成果是孪生兄弟"

1993年，赵启正访问美国。在洛杉矶，他向迪士尼时任总裁韦尔斯介绍了上海和浦东的发展之后，韦尔斯表示"迪士尼若要进入中国，最好的地点是上海"，并在一周之内就派人到浦东考察。后来由于韦尔斯在飞机事故中身亡，迪士尼人事变动，导致项目延后了10多年，但他对投资浦东的热情和向往，一直令赵启正难以忘怀。

为了吸引全球最有影响力的投资者，浦东新区在规划和管理等方面重视科学性、开放性、前瞻性和包容性，形成了很多被赵启正视为"软成果"的经验。

"规划陆家嘴金融贸易区时，我们请了4个国家的顶级专家，加上本地设计院，一共5家。我们给每家一张地图、一份说明书，说明这个地方将来是一个金融中心，是外国企业的中国总部所在地。他们各自设计，我们最后把5个模型的优点综合成最终模型。"

人们今天熟知的陆家嘴中心区高层建筑群，也是世界大师们竞相献艺的作品：东方明珠电视塔出自上海设计师之手；宝塔外形的金茂大厦是美国设计师参考了中国26座宝塔设计的；环球金融中心由日本企业投资、美国公司设计、上海建筑集团承建，曾获2008年世界最佳高层建筑奖……

1994年，美国前总统老布什访问上海，赵启正拿着激光笔在沙盘边为他介绍浦东规划。那时激光笔还很少见，老布什指着笔说，这个东西他见过，1991年海湾战争时，美国将军鲍威尔就是拿着它讲解战争局势的。赵启正马上说："鲍威尔的激光笔点到哪里，哪里就被炸平了，而我的笔点到哪里，哪里的高楼就会建起来。"听到这番话，老布什点头道："如果我再年轻几岁，也要来浦东投资。"

同样是1994年，中国台湾地区公布了一个"亚太营运中心"计划，由美国麦肯锡公司负责论证、设计，轰动一时。在当年召开的全国人民代表大会上，一位台湾记者问赵启正:"浦东将如何呼应台湾的这项计划?"

赵启正回答:"浦东开发已经起步了,'亚太营运中心'计划刚刚宣布,应该问后者如何呼应前者,然后再互相呼应。我希望这个计划能够成功。"没想到短短几年后,"亚太营运中心"就烟消云散了。赵启正认为,这个要与浦东开发比肩的计划忽略了一个至关重要的前提条件:大陆强大的经济支撑能力。

浦东开发的第一个5年,城市基础设施投资就达到220多亿元,杨浦大桥、南浦大桥、内环线等十大基础设施工程竣工,实现了浦东、浦西联动,极大改善了投资环境和城市面貌;1996—2000年,浦东新区又投资600多亿元,建设了浦东国际机场、浦东国际信息港等项目;2017年,浦东新区生产总值超过8700亿元;2018年,浦东主要经济指标迈上重要整数平台,地区生产总值超过1万亿元,财政总收入超过4000亿元,规模以上工业总产值超过1万亿元。

2019年5月,世界银行发布报告《迈向大达卡》,将"浦东经验"作为中国改革开放和城市化发展的成功案例,向南亚国家人口稠密的大城市作重点推荐。

"浦东开发开放的硬成果,是数据、照片、录像,或一栋楼、一条路、一座高科技工厂。而软成果,则是被实践证明成功的思想收获,比如思路、方法和经验,它们往往被忽略,却十分重要。"赵启正说。他总结了一系列浦东开发的软成果,除了形态规划必须服从功能规划,还包括法规和规划先行;金融、基础设施和高新技术先行;严格按规划使用土地,"惜土如金";先"简政",再"精兵";一流的党建带动一流的开发;勤政廉政也是重要的投资环境;等等。

赵启正认为,浦东开发不仅是项目开发,更是社会开发,是争取社会的全面进步。"硬成果和软成果是孪生兄弟,软成果虽不能被直观看见,但是其影响力更大。"

"长三角就像一列动车组"

赵启正在上海工作时,美国前国务卿基辛格几乎每年都要到浦东来一两次。在基辛格眼中,中国是一个整体,了解浦东,回去就可以告诉美国人整个中国的情况。

1995年,基辛格对赵启正说:"西方报纸说浦东开发只是你们的一句口号、一种政治宣传,中国只是做个姿态。但我觉得你们是实际行动,不是空话。"

西方媒体不了解中国人的雄心。浦东开发之初,赵启正和他的同事们就提出了一个口号——"在地球仪旁思考浦东开发"。意思是要谋求上海在经济全球化格局中的重要位置。他们瞄准的是世界一流城市,要把上海建成一个面向国际的经济、金融、贸易中心。

当时,规划团队已经有了建设"亚洲经济走廊"的初步构想。赵启正形象地将主要城市比喻为走廊上的灯,"东京、首尔、上海、台北、香港、新加坡、吉隆坡,当时它们的总GDP约占全世界的1/5,而上海就是这条走廊的中间点"。

30年后,这条经济走廊的轮廓越来越清晰了,上海这盏明灯也越来越抢眼。

"长三角骨干城市就像一列动车组,上海就是火车头。每一节动车都有自己的动力,而且取长补短、共同前行,向世界级城市群的目标迈进。"赵启正说。

他也希望国内外学者在关注浦东发展硬成果的同时,不要忽视软成果,尤其是那些促进社会进步、转变政府职能、培养人才等方面的思路和经验。

"浦东的开发不只是经济开发,更是社会开发;不只是把农田变为钢筋水泥森林的城市,更促进了社会文化与精神文明的全面发展。换句话说,浦东的发展是一个快速的城市化过程。"

赵启正记得，新区刚成立时征用了农民土地，政府为他们提供了新的就业机会。有些农民被安排开出租车，结果开了几天就以"不认路""不会看地图"为由不干了。因此赵启正在接受采访时说，浦东要乘着高速列车向前进，许多外来人员都上了车，有些浦东本地人却不愿上车，自己放弃了机会，而浦东管委会就是要帮助大家上车，帮助他们转变观念。

"那时，我们明显看出浦东城乡发展速度的差别，所以要求各功能开发区积极带动周围乡镇的发展。开发区占了谁的地，就要对谁有一定的扶持，要优先培训和使用当地乡镇的人，给他们投资，提供技术，或者帮他们引进外资。在浦东这列火车上，各大开发区相当于车头，必须带着周边乡镇一起开，火车才能真正跑起来。"

今天，这列火车已经成为上海经济的车头，上海又成为整个长三角的车头，长三角带动中国经济，中国又带动着世界。

"未来的浦东，不仅要服务长三角、服务全国，还要为中国和世界连接发挥重要作用，努力成为国内大循环的中心节点和国内国际双循环的战略链接。"赵启正说，"列车是要一起前进的，每一节都不应该被扔下。"

（文 / 尹洁）

格力创始人董明珠：
一秒典雅，一秒爆发

董明珠，1954年出生于江苏省南京市，企业家，先后毕业于安徽芜湖干部教育学院、中南财经政法大学EMBA、中国社会科学院经济学系研究生班、中欧国际工商学院EMBA。2019年10月19日，入选2019福布斯中国企业跨国经营杰出领导人榜单。2019年11月3日，获得首届"杰出社会企业家"奖。2019年12月13日，位列2019全球最具影响力女性榜第44位。

> "让世界爱上中国造"是我的梦想，相信也是很多中国制造业企业家的梦想。
>
> ——董明珠

2022年5月，记者换装一台家用空调，并打算把旧空调变卖。拆装师傅把旧空调拆下来后，记者问能卖多少钱，他答："这个也就100块钱，一般都是这个价。格力的好一点，能卖二三百块。格力空调的配件用料要好一些，更值钱一些。'董小姐'的东西还是挺不错的。"

在2023年3月全国"两会"期间，记者见到了人称"董小姐"的董明珠。她作为全国人大代表亮相人民大会堂代表通道，接受媒体采访时说："我开了一个微店，如果对我的产品感兴趣，来看看我的微店。"后来，记者几乎每天都能在路上看到某路双层巴士上的巨幅广告"董明珠的店"。

2023年6月，董明珠和格力实名举报奥克斯空调虚假宣传、质量不合格。近年来，董明珠似乎从来没离开过记者的视线。总是有人谈论她，报道她。记者不免心生疑问：董明珠究竟是个什么样的人？

骨子里是个推销员

2023年5月，由安徽卫视、人民网人民视频、《环球人物》杂志、海棠映日联合出品，古井贡酒年份原浆古20独家冠名的高端经济人物访谈节目《品格》开始录制。当月，董明珠参加录制。在录制现场，节目编导发现董明珠和主持人附近的地面有一些灰尘，紧急叫停，让工作人员赶快擦一下地。几个小伙子快步上台清理地板，董明珠的助理则赶忙给她递上水杯，工作人员迅速上来给她补妆。

就是在这么乱作一团的现场，董明珠喝完水、补完妆，看了一眼地板，向大家说起了一款格力最新推出的空气净化器："实际上，如果现场有我们的净化器，那么他们擦的这个灰尘就不存在了。"她一边说一边比画："这款空气净化器是我们特制的，能把病毒杀掉，灰尘根本落不下来，不需要换滤网，可以实时看到空气质量情况。"从发现灰尘到清理完毕只要3分钟左右的时间，董明珠都要抓紧时机对数量有限的现场观众推销自家的产品。

这一刻，记者强烈地感觉到，哪怕今日的董明珠高居格力电器董事长，骨子里仍透着一股推销员的气质，这是她30多年工作经历的映射。20世纪90年代初，董明珠初到格力电器时，是去安徽做业务人员。"说实在话，那时候连空调是什么东西我都不懂。我去的时候，恰巧遇到一个很大的难题，上一任的一个业务人员留下了一笔40多万元的债务。很多人都说，董明珠你别去追了，这跟你没有关系。我跟他们说，我是格力的员工，今天我接替了他的位子，我就要对企业负责任。这一笔债我追了40多天，天天堵在债主的门口，他到哪儿我就跟到哪儿。"董明珠回忆，最后她终于把债追了回来。

1992年，38岁的董明珠一人在安徽的销售业绩就占了整个公司销售额的1/8；奉命开拓不景气的江苏市场时，她用一年时间让销售额增长10倍；1994年，她成为格力电器经营部部长，格力的销售收入又增长了7倍。"那时我的目标就是成为全公司最好的销售人员。"董明珠回忆说。

在2001年董明珠出任格力电器总经理时，员工不乏疑问：一个做营销出身的领导，会不会在公司管理上偏向自己擅长的领域？格力电器前任董事长朱江洪是技术出身，在任期间出台了"总经理十二条禁令"，推行了"零缺陷工程"，奠定了格力产品在业界的质量优势。没想到董明珠不仅保持了传统，对技术研发的重视更是近乎疯狂，对技术研发经费不设上限。每每有人问到董明珠研发经费的问题，她都会坦诚地回答："我自己也数不清！"

2018年10月22日，习近平总书记到格力电器公司考察，在董明珠的陪同下先后视察了公司展厅、精密模具车间和重点实验室。习近平总书记说，从大国到强国，实体经济发展至关重要，任何时候都不能脱实向虚。制造业是实体经济的一个关键，制造业的核心就是创新，就是掌握关键核心技术，必须靠自力更生奋斗，靠自主创新争取，希望所有企业都朝着这个方向去奋斗。董明珠后来接受记者采访时说："总书记考察全程都关心实体经济和自主创新，这是对所有制造企业的殷殷嘱托。实体强则经济强，则国家强。要实体强，必须闯别人没闯过的关，用创新抢占未来话语权。"

2019年5月14日，格力公司举行科技创新大会暨2018届科技奖励大会，共计发出奖金5000万元，单项目奖金最高达120万元。自1997年起，格力科技进步奖颁奖已开展16届。2018年，董明珠在会上说人才是格力最大的财富。"过去中国企业想要快速发展，要靠买技术和引进国际人才。我们中国为什么不能有自己的技术人才？"据董明珠介绍，自2012年以来，格力在6年多的时间内，研发人员从800多人发展到现在的1.3万人。这也正是董明珠逢人便推销自己公司产品的底气。

如今，在北京的一些公交车上还能看到"让世界爱上中国造"的广告，广告中的代言人正是董明珠本人。她曾说："'让世界爱上中国造'是我的梦想，相信也是很多中国制造业企业家的梦想。"在《品格》录制现场休息间隙，她的话题从推销格力转到"中国造"："现在做产品，一定要想到消费者最需要解决的是健康问题。一个企业要想生存下去，一定要对市场负责，绝不能炒概念或者欺骗消费者，以次充好。"说这些话的时候，她并不在意是否面对镜头。

也有慈眉善目时

董明珠自步入《品格》录制现场那一刻起，就呈现出一种特殊的气质。在和主持人、现场工作人员进行私下交流时，她说话慢条斯理、柔声细语，这与她留给人们的风风火火、咄咄逼人的印象有着很大差别。

主持人指着一张董明珠温和典雅的宣传照说："说实话，您平时在媒体上，给别人留下的印象，还真不是这么慈眉善目的。"董明珠并不吃惊，反问主持人："那你现在看了我本人，是不是这样啊？"主持人回答："现在您给我的印象，跟这张照片给我传递的感觉是一致的。"

"别人都讲我这个人好像没有感情，只讲原则。实际上讲到骨子里面，我是感情最丰富的人。对家人，我不会用一种简单的语言表达，他们有困难的时候，我会毫不犹豫地去帮助他们。"董明珠说。

董明珠刚上任经营部部长时，有经销商找到她的亲哥哥，希望通过他的关系拿到3000多万元的货，并答应给他2%的提成。哥哥来到珠海，却被她严词拒绝。事后她给那个经销商打电话，对方以为已经打好了招呼还很兴奋，不料电话另一头董明珠只说了一句："以后我们都不再给你供货了！"这个经销商打电话问董明珠的哥哥："这是你亲妹妹吗？"

当天董明珠收到了哥哥的绝交信，她没有解释什么，两人一别便是十几年。直到2014年，冷战状态因哥哥生病而打破。从姐姐那里得知哥哥生病后，董明珠到医院看望。闲聊间，哥哥告诉董明珠他早已原谅了她，对她的付出表示理解。他一直在电视上关注着妹妹。"当初你能给我方便却不给，现在我想通了，如果我们都去拖你的后腿，格力电器就没有今天。"这场家庭纷争因董明珠反复提及而被人们熟知。很多人讲故事只讲前一半，说董明珠这个人不顾情面，却很少提到故事的最后是家人间的温情和理解。

20世纪90年代中后期，各地空调市场频现价格战。当时，武汉有四大经销商，每家销售格力产品的金额都超过1亿元，但低价使他们赚不到钱，甚至面临倒闭的危险。当时有一种声音：站在厂家的立场，最简单的办法就是另起炉灶，把他们驱逐出格力经销商的范围。时任副总经理的董明珠前去考察一番后，没有这么做。她觉得应该由格力牵头，把4家经销商捆绑在一起，共同出资成立一家公司。这样各自的利益就变成了大家的利益。董明珠将这个想法报告给时任董事长朱江洪，朱江洪认为很好。4家经销商也都认为这是个好办法，有的经销商说："董明珠是观音菩萨，救苦救难。"1997年冬，格力第一家股份制销售公司——湖北武汉格力电器销售有限公司在武汉成立。后来，这种由厂家与商家捆绑经营的销售公司，被经济学者称为"20世纪全新的营销模式"。

总有媒体问董明珠：你有没有犯过错？她总是回答自己从不犯错。事实上，在公司内部的具体决策上，如果出现偏差，她总是会主动调整。前几年，她觉得有的消费者家里的空调用了20年了，应该给这样的老用户更新换代，因为机器用过一二十年后，可能会老化，存在诸多隐患。"我做了个决定，由我们企业拿20个亿出来，消费者的空调用了10年就帮他们换。"董明珠说。很多人反对，说这个政策不行，因为很多人会趁机弄虚作假。董明珠觉得有道理，就把决定取消了。"正确不正确不是你自己说了算的，是真的要经得起市场考验。"董明珠说。

一不小心就爆发

在《品格》节目录制现场,"慈眉善目"的董明珠甚至让记者有些不适应——难道之前她在镜头前的那种"爆发力"是演出来的?没过多久,记者的那种形象"错位感"就消失了。当主持人将她与雷军10亿赌局的话题抛出来时,她那股"爆发力"瞬间被激活。

董明珠:你看最近,小米财报仅仅是一个季度超过我们百分之几,媒体就天天报道说小米超过了格力,这样有意义吗?

主持人:谁让您跟人家打赌来着,大家都记着那个赌局呢。

董明珠:赌局的钱实际也没给我,我根本不在乎这个赌局,我在乎的是我们的观念。

如同骨子里藏着的推销员气质一样,董明珠这种锋芒也是长年累积形成的。在2013年的一次采访中,她自揭家丑。"我们曾经有一名搬运工,在旺季时,你得送一箱矿泉水,他才给你先上货。腐败并不一定在高官中产生,每个人的权力交易过程中都可能产生腐败。怎么管理呢?建制度。每天我都编好一二三四五六七八九,必须按这个顺序出货,你如果把第三第五调到先上货了,我们抓到了,就开除你。"

有一次,一名工作人员在没收到货款的情况下就给经销商发了货,这让董明珠大为光火,因为"先款后货"是她一进格力就坚持的理念和策略。但这名工作人员是时任董事长朱江洪介绍过来的人,很多人不敢得罪他。董明珠当即处罚:罚款,通报批评,降一级工资。"我并不是刻意跟他过不去,我觉得要树立一种正气,必须这样做。董事长开始也是批评我的,把我拎上去:你通报就可以,凭什么降他一级工资?我的话很简单,我说以我的权力只能降他一级工资。如果说我的权力大了,可以把他开除,我就一定要把他开除。"

此事并没有让董明珠和朱江洪闹翻,朱江洪反而给了她"很大的空间"。2012年,董明珠接替朱江洪担任格力集团董事长兼格力电器董事长。

后来，董明珠面前来了个有关系的人，此人说："我是某某市长推荐来的。"董明珠回得很硬："你不要讲市长。你今天跟我坐在这儿只讲你能干什么。如果你是市长，我这个位子应该给你坐，市长肯定比我要聪明，我就不能坐在这个位子了。但今天不是市长来，是你来。我们这里不管任何人介绍来的，都要通过我们规定的程序到车间工作半年。"

65岁的董明珠在2019年1月连任格力电器董事长。在记者印象中，她总是精力充沛，很少有人见到她疲惫的样子。多年前的一篇报道称，36岁的董明珠心理年龄只有18岁，闯劲十足。2016年的一场活动中，她推介完格力产品后说："我测试过我的年龄，说我才25岁，因为我的内心有爱，有目标，有梦想。"也是在那一年，她有感于很多中国人到日本买电饭煲，在北京主持了一个电饭煲盲测活动，结果格力的电饭煲战胜日本电饭煲，做出来的米饭口感被评为最佳。

最近在回应退休问题时，董明珠仍然说："我的心理年龄只有25岁。"至少从《品格》节目录制现场来看，她依然精力充沛。当主持人问她，放假没工作的时候，您在家里一般做什么？董明珠回答："我很少放假。"主持人继续逼问："那您总有放假的时候。"董明珠说："如果有一天真有放假的时候，那就在家睡个懒觉。"主持人追问："睡醒了呢？"董明珠固执地说："睡醒起来，又在想干活儿。"

（文/田亮　杨学义）

海尔创始人张瑞敏：
颠覆创新，凡墙皆是门

张瑞敏，1949年出生于山东莱州，连续当选第十六届、十七届、十八届中央委员会候补委员，现任海尔集团名誉主席。2018年12月18日，党中央、国务院授予张瑞敏同志"改革先锋"称号，颁授改革先锋奖章，并获评注重企业管理创新的优秀企业家。2019年9月25日，荣获"最美奋斗者"个人称号。

> 在否定别人之前先否定自己。
>
> ——张瑞敏

据世界权威市场调查机构欧睿国际近日公布的调查结果显示，2010年，海尔在全球大型家电市场份额方面排名第一，连续两年蝉联全球白色家电第一品牌。海尔，这个"中国制造"最成功的典范，已超越欧美老牌企业，引领全球家电业进入"中国时代"。

从1984年那个资不抵债的集体所有制小厂发展到今天，海尔连续9年蝉联"中国最有价值品牌"榜首，目前品牌价值高达855.26亿元，并且实现了从"中国第一"到"全球第一"的目标。但海尔的领导者张瑞敏从来没有满足。这位75岁的山东汉子坚信："企业是时代的产物，必须与时俱进。如果跟不上时代的发展，就会被淘汰。而要跟上时代的步伐，则需要颠覆自己传统的观念。因此，海尔一直在颠覆中前进。"

用创新穿过面前的"墙"

2010年12月22日，美国《新闻周刊》网站公布"全球十大创新公司"名单，海尔是唯一入选的全球家电企业。

创新，既是海尔的企业精神，也是张瑞敏管理思想的核心和根本。"人类被束缚在地球上，不是因为地球引力，而是因为缺乏创造力。"张瑞敏非常喜欢这句话。他相信，只要有创新力，就一定能战胜一切困难。正如佛教禅宗的一句话——"凡墙都是门"，只要你创新，所有竖在你面前的墙都可以通过；如果不创新，即使你面前是一扇门，也过不去。

张瑞敏认为，中国有真正意义上的企业，但没有真正意义上创新的管理思想、管理理论和管理模式。

这些年，张瑞敏一直在潜心研究互联网时代海尔商业模式的创新。他深刻地认识到："互联网的迅猛发展如此彻底地改变着我们的生活和工作，进而改变着我们的思想和观念。每个人都变成了一个互联网的终端，拥有自己的网络空间、社交空间和精神空间。在这个空间里，每个人都是自己这个世界的中心，有多少人就会有多少个小小的世界。世界变'碎'了。"

张瑞敏向全球客户承诺：在变"碎"了的未来世界，海尔也应是"碎"的。每一个自主经营体都是一个自主决策的小"海尔"，潜心捕捉客户的个性化需求，第一时间为客户送上最有竞争力的解决方案。

要从制造业向服务业转型

如何满足互联网时代客户的个性化需求？对于以大规模制造为强项的中国企业来说，是巨大的挑战。以前，一个产品可以制造 100 万台，但现在的市场，需求的不是每个型号 100 万台，而是 100 个型号 100 万台，或者 1000 个型号 100 万台。这就带来两个困难：一是如何实现大规模定制的生产流程？二是怎样做到准确把握这 1000 个需求？

"我们需要一个转型。"张瑞敏作出了回答。从企业层面讲，海尔要从制造业向服务业转型；从员工层面讲，每个人都应该主动地发现用户的需求，创造用户需求，成为创新的主体。

什么是服务业？以用户需求为中心，满足用户的个性化需求，卖服务，就是服务业。什么是制造业？以企业为中心，生产、库存、销售，卖产品，就是制造业。后者意味着企业以自己的意愿向客户提供产品。前者是从客户的意愿出发，提供客户需要的产品——这正是海尔的目标，"要成为互联网时代领先的世界品牌"。

张瑞敏自豪地说："我们的产品是即需即供的，没有库存。客户需要产品，我们马上生产，马上供货；客户没有需要，我们不生产，也不会压货。中国过去的模式恰好相反，很容易压货，然后是一系列纠纷，卖不掉，得降价。不降，就退回厂里。很多品牌卖到最后还亏钱，因为他们的产品不是客户需要的。"

着手整合全球资源

全球化的运营布局，是海尔能够准确把握客户需求的重要保证。目前，海尔在全球范围内构建了 29 个生产制造基地、19 个海外销售公司和 8 大综合技术研发中心。依托这一网络，海尔能够准确及时地把握全球消费需求变化，从而设计生产出最符合消费需求的产品。

对于全球化和国际化,张瑞敏也有独到的见解。"原来的公司需要国际化,现在的公司需要全球化。两者很不同。国际化是用企业自身的资源,在国际上闯荡出一条路。公司在母国之外的多个国家有组织,这就叫跨国公司。全球化是以全球的资源实现公司在全球的目标。"IBM 就是整合全球资源优势的典范——工厂放在中国,因为最好的制造业工人在中国;信息服务在印度,因为性能价格比最优;研发在美国,因为技术优势最突出。海尔也是这样,为打造全球化的品牌,在研发、制造、营销等环节整合全球资源。

海尔是"海",有海一样的胸怀和海一样的理想。正如美国《财富》杂志所说:"种种迹象表明,海尔开始进入有史以来最好的发展时期,而张瑞敏仍将保持无可比拟的巨大影响力。"在 21 世纪的第一个 10 年刚刚过去的时候,张瑞敏在给海尔员工的信中写道:"我们一起站在一个新的年代的门口,憧憬美好的未来。但美好的未来不会在睡梦中不期而至,她需要我们从未来看今天,从今天起按未来的趋势创造美好的未来。"

永远"自以为非"

1984 年,海尔是亏空 147 万元的集体小厂。2007 年,海尔全球营业额达到 1180 亿元,连续 6 年居"中国最有价值品牌"榜首。这个奇迹的背后,隐含着怎样的成功秘诀?张瑞敏说,其实既简单又艰难——就是永远能够自我否定,越成功就越要"自以为非",而不是"自以为是"。

20 世纪 90 年代初,国内家电市场异常红火,海尔跻身全国首届十大驰名商标,一张海尔冰箱票在厂门口被卖到 1000 多元。张瑞敏却冷静地提出:"每一个成功者的背后都潜伏着失败的危机。要想长盛不衰,只有学'不死鸟',自我革新,再赢一次。"于是,在光卖冰箱就能挣大钱的时候,海尔率先打破单一产品模式,进军洗衣机、空调、电视等家电市场;在成为中国家电第一品牌、很多人看来可以高枕无忧的时候，海尔又提出打造世界名牌，率先启动全球化战略，把工厂办到了美国。

这么多年，张瑞敏养成了习惯，越是在海尔发展非常顺利的时候，越是别人都说海尔已经很好了的时候，他就越在思考，下一步的挑战在哪里？下一步的困难在什么地方？他相信，市场和体育赛场一样，所有的第一名都是被自己打败的。

在大家都感觉良好的时候，还要"自以为非"，挑毛病找困难，张瑞敏也时常感到很困惑。"你可能找不准下一步的方向，你会受到很多的质疑。特别是理想中的正确结果还没有出现之前，你要承受很多压力，这个努力的过程很痛苦。"

要么成为世界名牌，要么死掉

2000年3月，海尔美国电冰箱工厂在美国南卡罗来纳州开姆顿市正式投入生产。建厂后3年内，海尔在美国的年销售额增长了8倍，达到2.5亿美元。2007年，海尔在美国的销售额达到6.5亿美元。截至2006年底，海尔是美国市场最大的小冰箱、公寓冰箱和酒柜厂商，分别占据美国50%、20%和60%的市场份额，也是美国第三大空调厂商，占据20%的市场份额。

2005年底，海尔正式启动全球化品牌战略，引来了不少的质疑和非议。有人怀疑海尔是否具备了走向世界的实力，还不如在国内发展或者到农村去；有人提出国际化应该通过并购等成本更低的方式实现。张瑞敏却坚定地说，打造世界名牌是海尔没有选择的选择。在全球化市场中，企业只有两类：食肉的和食草的，后者迟早要被前者吞掉。可口可乐的老板来中国考察市场，就对身边人提出："为什么不让门口卖茶叶蛋的老太太也卖可口可乐？"跨国企业的触角已然伸向全球每个角落。从美国到欧洲再到亚洲，从城市到郊区再到农村，无论在哪里，海尔都会遇到惠尔普、西门子、菲利浦这样的跨国企业，竞争无从躲避。选择只有两个：要么成为世界名牌，要么死路一条。

在利润薄如刀刃的全球家电市场，面对几十年甚至上百年发展历史的国际级竞争对手，后来居上又谈何容易？张瑞敏曾在美国的商场里与客户沟通。"喜欢海尔的产品吗？""还不错。""认可吗？""认可。""会买吗？""不会。""为什么？""因为 GE 啊、惠尔普啊这些牌子，从我奶奶辈就开始用了，为什么要相信海尔？"这就是海尔面对的困境。打造品牌没有捷径可走，必须千方百计赢得客户的心。在美国，海尔从接受新事物相对较快的学生冰箱市场切入，目前占有率已达 50%，居第一位。

今天的海尔，全球销售网络遍布 160 多个国家，拥有 61 个贸易公司、8 个设计研发中心、29 个制造工厂和 16 个工业园。当国内很多企业因为出口放缓而备受压力甚至濒临倒闭时，海尔在美国的工厂已经在为当地市场生产附加值较高的产品，弥补了出口减少的损失。

打造世界名牌的路还很长，但理想从来都很坚定。张瑞敏这样描述海尔的世界名牌战略："有一天，当你无论走到全世界哪个地方，人们都会说：海尔，我知道，这是一个著名的品牌。这就够了。"

脱胎换骨"再造海尔"

与世界一流的企业竞争，需要打造世界一流的企业。在张瑞敏看来，海尔过去的成功，不是因为企业本身很优秀，而是因为抓住了改革开放的机会。现在要走向全球市场了，就必须从企业自身入手，对流程、组织和人才管理进行大刀阔斧的改革，"再造"一个海尔。全面重塑，脱胎换骨！

谈及"再造"以来的进展，张瑞敏并不讳言困难重重。最大的难点在于改变人的观念。过去海尔高速发展，有很多成功案例，甚至被国外商学院当成教学案例。很多人都认为，海尔只要按照过去成功的办法做下去就行了，让人们放弃过去被证明是成功的做法并非易事。张瑞敏亲自为集团的高层进行战略理念上的培训辅导，集团整体也进行自上而下的逐级辅导。

在吸收日本和欧美企业管理精髓的基础上，海尔推行"人单合一"的全新管理模式。单，狭义上是订单；广义上是目标。即企业为每个员工创造一个特定的环境，使其在这个空间里有创新的价值；每个人和自己的工作目标，都能一一对应结合；每个人变成一个小的经营体，既相对独立又目标明确。为数万人的企业建立这样精细的管理流程，工程之艰巨可想而知。

流程再造、组织再造、人的再造，张瑞敏把自己定位成"造钟师"。他要把海尔打造成一部精密的机器，依靠一套有效的机制，使企业能够有序有效地运转，在正确的时间作出正确的决策。他不希望再做"报时人"，靠少数人的感觉带领企业抓住机遇。他很欣赏管理大师德鲁克的话："真正管理好的企业，总是单调乏味，没有任何激动人心的事情发生。"因为一切已经有条不紊。

从小池塘游向大海

作为共和国的同龄人，张瑞敏身上有种特殊的使命感和责任感。"文化大革命"前在中学接受的爱国教育和忠诚教育，对于一个少年来讲，一生影响都很大。"文化大革命"中在社会最基层的经历，曾使他很困惑，也给他很多思考。那段"从下往上看"的经历时时告诫着今天的张瑞敏，不要去做那些从前自己被管理时认为很荒唐可笑的事。

改革开放给张瑞敏和许多中国企业家创造了难得的发展机遇。他说："没有改革开放这个温度，再好的鸡蛋也孵不出小鸡儿来。"今后将是一个更大的挑战。"做得好，就把改革开放的成果发扬光大；做不成，就会前功尽弃，重归于零。"对过去，张瑞敏心怀感激，但过去的都已经过去，未来任重道远。

10年前，美国《财富》杂志曾撰文报道《中国海尔的威力》，高度肯定海尔成绩的同时，评价它仍是"小池塘中的大鱼"。这句评价张瑞敏一直记在心里。他深知，在经济全球化的大潮中，不可能再有安享小池塘美景的幸福时光,要么游向大海,要么被淹没、被吃掉。

张瑞敏和海尔,早就确立了海一样宏伟的目标,所以能够敞开海一样宽阔的胸怀。这胸怀,包容了从小池塘游向大海所经历的痛苦和艰难;这胸怀,承载着有朝一日领略大海无限风光的光荣与梦想!

(文 / 谢湘)

"民营企业家"鲁冠球：

风云激荡五十年

鲁冠球（1945年1月17日—2017年10月25日），出生于浙江省萧山区。曾任浙江万向集团董事局主席兼党委书记，中国乡镇企业协会会长，浙江省企业联合会、企业家协会会长，党的十三大、十四大代表和第九届、第十一届全国人大代表。2018年10月，被中央统战部、全国工商联推荐为改革开放40年百名杰出民营企业家。2018年12月18日，党中央、国务院授予鲁冠球同志"改革先锋"称号，颁授改革先锋奖章，并获评乡镇企业改革发展的先行者。2019年9月25日，荣获"最美奋斗者"个人称号。

> 我们只有踏踏实实地干，一切都是干出来的。
>
> ——鲁冠球

去世前，他对儿子说，我每天工作16小时，按常人8小时计，我已经活过120岁了才有今天。

10月底的杭州，钱塘潮水不再汹涌，满城丹桂已然凋落，空气中有了瑟瑟寒意。清晨的寒气还未褪去，萧山区万向路的街头，已经黑压压挤满了人。他们有的是万向的职工，有的是附近的乡邻，有的专程远道而来，集聚在万向的小礼堂前。鲁冠球的追悼会就在这里举行。

2017年10月25日，中国改革开放第一代民营企业家代表人物之一、万向集团创始人鲁冠球在杭州萧山的家中溘然长逝。霎时，网络上怀念他的文章铺天盖地。有人说，一个时代落幕了。鲁冠球对于这个时代意味着什么？他何以赢得致敬和致哀？记者来到这片他生活了70余年的土地，试图找寻一些答案。

"中国农民的一线希望"

萧山位于钱塘江南岸，与杭州主城一江之隔，其所处的长江三角洲南翼是中国县域经济最活跃的地区之一。鲁冠球便生于斯，长于斯，尽管生意已经做到了大洋彼岸，他却从没有搬离这片土地。如今的萧山，已到处盖起高楼大厦，而他与妻子仍住在一幢1983年修建的农家小楼中。

与鲁冠球打过交道的人，无一不对他那浓浓的萧山乡音印象深刻。第一次接受打造"中国百富榜"的胡润访问时，鲁冠球带了两个翻译，一个先把他的萧山话译成普通话，另一个再译成英文。这个细节，是对鲁冠球自我定位的最佳诠释，"我是一位从乡野走出来的农民企业家"。

农民，曾经是鲁冠球渴望摆脱的身份，最终却成为他贴了一生的标签。

鲁冠球出生于宁围童家塘的乡村，不到9岁就开始干农活，真正尝过"面朝黄土背朝天"的滋味。"靠天吃饭不保险，我以后要当工人赚钱！"15岁时，读初中的鲁冠球选择辍学，经亲戚推荐到县铁业社当打铁学徒。没想到，3年后就因人员精减而被打发回家。"工人梦"破灭了，他回到农村，干起修自行车的营生。还想当工人，怎么办？那就自己创造机会！鲁冠球踏上了创业路。1969年，25岁的他带领6个农民，用全部家当4000元创办了宁围公社农机厂。

杭州电视台原频道总监朱永祥曾因一部电视系列片《8个农民20年》和鲁冠球有过一段时间的采访与交往。他告诉记者，1998年正值改革开放20周年，当时鲁冠球的知名度就像今天的马云。在国外，他已经被称为"中国农民的一线希望""一位国家级英雄"。这部纪录片的主角是浙江土地上最富首创精神的8位"农民英雄"，鲁冠球是其中一员。

可在拍摄过程中，几位年轻的被拍摄对象对片名里的"农民"二字颇有避讳，强调他们已经不是农民了，希望不要再以"农民"相称。反而在征求鲁冠球的意见时，朱永祥没想到他竟欣然接受："'农民'有什么不好？我本来就是农民！而且我就要在这里把企业做大，走向世界！"

万向前身作为乡镇企业，职工基本上都是当地的农民。创业不久，鲁冠球就从每年的利润中拿出一部分给村里、乡里办点实事。如今的万向，已从乡镇企业成长为跨国集团，旗下4家上市公司中有2家主业是农业。"我的追求就是要把写在田野上的这篇'大文章'——'让农民成为在精神上、物质上都富足的巨人'——写下去，写好它。为此，我愿毕一生的精力。"如今看来，鲁冠球做到了。

"看到废品收购站就两眼冒光"

鲁冠球的创业史，也是改革开放一代民营企业家筚路蓝缕的缩影。

同为萧山企业家的开元旅业董事长陈妙林与鲁冠球相识40多年，他对记者回忆，当时他还在萧山物资局工作，鲁冠球刚创业不久，凡是能赚钱的生意都愿意做。那个年代，物资紧缺，购买轴承等机械零部件得拿旧零件折换，但仍供不应求。鲁冠球从中看到了商机，拉着板车走十几里路上门回收旧轴承，拿到厂里修好之后再送回物资局销售。"我当时印象很深，这个人脑子太灵光了！既帮我们解决了难题，他也能从中赚到钱。"陈妙林说。逢年过节，鲁冠球还会给他和同事带一包自家地里产的花生，"就一包花生，也算不上是行贿，但我们就觉得这个人情商很高"。

那个年代，乡镇企业没法获得国有企业同等的待遇。厂里要生产，购买不到原材料，鲁冠球便蹬着三轮车过江，到杭州城里的国有企业捡人家用剩的边角料。后来他回忆："我一看到废品收购站就两眼冒光，为了收一点人家看不上的边角废料，我可以耐心地在门口等上半天。"

1979 年，报纸上一篇题为《国民经济要发展，交通运输是关键》的文章让鲁冠球"嗅"到了中国汽车市场的巨大商机。1980 年，他决定集中精力做汽车的易耗零配件万向节，厂子也正式易名为萧山万向节厂。刚开始，产品没有销路，他就背着产品去参加行业交易会，却因是乡镇企业被拒之门外。他不甘心，索性偷偷在会场门口摆起了地摊，以低于国营厂 20% 的价格出售自己的万向节，这才打开了销路。

20 世纪 90 年代，卡拉 OK 兴盛，歌厅成了许多商人应酬的场所。朱永祥问鲁冠球去过吗？他说："我没有这个爱好的。我就是研究对策，怎么上新的项目、技术、产品。我从 10 万一天的利润到 100 万一天的利润，现在我在研究怎么赚 1000 万一天的利润。从 100 万到 1000 万，我要做多少工作啊。哪里来？谁会送给你？"他就像老农琢磨自家田里的稻子产量一样，埋头厂里琢磨着他的利润。

"别人一周工作 5 天，你就 365 天都不休息，尽心、尽责、尽力去做，一定能成功。"鲁冠球这样总结他的成功"秘诀"。他每天早上 5 点 10 分起床，在院子里收收拾拾小菜园子；6 点 50 分到公司开始工作，晚上 6 点 45 分下班回家吃饭；7 点准时收看新闻联播、焦点访谈；8 点继续处理工作，9 点开始看书看报，直至零点睡觉。一年中，他只有大年初一这一天在家吃午饭。

"父亲说，我每天工作 16 小时，按常人每天工作 8 小时计，我已经活过 120 岁了才有今天。"追悼会上，鲁冠球的儿子鲁伟鼎泣不成声。

"因为相信而看见"

2017 年 7 月 8 日，是万向集团创立 48 周年纪念日。已在病榻上的鲁冠球依旧通过视频致了辞。他勉励万向员工要走出"舒适区"，从零开始，再立新功，要勇立潮头，做创造历史的勇敢者。短短几句话，是他对员工的鞭策，也是他这一生的总结。

鲁冠球虽初中没毕业，却终生保持着学习的习惯。一位万向老员工回忆："鲁冠球是个天赋很好、非常敏锐的人，一个天赋这么高的人，仍然坚持每天阅读、学习四五万字的信息，我在万向董事局那些年从没见他停过一天。"直至弥留之际被隔离在无菌病房，鲁冠球还坚持让家人在病房里安装一台电视，以便他收看十九大开幕式直播。

最让人们惊叹的就是，创业半个多世纪，鲁冠球从没有停下创新的步伐，一刻也不曾落后于时代潮流。

万向在浙江乡镇企业中最早实行股份制。早在1984年，鲁冠球就提出通过吸收员工入股解决资金问题，并拿出家里仅有的5000元积蓄带头入股。1988年，他率先实践乡镇企业与政府"政企分开""花钱买不管"，界定了与政府的产权关系。1989年，万向成为"全国十家股份制试点企业"中唯一的乡镇企业。这为万向日后的成长壮大扫清了体制障碍。1991年，鲁冠球成了继邓小平之后，又一位登上美国《新闻周刊》封面的中国人。

陈妙林和鲁冠球还有过一段"搭班子"的经历。1986年，萧山县政府打算筹建企业化运营的萧山宾馆，委派陈妙林担任总经理，邀请宾馆股东之一的鲁冠球出任董事长。"鲁冠球当时就说，萧山宾馆必须实行董事会领导下的总经理负责制，不能搞从前招待所那一套，政府要少来干预。"陈妙林说，当时中国几乎没人知道董事会领导下的总经理负责制是什么东西，鲁冠球始终踏在时代的脚步上，"说起来，我真要感谢他，是他的强硬坚持，较大程度上限制了政府干预，给萧山宾馆的经营和后来转制成为开元旅业打下了好基础"。

尽管万向是以汽车零配件制造为主，但在鲁冠球心中，一直有个造车梦。"我这一代成功不了，我儿子也要继续！"他从20多年前就开始谋划布局，2002年成立万向电动汽车有限公司，2015年收购美国电动乘用车公司菲斯科……"烧钱"数十亿仍痴心不改。2016年底,万向集团"年产50000辆增程式纯电动乘用车项目"获批,成为全国第六家拿到独立新能源汽车生产资质的企业,"造车梦"初见成效。

"多数人是因为看见而相信,只有少数人是因为相信而看见。"马云说,鲁冠球就是这样的少数人。在他的一生中,正是无数次的前瞻、改革、坚持才让万向屡创"第一",从乡野走向世界。

民营企业界的"不倒翁"

在中国改革开放40多年的浩荡长河中,无数民营企业家创造了一个又一个传奇。与鲁冠球同时代的企业家,不少已在大浪淘沙中黯然退场,他却屹立不倒,被称为"常青树""不倒翁"。"有许多企业家,在一个企业居于高位几年、十几年之后,可能会高度膨胀,对企业失察,企业就会出现问题,原因就是他不够冷静,超越了自己的能力。"鲁冠球曾总结说。

鲁冠球喜欢钻研,但相比于"成功学",他更乐于钻研"失败学"。研究过许多失败案例后,他得出结论:做企业,最难抵抗的,是高利润的诱惑。于是,他给万向设置了三条投资禁忌:暴利行业不做,千家万户能做的不做,国家禁止的不做。"扩张中不忘谨慎,谨慎中不忘扩张",李嘉诚的这一经商之道也是他奉行的准则。

48年来,尽管企业越做越大,鲁冠球却一刻也不曾松懈,始终把工作放在第一位。陈妙林回忆,"搭班子"期间,他经常需要向鲁冠球汇报工作。一次他正在鲁冠球的办公室里,恰逢省政府一个官员陪着某省的省委书记来万向参观。没想到鲁冠球跟秘书说,工作还没谈完,暂时没时间接待客人。"他不大玩'虚'的,也曾得罪了不少人,但做企业就需要这样的精神。"陈妙林说。

鲁冠球去世前,马云去医院无菌病房看望他,他还不忘叮嘱马云:浙商的存在是一个奇迹,一定要同心团结、互相搀扶。他去世后,郭广昌撰文追忆:

"每次向鲁老请教，与他交流，他都会毫无保留地把自己的经验甚至教训拿出来说，到现在都让我获益良多。"几十年来，对于身处困境的企业家，鲁冠球从不吝啬伸出援手。

万事利集团董事局主席屠红燕告诉记者，母亲沈爱琴创业初期就曾多次得到鲁冠球的帮助。1991年，当时的笕桥绸厂（万事利集团前身）想要引进国外的喷水织机，需要向银行贷款5000万元，数额巨大，银行规定必须有超过5000万元的抵押资产来担保。当时，杭州没几家资产超过5000万元的企业，沈爱琴就试着给鲁冠球打了电话。"鲁主席二话没说，从北京回来，下了飞机就直奔笕桥绸厂，在担保书上签了字。"

20世纪80年代红极一时的"改革先锋"、海盐衬衫总厂厂长步鑫生被免职后，鲁冠球曾在萧山宾馆开最好的套房款待他，并资助了一笔钱让他东山再起。因投资"水变油"项目轰动一时的陈金义失败负债后，也曾收到鲁冠球主动伸出的援手。"他对同时代那些企业家有一种惺惺相惜之情，这一点真的很值得我们敬重。"陈妙林说。

就在鲁冠球去世前1个月，9月25日，《中共中央、国务院关于营造企业家健康成长环境弘扬优秀企业家精神更好发挥企业家作用的意见》下发，次日，鲁冠球即发表了感想文章。文中他回顾了自己的创业历程："回想我们这代人的创业梦，从被当作'资本主义尾巴'东躲西藏，到在计划经济夹缝中'野蛮生长'，再到改革开放中'异军突起'，以及全球化中无知无畏闯天下，可以说是跌宕起伏。"

"弄潮儿向涛头立，手把红旗旗不湿"，这位勇立潮头、乘风破浪四十八载的农民企业家，见证了中国从一穷二白到世界第二大经济体的变迁，用一生实践了企业家精神。他说，战士的终点是坟墓。现在，他终于可以休息了。

（文/王艺锭）

第三章

守护和平　诠释铁血担当

我们的人民军队不愧是听党指挥的英雄军队，不愧是忠心报国的英雄军队，不愧是为中华民族伟大复兴英勇奋斗的英雄军队。

——2017年7月30日，习近平在庆祝中国人民解放军建军90周年阅兵时的讲话

"共和国勋章"获得者李延年：

"我们是硬骨头，攻上来就能守得住！"

    李延年，1928年出生，河北昌黎人。1945年入伍，参加过解放战争、湘西剿匪、抗美援朝战争、边境自卫作战等大小战斗20多次，荣立特等功1次、三等功若干次。2019年9月17日，李延年被授予"共和国勋章"。

> 荣誉不是我一个人的，是国家对所有英烈的褒奖。
>
> ——李延年

    金秋九月，一部传记题材电视剧《功勋》引发了全国性的观看热潮。这部作品用不同的叙事风格，讲述了共和国8位功勋人物人生中最精彩的华章。其中第一个叙事单元讲述的，就是"共和国勋章"获得者李延年在抗美援朝战场上的英雄故事。

    "当时敌人都是飞机大炮，我们拿步枪，但我们不怕，我们要保卫新中国！"在广西军区南宁第三干休所的大院里，已经年过九十的李延年正给前来探望和接受爱国主义教育的学生讲述曾经的战斗经历。望着眼前朝气蓬勃的孩子们，老人的思绪又回到了那段战火纷飞的岁月。

"我参加革命队伍算是参加对了"

1928年11月,李延年出生在河北省昌黎县一个贫苦农民家庭。14岁时,由于交不起学费,无法继续上学,他跟着同乡来到长春一家粮食加工厂当学徒,稍有不慎就挨打受骂,日子过得很艰苦。

1945年8月15日,日本政府宣布无条件投降,东北人民欢天喜地地迎来了新生。同年10月,李延年在长春参军入伍,光荣地成为一名革命战士,很快跟随部队投入了战斗,"白天打仗,晚上抱着枪睡"。这种扬眉吐气的日子虽然辛苦,李延年的心情却是舒畅的。

入伍后,由于部队物资紧缺,李延年和战友们连一件像样的冬衣都没有,粮食也很缺。"但是我们有纪律,日子再艰难,我们也从不入户打扰群众。群众得知部队的生活情况后,主动给我们送来了粮食,对部队非常拥护。"李延年说,部队把群众送来的物资一一造册登记,打上欠条,并郑重承诺:新中国成立后新政府一定如数奉还。

人民群众的支持,让李延年和战友们形成了强烈的必胜信念。在解放榆树县的战斗中,他敢打敢冲,缴获敌人一挺轻机枪、一支手枪,受到了上级表扬。

在随后的战斗中,李延年每战争先,多次立功受奖。1947年2月,他加入了中国共产党。"我当时想,我是穷人家的孩子,参加革命队伍算是参加对了。要做一名合格的共产党员,为人民的事业干到底。"

辽沈战役打响后,李延年所在的东北人民解放军第10纵队参加黑山阻击战,负责阻击数倍于己的国民党廖耀湘兵团,截断国民党"西进兵团"的退路。

对于那场战斗,李延年记忆犹新:"我们连夜急行军100多里,双腿跑赢了敌人的汽车,赶在天亮之前到达预定地点修筑工事。"正当他们修筑工事时,敌人以数倍兵力扑了上来,发起一轮轮强力冲击。战斗空前惨烈,一批又一批战友倒在了前沿阵地上，当一名战友牺牲了，另一名就立刻主动补上去……这场战斗，李延年和战友们坚守了整整3天，为友邻部队对敌人实施包围争取了宝贵的时间。

此后战斗一个接着一个。辽沈战役结束后，李延年又参加了平津战役。"跟着大部队解放全中国"的信念在他的脑海中越发强烈，一股为新中国奋斗终身的豪迈之情充溢着他的全身。

"打了这么多年仗，我一直认为打仗不能怕死，如果畏畏缩缩的，说不定就真的'光荣'了。"李延年说。1950年8月，他跟随部队到达山势险峻的湘西，开始与土匪"掰手腕"，并被提拔为连队指导员。

"一生中最难忘的战斗"

抗美援朝开始后，李延年所在部队被编入中国人民志愿军入朝作战。1951年3月，他随志愿军跨过鸭绿江，10月担任志愿军某营七连指导员。"当时我们讲了，要打好出国的一仗，为祖国人民立功。"

李延年回忆，在抗美援朝战争中，敌军飞机像是可以"查户口"一样。"因为在朝鲜一进门就脱鞋，所以鞋子都放门口。敌军有一种被我们称作'油条子'的飞机，飞得很低，发现哪里有鞋就袭击哪里，每隔3分钟就打一次炮，扔一批炸弹。"

面对敌人的飞机大炮，志愿军的对策是修坑道。李延年介绍，这种坑道在解放战争时期就修过，共3层，一条坑道里可容纳一个排；坑道里还有隐蔽洞，洞里可隐藏一个班。此外还有避弹洞，洞内可藏一个人。

1951年10月8日，李延年所在营奉命对失守的346.6高地实施反击。这是他"一生中最难忘的战斗，也是最惨烈的一次战斗"。

那天傍晚，部队开始向高地进攻。李延年清楚地记得，当时四周山上的树木全都被炮火点着了，远远看去像一条条火龙，敌军炮弹还不断在附近爆炸。

"我们接到命令执行强攻任务时，已经有两个营在敌人炮火的猛烈攻袭下伤亡惨重，但我们没有退缩。"李延年回忆道。等到自己所在营发起攻击时，他发现敌人每隔3分钟左右就会打一轮炮。掌握了这个规律后，他和战友就利用这个间隙攻入了阵地。

两夜一天的战斗，敌人一轮又一轮地压向我军阵地。"我们的同志确实英勇顽强。有一名爆破班班长，一看有几十个敌人冲上来了，就把爆破筒拉开，往敌军里扔，可惜打偏了，爆炸点后面的敌人跑了，前面的还往我军阵地冲。这名班长一看敌人又冲上来了，干脆拿着爆破筒跳到战壕里，和20多个敌人同归于尽。"李延年说。

战友一个接一个地牺牲了，李延年继续带领官兵坚守阵地，毫不动摇。"当时我心里就一个想法，要为祖国为人民立功，我不怕死。"

经过浴血拼杀的一夜激战，全营夺回了被敌人占领的5个山头。但是部队伤亡很大，弹药几乎打光，机枪已打得无法连发，电台被炸毁，与上级失去了联系，而敌人还在组织一轮又一轮的反攻。

战斗中李延年被一枚炮弹碎片击伤，鲜血渗透衣背，他依然坚守不退。战斗到10月9日下午，在顶住敌人的反扑后，七连只能编成4个班了，其他几个连情况更差。李延年主动召集各连干部开会，调整部队，宣传胜利，追悼烈士，并带领大家进行阵地宣誓。由于弹药严重不足，他组织战友们在阵地上收集敌人遗弃的武器："我们是硬骨头，能攻上来，就能守得住！"他们用敌人的弹药，打退了敌人一波又一波进攻。

为了鼓舞士气，每打退敌人一波攻势，李延年就立即把消息传递给阵地上的官兵。在他的指挥下，部队毙伤美军600余人，使敌人无力继续推进。官兵们以自身的牺牲维持了战线稳定，为我军展开反攻奠定了基础。

翻开李延年的档案，志愿军总部对他这样评价："李延年同志，在强攻346.6高地的战斗中，在战斗激烈和伤亡大的情况下，先后共整顿五次组织，并随时提出有力的鼓动口号，在胜利的情况下勇敢前进、紧张情况下压住阵脚,自始至终保持了部队有组织地进行战斗……对战斗胜利起了决定性作用。"

1952年11月,李延年被志愿军总部授予"一级英雄"称号、记特等功1次,并获朝鲜民主主义人民共和国自由独立二级勋章。

"所有荣誉都不是给我个人的"

李延年曾说,自己一辈子就想当一个能打胜仗的好兵。他用行动践行了自己的诺言。

1953年,李延年从朝鲜战场凯旋,但军人生涯并没有结束。他继续留在部队,哪里有需要就去哪里。

1961年,已经在北京成家的李延年接到驻防湖南、广西的任务。他没有片刻犹豫,立即动身。在他看来,服从命令就是对党的绝对忠诚。1979年,李延年作为广西军区原某边防师政治部副主任,参加了边境自卫作战,负责保障工作。当时年过五旬的他,多次冒着炮火硝烟抵达前线、传达上级指示、组织运送伤员,出色地完成了各项任务,荣立三等功,随后被提拔为师副政委,一直战斗在边防一线,直至1983年离休。

李延年常说的一句话是:"当兵就是要打仗的,我只是尽到了一名军人的本分。"几十年间,经历大大小小的战斗,李延年多次中弹,落下了不少伤病。每当气温降到15摄氏度以下,他的腿就感觉又冷又疼。但在他看来,这些都是军人必须坦然面对的代价,"当初当兵我就做好了准备,命就交给了国家"。

多年来,由于李延年工作繁忙,他的爱人齐振凤独自撑起了整个家庭。即便家里缺衣少食、孩子缺钱治病,荣誉加身的李延年也从来没有向组织提过任何要求。他对家属说:"牺牲的战友那么多,我们跟组织要待遇合适吗?给国家找那么多麻烦干什么?我什么都不要求。"

在一本老相册里,李延年珍藏着很多曾经和他一起并肩作战的战友的照片。广西军区军史馆有一面烈士墙,李延年每次来到这面墙前,都久久不愿离去。上面刻着的，是一个个他熟悉的名字。想起牺牲的战友，李延年总是喃喃自语："你们都不在了，我活下来了，国家给我这么高荣誉，感到惭愧啊！"

2019年9月17日，国家主席习近平签署主席令，授予李延年"共和国勋章"。在李延年看来，这荣誉是对自己的鼓励，也让他更加怀念牺牲在战场上的同志。

"所有荣誉都不是给我个人的，而是国家对所有烈士的褒奖。我们要永远铭记这些为新中国牺牲的英雄们。"李延年说。为了更好地弘扬革命精神，他把个人获得的荣誉证书、奖章等，大部分捐献给了博物馆、军史馆。

"要让下一代了解中国的过去"

离休多年的李延年，始终不改军人本色。每天清晨，他早早起床，读书、看报、听广播，关心时事政治、学习大政方针。在生活中，李延年十分低调，很多单位和组织邀请他参加活动都被拒绝了，唯独各个中小学邀请他去做红色教育讲座，他几乎有求必应。

"我们要让孩子们了解过去的历史。70多年来，我们从吃不饱、穿不暖，到现在吃不完、穿不完，这些光荣、这些待遇都是牺牲流血的同志用生命换来的，他们是真正的英雄。"

为了教育后人，李延年先后担任多所中小学校外辅导员，给孩子们做爱国主义、传统教育报告，把自己亲身经历的残酷战事、亲眼看到的英雄事迹如实还原给只在影视剧里见过战争场面的年轻一代，但从不提及自己的战功。

在和平环境下成长的年轻人，对历史的认识很多时候停留在书本上，作为战争亲历者讲述历史，往往更具说服力和感染力。为了做好这项工作，李延年一直坚持理论学习。他卧室的书桌上，摆满了各类政治学习书籍，书和笔记本上密密麻麻地记满了理论要点和心得体会。齐振凤说，平日里最不能打扰老伴的时候，就是他学习的时候。

李延年家中有一幅南宁市红星小学学生送给他的手工画,内容是操场上的两名小学生向鲜红的国旗敬礼。每当有客人来家里时,李延年都会把这幅画拿出来给大家看。他希望年轻人能牢记历史、继往开来。"我们要让下一代了解中国的过去,当好革命的接班人。青年们要好好学习,把新中国的伟大事业继承下去。"

在家里,李延年还珍藏着一幅朝鲜地图。闲暇时,他总会拿出来看一看。那些熟悉的地名、粗细不一的线条,总能把他拉回那段激情燃烧的岁月。每当此时,他好像又回到了在枪林弹雨中冲锋陷阵的岁月,脸上总会显现出一种独特的光彩。

(文/李纵　尹洁)

"八一勋章"获得者杜富国：
失去双手双眼，是我无悔的选择

杜富国，1991年出生，贵州湄潭人，南部战区陆军某扫雷排爆大队战士。2010年入伍，2018年10月在扫雷作业时突遇爆炸，倒地瞬间仍下意识地保护战友。后被授予一等功，获评陆军首届"四有"新时代革命军人标兵。2019年9月25日，荣获"最美奋斗者"个人称号。2022年7月27日，荣获"八一勋章"。

> 如果有危险，与其伤两个，还不如伤我一个。
>
> ——杜富国

杜富国的微信名叫"雷神"。从第一次拿起扫雷器到今天，这个名字始终没变过。在2018年感动中国人物网络投票评选中，27岁的他以1600多万的票数荣居第三名。

2018年10月11日下午，"雷神"在与死神面对面的交锋中，"意外"地打了第一场平局。此前三年多的时间里，他总是胜利的那方。因为这次意外，杜富国失去了双手和双眼，不得不告别雷场。

2019年大年初六，记者来到陆军军医大学第一附属医院探望杜富国。坐在病床上的他穿着军装，空空的下半截袖筒让人看了很是心疼，尽管双眼蒙着一层白色纱布，他的嘴却带着微笑。由于耳膜在爆炸中破裂，杜富国的听力尚未完全恢复，与他交流需要提高一些音量。但回答起问题来，杜富国依然保持着军人的精练与果断。

2015 年，中越边境云南段第三次大规模扫雷行动开始。收到组建云南扫雷大队的通知后，杜富国主动递交申请书，从边防团来到扫雷大队，过上了每天与死神打交道的生活。

当双脚踏上这片布满雷场的土地时，杜富国才意识到当地受雷患有多严重。在云南省麻栗坡县老山、八里河东山等地，分布着不少"地雷村"。受地雷危害最深的村子，全村 87 个人只有 78 条腿。"为什么要扫雷？就是想还边境人民一片净土，还他们一份安宁。"

在标注着骷髅头的死亡地带，杜富国穿着厚重的防护服，用灵巧的双手一次又一次打败死神。他前后进出雷场 1000 多次，累计作业 300 多天，搬运扫雷爆破筒 15 吨以上，处置各类险情 20 多起，累计排除各类爆炸物 2400 多枚……

"你退后，让我来"

最后遇到的这个"敌人"是一枚 67 式加重手榴弹。此前杜富国已经见过很多次，也亲手排过很多枚。

在收到"查明有无诡计装置"的指令后，杜富国打算进一步探明情况。身为组长的他对组员艾岩说了句"你退后，让我来"，便小心翼翼地清理起弹体周围的浮土。就在艾岩转身走出几步后，身后突然传出一声巨响，随之而来的是一阵强大的冲击波。

"在我的脑海里，只有那么一两秒钟意识，就往艾岩那边倒了一下，后面就记不清了。"爆炸的瞬间，杜富国倒向了战友那一侧，挡住了部分爆炸物的冲击，两三米外的艾岩仅受了皮外伤。近距离的爆炸让艾岩的耳朵受到强烈刺激，他什么都听不见，只看见杜富国脸上血肉模糊，两只手已经没有了。当其他战友赶来救援时，看到杜富国斜躺在地上，身上的防护服被炸成了棉絮状，头盔护镜也被炸裂。

分队长张波从30多米远的地方跑来，用对讲机重复呼喊"医生"和"担架"两个词。张波感觉到杜富国十分痛苦，"他没有叫，咬着牙，但身体在轻微地颤抖"。这次意外发生后，张波全身麻木，只要一看到杜富国眼泪就忍不住，"他是我带出来的兵"。

事后回想起来，杜富国总是提到"下意识"这个词。身为组长，让战友退后自己面对危险，这是下意识；爆炸瞬间，他倒向战友一侧，也是下意识。他说："如果有危险，与其伤两个，还不如伤我一个。"战友艾岩坦言："如果没有他，也不会有今天的我。"

杜富国受伤后，由于眼睛玻璃体已经破碎，没有恢复的可能，为避免发生感染，对身体造成更大的威胁，医生只能选择摘除眼球。在不知道伤情时，杜富国跟分队长再次提出了出征的申请："队长，我的手能不能不要截肢？以后我还要接着扫雷。你能不能拿点牛奶、鸡蛋、肉给我吃，我想吃了以后多长点肉，把手上的肉赶紧长起来。"

杜富国负伤后的第一个月，医生、家人和部队担心影响康复进程，没敢告诉他双眼眼球已经被摘除的事。直到一个多月后，趁着有人探望，才把真实伤情告诉他。那一刻，杜富国反而表现得非常平静，医院准备的好几套心理疏导方案都没用上，他反过来还安慰别人。

躺在病床上，杜富国依然在考虑身边亲人和战友的感受。他不愿，也不能表现出失落的样子，因为担心其他人会跟着伤心。"凡事都有两面性，做好最充分的准备和最坏的打算，既然不能改变，那就只有去调节适应，对吧？"

病房里也是英雄

受伤后，杜富国的体重一下子掉了20多斤。为了尽快恢复，他天天逼自己吃有营养的东西，希望尽快把身体补回来，"我原来 150 斤，现在还是吃胖了一点才长到 130 斤"。

负伤一个月后，杜富国开始出现严重的幻觉痛，他有时候感觉自己的手还在，偶尔某个手指头会动一下，痛一下。"这种痛就是一种折磨，稍微不注意就会出现。"但身体再痛，杜富国也会在别人面前表现得很坚强，他的乐观远超人们想象。

杜富国的病房里总是笑声不断，他和妻子王静跟护士小叶开玩笑："你不是说要带我们去你们老家玩吗？"小叶笑着说："好啊，我随时有空！"杜富国立马跟了一句"我也随时有空"。一次伤口清洁就在这样轻松的聊天中结束。春节前，护士们送来一对毛绒玩具猪，摆在桌子上很是好看。窗玻璃也贴上了大红的"福"字，病房虽小，却很有过年的氛围在。

直到今天，杜富国的眼睛内仍有异物存留。他每天需要滴三次眼药水，换一遍药。看护士操作几次后，王静很快就学会了这些流程。现在，这两项工作基本上是她在做。冰凉的药水落入伤眼中会有些难受，杜富国忍不住发出呻吟声。

手榴弹的弹片在杜富国的脖子上撕开了一个口子，那道疤痕像条虫子一样趴在他的脖子上。为了祛疤，杜富国需要定期打美容针。每次打针前，王静都会特意将音响打开，放起音乐舒缓气氛。细细的针头要在疤痕部位反复扎进去几十次，针头抽出来，经常会有血珠渗出。记者在一旁看得心里直发怵，王静心疼地哄着丈夫："吃颗糖，吃糖就不痛喽。"

战友张鹏从云南一直跟到重庆，陪护了杜富国两个多月。春节前，他刚刚办完婚礼，婚礼结束后又带着妻子回到医院，与另外一位战友轮流陪护杜富国。有了他们的陪伴，杜富国在病房里不会感到孤独。

杜富国负伤后，有人送来智能音箱，有人给他寄信，有人为他写歌，杜富国无不感动。"我觉得今后一定要活得更加坚强、更加阳光、更加快乐，这才是对他们最大的回报。"

为了让病房里的日子充实一点，杜富国收听《三国演义》，学唱《你是我的眼》；医生在他的断臂上系上沙袋，他坚持通过锻炼恢复肌肉功能；上肢康复训练后，他还要去跑步，规定的 20 分钟跑完了，杜富国不过瘾，笑着央求医生"再跑 10 分钟嘛"……

有人听说杜富国想当播音员，于是工作之余自发为他教授普通话。杜富国希望能用声音将扫雷大队的故事讲给更多人听。那里洒有他的热血，更有他的战友。

从长兄到好兵

春节前，杜富国的父亲杜俊从老家带来了很多家乡美味。绿豆粉、腊肉、香肠，儿子爱吃的东西一样不少。杜富国的母亲李合兰平时住在医院提供的临时住所，春节那天，她为儿子儿媳做了一顿丰盛的家乡菜。

2010 年，杜富国从老家贵州湄潭报名参军。当兵快满 4 年的时候，他才第一次回家过春节。母亲依稀记得当时的情景："富国回家看到弟弟妹妹都长大了，很高兴。那身漂亮的军装，兄妹几个轮流穿在身上照镜子。"也是在那个时候，弟弟富强告诉哥哥，他也有了参军的打算。几年后，杜富强果真入伍，成为驻守在西藏高原的一名边防兵。

对孩子们的选择，李合兰从来都很支持，"只要是正确的，有意义的"。在这位母亲眼中，自家的孩子个个都很勤劳，尤其是老大富国，很能吃苦。"家里经济条件有限，富国初中毕业后就去打工，早早地学会了修理的手艺。"杜富强记得，有一次维修工程机械，哥哥从晚上 8 点忙到第二天早上 8 点，回到家时全身满是油污。

到了部队，杜富国依然保持着这股子劲儿。张鹏告诉记者，杜富国平时在部队总爱收拾别人不要的小物件，经过一番修理，往往能在日后发挥用处。雷场上，杜富国是携带工具最全的人，只要有人缺东西，找他总能拿到。

"在他还是义务兵的时候,我去部队探望过一次,当时部队领导对他的评价很好。"李合兰对记者说。后来到了边境雷区,杜富国才在电话里告诉父母自己调到扫雷大队的事。父母一如既往地支持,只是提醒他一定要注意安全。

　　2015年,扫雷大队在云南马关县集中培训学习,杜俊去看望儿子,见面时发现他正捧着书学习排雷知识。杜富国告诉父亲,"这是学来保命的"。刚到部队时,他的文化底子薄,考试经常排名倒数,但后来硬是赶了上来,从32分变为能考到99分的训练尖兵。

　　"优秀的战士,并不是天生的,而是在学习和实践中形成的。"杜富国的笔记本上记着这句话。他将十字交叉探雷法优化后教给战友,大大提高了作业效率。他还熟练掌握了听声辨物法,通过声音就能够辨别出十几种地雷的种类和型号。凭借精湛的排雷技术,他成为所在扫雷大队第一个排除反坦克地雷的战士,也是扫雷四队组建后发展的第一批党员。

　　在雷场上人工搜排时,通常是两个人一组配合作业。艾岩就是和杜富国一起配合了两年的老搭档。一旦遇到比较危险的排雷任务,杜富国永远是冲在前面。他那句"你退后,让我来",看上去是"抢"走了艾岩的扫雷机会,实则将危险全部揽到自己面前。

一个震撼人心的军礼

　　世界排雷专家普遍认为,能把一个雷场中70%的雷障清除掉就是成功的。但云南排雷大队的官兵们却不以此为标准,他们要做的是将雷障100%清除干净。为了让老百姓放心耕作,每次扫雷任务结束,官兵们总是手拉着手,一步一个脚印,连成队从原来的雷区上方走过。这项传统并非明文规定,而是扫雷大队从2015年第一次作业就自发进行的一项固定动作。

　　一名排雷兵全身的装备加起来有30多斤重。光是一只防爆靴就有2公斤。近距离爆炸时,即使穿着防护服,也很难抵挡住爆炸的强大冲击。但如果穿上防护性能更好、更厚重的排爆服，战士们又无法很好地进行作业。

云南雷场的情况也非常复杂，可谓"山高、坡陡、林密"。当地人不敢上山，牛羊也不敢往山上放，一不注意就有可能被炸到。由于雨季漫长，地雷容易被冲到其他地方，即便是自家种了十几年的庄稼地也不安全，不知道什么时候地雷会从哪里冒出来。扫雷战士们就是在这样的危险中，一点点将爆炸物从地下挖出来。

一次，杜富国和战友唐士杰在排雷时扫出4枚火箭弹，之后又传来10多处报警音。杜富国让战友退到50米之外，自己小心翼翼地开始作业。一上午的时间，他就排除了20余枚火箭弹和8枚地雷。由于天气炎热，防护服捂在身上很容易出汗，杜富国的迷彩服几乎没有干过。为了提高工作效率，杜富国每次上山都坚持背2箱扫雷爆破筒。这样算来，他身上的负重至少达到了120斤。

因为吃苦耐劳，一到雷场就停不下来，杜富国被扫雷队的战友们送了个外号"雷场小马达"。轮到他留在营地保障时，他依然坚持上雷场，一天也不愿意歇。报名来到扫雷大队之前，杜富国就抱定一个想法："当兵就应该上前线。"

在陆军首届"四有"新时代革命军人标兵颁奖仪式上，杜富国对再次奔赴排雷一线的战友说："对不起！原谅我再也没有办法跟你们一起扫雷了，请替我继续完成任务。向你们致敬，我等着你们胜利归来！"说完，他举起残缺的右臂，敬了一个震撼人心的军礼。

（文/祖一飞）

"辽宁号"航母的女舵手徐玲：
"旱鸭子"成女水兵，掌舵航母过七载

徐玲，1988年生于江苏盱眙，2005年入伍，曾参加新中国成立60周年阅兵式，中国海军首批舰艇女兵。2010年，徐玲驾驶"和平方舟"号医院船赴亚丁湾及亚非5国执行"和谐使命-2010医疗服务"任务，同年成为中国首艘航空母舰辽宁舰的女舵手，于2013年退役。

> 开航母时，就是执行命令，部队不允许任何违抗。
> ——徐玲

徐玲的小腿上有许多大大小小的疤痕，这些是她的"航母印"。她在海军部队当兵时，曾是辽宁舰的女舵手。舰上有3000多个舱室，每个舱室过道上都有一个高25厘米左右的门槛，徐玲出紧急任务来回跑动，经常磕到门槛上，一急就磕出血，留下了疤痕。

辽宁舰的全称是中国人民解放军海军"辽宁号"航空母舰，是中国首艘服役的航空母舰，起初由乌克兰建造而成，后在中国辽宁省进行改造，得名辽宁舰。

2019年8月，央视《老兵，你好》节目播出对徐玲的采访，《人民日报》等纷纷报道她的事迹，徐玲进入大众视野，还成了家乡的小名人。退役后的徐

玲回到家乡江苏省淮安市盱眙县，在地方海事处当一名普通的办事员。这里紧靠淮河，2020年1月6日这天下起了大暴雨，河面升起浓浓的雾气，徐玲领着记者来到一条靠岸的趸（音同盹）船上。甲板湿漉漉的，我们两人踮着脚，小心翼翼地跳上执法艇。徐玲站在甲板上，指了指远方："淮河有小舟、小艇，我把它们当军舰，也是对海的一种依恋吧。"

熟记3000多个舱室的位置

辽宁舰重达6万吨，以前掌舵的均是男兵。近些年，我国海军实力不断增强，"舰艇出海就跟下饺子一样"，于2009年底有了舰艇女兵，徐玲就是其中之一。一次出海护航，徐玲和其他女水兵上船，首长让她们选择想负责的项目，有人选通信、有人选雷达、有人选报务。徐玲走进船舱，第一眼就看到了深棕色的操舵盘："首长，我可不可以开船？"首长笑笑说："可能不行，历史上还没有女的开船。""可我想做这个（第一个）开船的，行不行？"首长同意让徐玲试试，她便开始了航母舵手的训练和考核。

第一项就是找舱室。辽宁舰有十几层，每层只有一两个出口，分布于各层的上百个舱室，舵手必须对出口的位置烂熟于心。考官从3000多个舱室中选出5个，在房间里放东西，让徐玲在半小时内找出来。"舱室长得都差不多，我方向感很差，一开始真是摸不着头脑。"徐玲就用土办法，多跑站位，每天执勤结束就上楼看舱室，几个月下来，记下了3000多个舱室的位置和每层的出口。除此之外，徐玲还学习损管：当航母触礁、船身破损时，在第一时间补洞、补漏。半年后，徐玲完成舵手考核，成为中国历史上第一位航空母舰女舵手。

当时，她走进操作室，旁边都是男兵，"以前没有女兵开航母，在船上做事干活，遇到女孩子也会避让，大家还不太习惯我的出现"。徐玲回忆，男兵看着她问："你来开船？"徐玲笑笑："是啊，来学习。"就坐上驾驶座琢磨起操舵盘。

如果是汽车，往一边打方向盘，就会移过去，但在水上，船只惯性很大，就算往回打，它还是往原来的方向转。"所以开航母，最难的就是控制方向，船这么大，好几千条人命在我手上，方向绝对不能偏离一丝一毫。"

在辽宁舰上，徐玲见证了航母的每一次试验试航和舰载机的第一次着舰。一次导弹试发时，刚好是她掌舵。当时导弹轰鸣，一颗颗发出去，每发一次，徐玲的脚板就颤抖数秒，"有种万箭齐发的感觉，脚底麻酥酥的，仿佛穿越到战争年代"。

航母官兵中不少人有个职业病：紫外线过敏。白天，战机在航母甲板上起飞，因此不允许船员上甲板，"官兵都待在'船肚子'里，到了傍晚才可以上（甲板），那时太阳已经落下，所以出海的日子，几乎接触不到阳光"。一旦突然见到日光，徐玲的皮肤受不了紫外线，很快就起了许多红色小斑点。

徐玲熟练掌舵辽宁舰后，海军部队认可了女兵在船上生活工作的能力。这使得近年来航母逐渐出现了女舵手，如今辽宁舰的女舵手来自新疆，是名哈萨克族姑娘，而且还是一名"95"后。

绑在铁轮里抗眩晕，"旱鸭子"成女水兵

2009年10月1日，徐玲在烈日下走过了长安街。她作为三军女兵参与了庆祝中华人民共和国成立60周年的阅兵式。此前，还是海军通信兵的徐玲进入阅兵村，与300多名女战友进行长达一年的阅兵训练。那时，地表温度高达四五十摄氏度，徐玲的脸上有蚊虫叮咬，也不能动。晚上训练结束，她打电话给母亲："妈妈，我快撑不下去了。"母亲说："累了可以休息，皮破了可以再长，但为国争光的机会不多。"然后就挂了电话。后来徐玲才知道，母亲挂了电话后哭了好久。

海军通信兵是徐玲入伍后的第一份工作，每天打几十个电话，与在各个海

岛的官兵通话，检验电话的信号是否正常，保证海军通信顺畅，"那个工作很简单，就是打电话"。那时，她常想象大海，"好蓝、好广阔，我想如果没出过海，海军就白当了"。2009年大阅兵结束后不久，海军选调女舰员，徐玲立刻报名，因身体条件等优异成功入选，成为中国海军首批舰艇女兵。

如愿以偿出海的徐玲，最先感受到的却是可怕。徐玲入伍前在南京体育大学读自行车专业，每天至少骑100公里，擅长骑行越野，得过全国第八名，却从没碰过水。她当了女舰员，得先学游泳。班长把绳子系在她腰上，推她下水。徐玲不会游泳，在水里挣扎，大口喝水，喝饱了，班长把她拉上来。"我把水吐了，班长又把我推下去。人有求生的本能，几个来回就会（游泳）了。"

可怕的还有晕吐。徐玲上了船，晕得很厉害，便开始进行抗眩晕训练。她站进一个大铁轮里，手脚均绑在轮子边上，班长转动轮轴，让铁轮转起来，"就像马戏团的表演"。第一次转了两圈，徐玲感到天旋地转，从轮子上下来，双腿跪地，"五脏六腑都要爆炸了"，然后增加圈数，10圈、20圈……最后能连续转10分钟。

等到上了船，徐玲发现，抗眩晕训练和实战是两码事。在铁轮里是一个方向地转，出海后是上下左右360度地晃，"我的心猛地上去，再下来，像坐过山车"。她吃米饭，被船晃几下就吐出来，但必须吃饭，才有力气，就再往嘴巴里塞。晚上睡觉，船身遇到海浪撞击，熟睡的她常被海浪"踢"下床，身体狠狠撞上对面床的栏杆。

2010年，徐玲首次掌舵，驾驶"和平方舟"号医院船赴亚丁湾。驶入亚丁湾之前，船遇到了海口，海浪特别急，整艘船剧烈震荡。徐玲忍不住晕吐，便在耳朵上挂了个塑料袋，边吐边开，但双手紧握操舵盘，即便青筋暴起，也不曾松手。这样开了一周，总算过了这个海口。

医院船驶出海口的那一刹那，世界仿佛静止了。徐玲眼前是一片泛着光的海面，静悄悄的，像幅画。进入亚丁湾，海面上出现一团灰色，定睛一看，是海豚。深蓝色的大海包裹着灰色的海豚，徐玲看呆了。自那之后，她不再晕船了。

开"三甲医院船",谈"海上恋爱"

"和平方舟"号是中国自行设计建造的首艘万吨级大型专业医院船,搭载的不少医疗设施达到三甲医院的水平。它2008年入列,已航行24万余海里,到访过43个国家和地区,为至少23万人提供了医疗服务,被称为"流动的海上三甲医院"。2019年底,中宣部授予它"时代楷模"称号。

徐玲开着医院船,每到一个国家待一周到半个月,让医疗队给当地人进行医疗救助,"白内障手术对中国医生来说并不难,但在非洲国家则是非常大的手术。那段时间,医生一天要做上百台手术"。

让徐玲印象深刻的一个国家是肯尼亚。她记得,在那里,周五下午就开始放假,路边全是杧果树,河里有许多海胆。肯尼亚的蚊虫很多,当地人特别喜欢徐玲和同事随身携带的清凉油和风油精,"我们还可以拿它们换当地的商品,作为货币使用"。服役期间,每当压力大或心情不好时,徐玲就上甲板,望望大海,"感觉再大的事,也不可能比海更大,心就平静下来了"。

大海还给她带来了一位爱人。2010年,徐玲结束"和平方舟"号的执勤任务,回国到舟山为医院船进行补给,结识了另一个部队的护航班长张标。张标曾4次去索马里护航,立过二等功。两人领着各自带的士兵上岸购买物品,一段时间后变得熟络,很聊得来,开始谈恋爱。但确定关系的第二天,徐玲就回到大连,之后被选中进入辽宁舰,张标则留在舟山。此后4年里,徐玲和张标几乎只能通过电话联系。谁出海了,就用海上卫星电话打给对方,在陆地上的那个人只能等,"手机不能没电,每次它响了,我就很激动,猜是不是他"。

谈"海上恋爱"期间,徐玲和张标只见过几次,其中一次是徐玲生病。在辽宁舰服役期间,徐玲经常小腹痛疼,有一次疼得在地上打滚,被紧急送往部队医院。医生告知,她因工作强度太大,导致输卵管积水、蒂扭转,供血不足，十分危急，必须切除一侧的输卵管，但生育概率只剩一半。徐玲无奈，做了手术。第二天，张标从舟山赶来，手里拎着一口高压锅进门，和徐玲聊了几句，就离开了。过了一会儿，张标拎着两只煺了毛的老母鸡进门："给你炖鸡汤。"那一刻，徐玲决定，非张标不嫁。徐玲退役后，与张标在淮河边举行了婚礼。

"家长里短"都关乎国家建设

2013年，徐玲从海军退役。一些军中姐妹退役后，有的做生意，有的到企业上班，基本没人做与大海相关的工作，"就怕触景生情，太伤感了"。但徐玲离不开大海，主动申请到盱眙的海事处当办事员。"这里虽然没有海，但有淮河，总能让我想起大海。"每天清晨，徐玲一到海事处，要先到淮河边，看看船、看看水，才进办公室。

徐玲的办公室有十几个大屏幕，便于她实时监测淮河流域来往的船只是否超载；船舶碰撞，要跟同事们一起打捞船舶；船之间"打架"了，船长争吵谁先撞到谁，徐玲也要前去调解。最棘手的是与渔民打交道。有的渔民经常拉网，影响船舶正常通行，徐玲让他们撤网，但渔民不听，有时候一着急，会说脏话，甚至抄起家伙要打架。最后没办法，徐玲和同事就与渔民谈补偿条件，让他们撤掉渔网，保证淮河水域航道的安全。

"那阵子，我的脑袋常是蒙的。我就是不明白，这么清晰的问题，规定写在那里了，不能拉网，我使劲跟他讲，为什么他就是不明白？"以前在部队，徐玲的工作习惯是执行领导下达的指令，退役后到地方，困于事务细节，第一年，她差点得了抑郁症。

想不明白的时候，她就像曾经在部队那样，上甲板望望水面。"后来我想通了，站在渔民的角度想，他们以捕鱼为生，渔网就是饭碗，是生活中极其重要的经济来源。你把人家饭碗给砸了，他们肯定是要跟你理论、拼命的。"慢慢地，徐玲解开了心结，之后再遇到拉网的渔民，就耐心和他们讲，直到对方明白规定。后来，有的人不小心拉网了，还会主动过来接受惩罚。

"以前是雷厉风行，现在要柔声细语，"徐玲告诉记者，"开航母时，就是执行命令，部队不允许任何违抗。但到了地方，做任何事情都要自己思考，找到最合适的表达方法，让对方能接受执法者的惩罚和建议。"

水域之于徐玲，并不只是自然现象。退役后，徐玲每天都会留意海军船舰的新闻。当记者提到"和平方舟"号，她就兴奋地说："它获得过'时代楷模'称号，是和平使者。"令徐玲欣慰的是，中国海军从浅蓝到深蓝，如今已走向了全世界。"当兵时了解到中国海域的历史，知道中国的海上权益一度遭到侵害。我们发展壮大，争取了属于自己的权益。浅蓝就是内陆海，深蓝是外海，比如印度洋、大西洋，现在，我们的舰艇走向了全世界，而大海承载着民族、国家的历史，因而对我有更深厚的意义。"

也因对水域的理解，如今天天与淮河为伴的徐玲，对地方工作有了新体会，"看似处理小流域的日常琐事，好像'家长里短'，但事无大小，都是国家建设的点滴"。

农历新年快到了，徐玲有个新愿望："如果日后有机会，我想二次入伍，再次成为一名中国海军女兵。"

（文/陈霖）

"朱日和之狼"满广志：
要求严格，让全旅官兵心里发毛

满广志，1974年出生在山东临沂，1992年9月入伍，现任中部战区某合成旅旅长，大校军衔，曾获得"时代楷模"荣誉称号。满广志所在部队有中国第一蓝军旅之称，2019年初获得"全军备战标兵单位"荣誉称号，他代表部队受到中共中央总书记、国家主席、中央军委主席习近平的接见。

> 训练场多担一点风险，打胜仗就多一分保险。
>
> ——满广志

2019年4月，联系好满广志的采访后，记者带着满脑子的问号去了内蒙古。南方已是草长莺飞的季节，这里却还是一眼望不到头的枯黄草地，前几天才下过的大雪残留着一些痕迹，呼呼的北风打在脸上像冰刀一样刺骨。朱日和训练基地就在这荒凉边地，外围20公里内不见人烟。

我们做好了充足的心理建设：在这种艰苦环境下带兵、保持不败战绩的中国第一专业蓝军旅旅长满广志，肯定是冷峻严肃的。但是，所有想象在4天的采访中都被解构了。从带兵训练到对抗演习，从驻扎边地到走红网络，从军旅生活到家庭生活，不同维度的观察和交流呈现给我们的，是一个思想饱满、情感丰富的满广志，亲切而真实，专业又可爱。

旅长的秒表，每个班一块

训练场上不怒自威的满广志，在采访中竟然有些拘谨和腼腆。他身形壮实，因为常年在大漠练兵，两颊有大块晒斑，整张脸也被晒得黑红。即便这样，面对摄影记者的镜头，仍然能看出他会脸红，然后就笑着给自己打圆场："这可比拍婚纱照还难。"

就是这个在我们镜头前局促的人，创下了"跨越－朱日和"演习中的不败奇迹。

火炮技师于辉第一次见到满广志是在装甲车里。那还是2015年，休完假回旅队的于辉听说来了个新旅长，名字叫满广志。他错过了任职命令宣布大会，没见过满广志，也没在意，觉得旅队主官和自己距离太远，没见过就没见过吧。

营里有一天进行模拟训练，于辉的模拟身份是代理排长，带着8名战士在一台装甲车上待命。突然一辆副团级用车开过来，下来一人上了装甲车，详细询问打击效果、进攻路线、转移路线等，于辉一一作答，留意了一下对方的军衔，是大校。等这人走了后，于辉向连长报告，才知道这就是满广志。他当时就觉得新旅长精力充沛，没有架子，"坐一个这么普通的车，整天在训练场里转"，同时感觉到压力，"要求很严"。

这个随时都会出现在训练场的旅长，因为要求严格，让全旅士官"心里发毛"。他们编了顺口溜暗中传唱：2015演习场，来了一位满旅长，天天奔赴训练场，各个小点都不放。但于辉更爱给新兵讲"旅长秒表"的故事，借此强调旅队要求之严。"那是满旅长发给我们的第一样东西，每个班一块秒表，在所有能计时的训练中都要用秒表卡秒数。"他手里就有这块秒表。

合成一营营长王金也领到一块，那简直是魔鬼训练的代名词。有一次满广志掐着秒表抓坦克射击训练，在一块仅长 1.5 公里的冲击区域，要求在指定时间内打出指定波次，即便是射击成绩最好的炮手也认为这是不可能完成的任务。但满广志眼里没有不可能，他给每台车的车长、炮长、驾驶员一人一块秒表，自己也坐进坦克，从发车、击发到完成任务，每一步都精确地卡时间，反复训练，最后达成了训练目标。王金还记得有一次体能考核，考到跑步项目，他拿着秒表站在终点线前半米远的地方计时。满广志来了训练场，"把我咔溜一下提到终点线上，说你就站在这儿计时，远了就不准了"。王金是个大个子，比满广志更高更壮，但说起自家旅长，脸上写满"服气"。

上任不到 3 个月，就开始了第一场演习

2015 年 2 月，满广志接到一纸调令，要他一个月后去驻扎在朱日和基地的某旅报到。这是中国第一专业蓝军旅，而朱日和是他相当熟悉的地方。那些年，部队每年都有 3—5 个月在朱日和驻训，他经常枕着大漠的星星入睡。2008 年，满广志在北京军区某团任参谋长时，还以模拟蓝军的身份在朱日和参加过演习。另一年，满广志任某团团长时，又在朱日和参加了一次代号为"野狼"的实兵演习，现场有来自 36 个国家的 100 多名军官观摩。结束后，德军第 10 装甲师师长马库斯·本特勒断定："未来战场谁碰上这支部队都是碰上可怕的对手。"

军令如山，满广志收拾几件简单的行装，把自认为用得着的书捆扎好，就上了送他去朱日和的面包车。他不知道，旅队官兵因此有了对他的第一印象——"送旅长来的车里全是书，一捆捆的"。这也带出了旅队的学习氛围，作为蓝军，必须不断充实自己的知识库，拥有迅速研究模拟对象的能力。

不过，满广志没时间去了解各路评价。他 3 月 6 日报到，6 月 1 日就要开始当年的第一场演习，时间紧迫。就在前一年，蓝军旅和红军 7 支旅队进行实兵对抗演习，打出了 6 胜 1 负的成绩，令人瞩目。紧张的时间和上年的成绩叠

加成巨大压力,满广志不得不把办公室当宿舍,白+黑、5+2地运转起来。"你要熟悉部队,了解部队的情况,起码要把各个层级的干部、骨干认全了,同时掌握演习的组织流程、相关要求,对模拟对象进行系统学习……确实是千头万绪的工作,只能把整个人的精力投入进去。"

他一点也不隐藏自己对胜利的渴望,"其实军内反复强调不重输赢,但这毕竟是我第一次作为主要指挥员组织的演习,精神高度紧张,很想赢"。军人的天性显现出来,没有人不想打胜仗。但参加演习的第一支部队就是强敌,是来自南京军区的一线部队。一线部队作风本就扎实,加上2014年底已经接到演习任务的命令,准备充分。在实兵对抗的第二个回合中,蓝军的核心阵地一度被红军控制,双方经过十来个小时的激战,都已经达到极限状态,战场态势胶着。"对方是一个步兵旅,体能素质和战斗素养比我们要强一些。当时情况非常危急,就看谁能坚持到最后,看谁能把最后的兵力组织好运用好。你可能无法体会那种书到用时方恨少、兵到用时方恨少的无力感!"

战场上的重组能力是战斗力的重要方面,满广志举了个简单易懂的例子:"战斗中有战损,比如一个连100个人被打得只剩40个人了,你不能让他们变成散兵游勇,要在短时间内把他们重组起来,攥成一个拳头,那这40个人的战斗力就比100个散兵游勇强。"靠着最后的重组能力,他指挥蓝军夺回核心阵地,赢得了战斗。

来到蓝军旅的第一年,他打出了十战十捷,让参演的红军部队无一不恨得牙痒痒,就此喊出"踏平朱日和,活捉满广志"的口号。

蓝军强,才能"磨"出更强的红军

口号一喊就是好几年,广大网友纷纷大开脑洞,想过各种办法网络支援红军,但有用的不多。比如知乎上有个问题"如何才能活捉满广志",回答要么是"毫无办法""同归于尽"的无奈,要么是"穿越打法""外星人帮忙"之类的打趣。

在2017年的沙场阅兵中，央视记者"活捉"满广志后替广大群众提问："活捉你有可能吗？"他一脸认真地给了全国观众一个答复："目前来说不具备这种可能。红军提出活捉我这个口号，是很难实现的，想活捉我不是那么容易的。当然，将来有这种可能，我也希望有这种可能。"

为什么大家都翘首企盼红军活捉满广志的那天？因为那意味着，经过蓝军"磨刀石"的磨砺，红军变强了！要知道，过去这几年，"磨刀石"实在太狡黠，令红军头疼不已。有一个流传甚广的故事，来自东部战区某合成旅旅长丁炜带领部队参加了"跨越-2016朱日和"演习。"凌晨一点四十分，部队长途奔袭进了朱日和，刚安顿下来，我刚睡着，东南方向枪声大作、灯火通明，负责警戒的副参谋长慌慌张张跑过来告诉我，'旅长快跑，敌人摸进来了'。"结果，这是一招声东击西，丁炜要是真跑，可能就跑进蓝军"口袋"了。当满广志和丁炜在军事节目上复盘这次战斗时，丁炜就"控诉"："他这个偷袭用得还是很多的，我在朱日和11天没吃过一顿好饭、没睡过一个好觉！"满广志笑着承认："我们对红军的集结地域组织了偷袭。人最困的时候，也是最松懈的时候。实际上也是给红军提个醒，进了朱日和基地，就是进了战场。"

事实上，每一次演习都在凌晨开始，一个回合的战斗通常要打到中午或下午，加上演习开始前长时间的战略战术研讨，对体力、耐力都是极大的考验。这也让满广志感叹红军比蓝军更不容易，他对记者说："我们算是以逸待劳，红军进来时有行军上的疲惫，还有对地形的不熟悉，太不容易了。"不过，这些"友好信号"无法消除红军的"恨意"。丁炜在那集军事节目的最后说出了全旅官兵的心声："整个旅的想法很简单，就是还想跟满广志再打一场！"这几乎是所有参加过"跨越-朱日和"演习的红军部队心声。参演部队被打出了血性，被揪出了弱点，全都"磨刀霍霍"。满广志听了笑起来："我们就是磨刀石嘛！"

接到演习任务的红军部队攒足了劲，虽然没能活捉满广志，但在回合战中，倒也成功实施过"斩首"行动。在"跨越-2018朱日和"演习中，有一个回合打城市攻防战，"城市作战地域小，我在指挥所，底下没守住，被红军突入了。红军上来就拿枪打了我，我就'阵亡'了"。不过，那一次红军虽然赢了这个回合的战斗，却输了三场回合战的其余两场，没能在总成绩中战胜蓝军。"其实个人面子和部队输赢不重要，'阵亡'在演习过程中是很常见的，关键还是帮助红军发现平时训练中存在的问题，拉出问题清单，好让他们在以后的训练中有针对性地解决问题。"

从军科院研究生到"六边形旅长"

谁能想到，如今在沙场上所向披靡的满广志，大学毕业时差点进不了基层部队。

1992年，满广志高中毕业，考上国防科技大学指挥自动化专业。他一心想去部队带兵，以为这个专业就是培养带兵打仗的指挥员。入了校，他才搞明白这是个纯技术专业，并不面向全军分配。1996年，大学毕业时，满广志发现自己根本去不了军营，能选择的只有军事院校和科研单位，可这不是自己当初报考军校的初衷啊！有人觉得他傻：去院校或者科研机构难道不比军营好，哪有一心要去基层部队的大学生？

满广志又考了军事科学院的研究生，因为军科院的学生面向全军分配。但在他毕业的1999年，根本没有硕士毕业生要求去基层部队。只有满广志坚持，这股轴劲儿让老师和同学都很费解。2019年，当记者问他为什么会做出这样的选择时，他想了很久，最后憨厚而腼腆地搓了搓手："怎么都问我这个问题？还是人各有志吧，就是一个水到渠成的过程。"

"我考国防科大是想进军营，考军科院也是想进军营，想了那么多年，终于有分到部队的机会了，肯定是要抓住的。"别人觉得苦、觉得大材小用的差事，却是他朝思暮想的机会。

这种异于常人的选择标准只有一个理由，就是对军营的向往。以硕士研究生的身份走进军营容易，但要融入军营、找准自己的位置却不容易。今天战斗力超群的满广志当年也曾经历苦闷与彷徨。"我不是指挥院校科班出身，所以到基层部队后，转型更艰难一些。前三年真是脱胎换骨，从思想上，到知识更新上，包括技能的提高上。一开始也很苦闷，你找不到自己的位置在哪儿，因为你所学非所用，或者所用非所学，最后你感觉你啥也不是。尤其是第一年，特别痛苦，在作训股什么都插不上手，你不了解部队，你不了解装备，你甚至连一些公文办理都不知道，往往漏洞百出、出力不讨好。"

如今，随着军队改革的不断深入，基层部队接纳了越来越多的高学历人才，他们都需要适应新环境，找到自己的位置。满广志的这段经历可以给后来者以启发。

在苦闷中，满广志有过很多思考，他发现，到了基层才能了解部队。"比如说我当了排长，和战士睡在一个房间里，才知道战士的生活是什么样的。他日常的交流、他的心态、他的语言、他对上级要求的一些反应，你只有通过这种零距离接触才能知道。我们朝夕相处嘛，上下铺，10多个人，这才能了解真实想法。后来当了连长，你才知道连队作为一个最基础的建设单位日常是怎么运转的。麻雀虽小也是五脏俱全，有方方面面的工作。这个过程就是理论和实践相结合的过程，慢慢地感悟、领会，才能真正变成自己的东西。"

从基层做起，从班组、连队起步，满广志切身经历过每一个战斗单位的运行，为今天的辉煌战绩奠定了扎实基础。

多年过去，世俗的衡量法则好像从来没有走进满广志的脑海里。从北京的部队调到朱日和，面对荒凉苍茫的北地风光，他的心里也曾有过一丝惆怅。几个月过后，他就觉得朱日和是个好地方，"场地大，能开展很多种训练，内地部队就没我们这条件"。但这个好地方，冬天气温会低到零下39摄氏度，"白毛风"刮起来睡觉都得戴口罩，不然就会冻伤，每年到了5月地面上才开始出现一些零星的绿色。偶尔回北京，满广志却觉得不习惯了，"眼花缭乱的"。

这是一个坚定又憨厚的军人。网友给了他一个"六边形旅长"的称号，评价他攻击、防御、敏捷、谋略、耐久、速度 6 个方面的能力值都是满分，能力评估中详细到"精通十多种主战装备"。记者把这个评价告诉满广志时，他连连摆手："没有没有，精通十几种装备那是不可能的，只能说是有所了解。"他甚至告诉我们，在真正走进军营前，自己连坦克都没见过。直到分到坦克部队，当了一年多作训参谋，转为坦克排排长后，他才真正系统学习坦克操作。

高学历人才在基层部队的优势逐渐显现，战友们惊讶于满广志的学习能力、触类旁通能力、领会能力。后来在数字化师服役时，满广志的名字在装备设计方的工程师中如雷贯耳。因为他总能从实用角度提出需要改进的地方，对设计、原理等都相当熟悉，战车维修人员经常被他问得哑口无言。"这其实是个改进的过程，装备到了部队先试用，发现问题我们反馈给设计方改进，最后定型。现在是部队的常规了。""六边形"能力惊人，满广志却不认为自己有多出奇。

朱日和是一个磨砺人的好地方

记者：这几年在"跨越－朱日和"演习中，哪一个回合是最难打的？

满广志：其实每一场演习都有新特点、新情况，都需要采取新的应对措施，场场都难打。如果非要说一场的话，2018 年的一场临机拉动演习任务，我确实印象还比较深刻。

那次是临时收到演习任务，给我们指定了一个相对陌生的区域，模拟身份、任务地域、对抗规则、兵力对比都是临机决定的，对我们也是一个检验。而且，临时接受任务的红军部队是我们同一个集团军的部队。他们对我们的情况比较了解，过去我们去他们那里交流过，把经验毫无保留地交流给他们了。

演习当天下着雨，是这么多年唯一一场全程在雨中进行的演习。朱日和这个地方比较干燥，很少下雨。那天雨还不小，全程下中雨，对部队的观察、机动和打击效果都有影响。过去没有遇到过，对双方都是考验，这一场相对于其他场演习确实更难一些。不过，下雨带来的复杂环境，是可遇不可求的，这是件好事。这一场打了差不多半天，从凌晨打到中午，草原泥泞，根本看不出路，双方都到极限了。

记者：这一场的输赢怎么样？

满广志：其实这两年不讲输赢了，都是看战损，主要是拉问题清单。从战损来看，我们的情况好一点。但赢不是目的，目的是检验部队、磨砺部队，在过程中发现问题，最终解决问题，提高部队战斗力，是这么个逻辑。

记者：有资料提到2016年的演习中，有一支红军部队打得成绩不好，就直接在朱日和驻训，后来打了一场加时赛。

满广志：有这个情况。当时还是受一些思维定式的影响，没有达到演习的预期效果，没有达到检验和磨砺的效果。他们就向所在战区的首长请示，说这么远来一趟不容易，感觉部队的整体协调能力还有差距，朱日和的场地又很好，希望驻一段时间，把整体协同训练提高提高。最后再组织一场演习检验，就是一个加时赛。

他们驻训了一个月，真是知耻而后勇。因为他们原来的驻训地确确实实没有条件搞整体协调训练，没有这么大的场地。这一个月，他们就练自下而上、逐级合成，逐级形成战斗力，从班组到连排到整旅，又进一步熟悉地形，练得非常扎实。后来到9月，所有的演习都结束了，和他们专门搞了一场阵地攻防战，明显感觉红军攻击能力有了大幅度提升。最后得出的结论就是，部队训和不训，确实不一样。部队是训出来的，战斗力是靠时间、资源拼出来的。

"跨越"演习就是要达到在哪里失败就在哪里站起来的效果。演习结束以后，双方指挥员会搞复盘研讨，面对面地讨论当时败在什么地方，为什么，经验是什么，教训是什么。这些来参加演习的部队，两到三年才搞这么一次，对部队的整体建设水平、战斗力建设水平都是一个检验，他们有想赢的思想是可以理解的。

记者：朱日和的主战装备也备受关注，现在主要是哪些装备呢？

满广志：我们是在一般部队装备的基础上略有倾斜。2015 年之前，我们以一代装备为主，59 坦克、63 式步战车等都是一代装备。从 2015 年开始，按陆军机械化建设的整体规划，逐步换装了三代装备。目前是以三代装备为主体，像参加过国庆阅兵的 96A 坦克，大家都比较了解；再就是 04A 步战车，在 2009 年阅兵中就亮过相。我们目前的主战装备都是在九三阅兵和沙场阅兵上公开亮相过的，没什么神秘可言，也没什么特殊性。

记者：和我们具体说一说朱日和这个场地的好处吧。

满广志：从业务角度、部队建设角度来讲，朱日和是一个练兵的好地方，一个磨砺人的好地方。场区面积大、地形条件好，便于部队展开各种训练，从专业基础一直到部队的整体合成训练，都能完全展开。

记者：家里人来过朱日和吗？他们觉得朱日和的条件怎么样？

满广志：来过，他们也能适应这里。家属过来一般是天气比较好的时候，他们都没有见过真正恶劣的环境。沙尘暴、白毛风，这种环境下我们的战士都还坚持训练。我们拍过照片，眼睫毛都是白的，非常冷，手不能伸出去。2019 年 3 月 1 日，零下 11 摄氏度，我把部队给逼出去训练了，晚上住帐篷，睡袋、被子、大衣都裹上了，还是特别冷。4 月，进入朱日和的黄金期了，一年里头能有半年黄金期。夏天来的人其实体会不到朱日和的荒凉。

记者：你驻守朱日和后，很少能回家，家里人会有怨言吗？

满广志：肯定抱怨，这个是难免的。但我不是个例，大部分官兵都这样，聚少离多，我适应了，家里人也适应了，但这种适应的确是建立在亏欠家庭基础上的。

记者：回部队的时候，您的儿子是什么反应？

满广志：他小时候都是拦在门口，不让我走。但现在他长大了，我回部队他就不拦了，说习惯了。反而是我很失落。我没能陪着他成长，慢慢地就变成了一个旁观者的角色。他和我沟通得少，有时打电话过去在写作业，就说"忙着呢"。我的失落感慢慢增加，但又不能批评他，因为觉得自己都没有资格去批评他。而且我一说他，爱人也不同意，说"那你来管"，一句话就给噎死了。

记者：你怎么看待自己在网络上的走红？

满广志：我觉得跟我没有关系。你只是干了你该干的事，别人怎么评、怎么说、怎么看，没必要过多地关注和迎合，不能看得太重，就是该干吗干吗。包括我接受采访，也是接受任务。干好本职工作更重要。

记者：听有的战士说，来朱日和几年都没看您笑过，要是个人得了个什么奖也面无表情。但2019年1月，从北京领了一个部队的荣誉回来，您笑了一路。

满广志：是"全军备战标兵单位"的荣誉称号，2019年1月去北京参加了大会。能够得到这个荣誉很意外、很高兴，我还代表部队受到了习近平主席的接见，这是对我们几代蓝军旅人的肯定。当时我回来，一进营门，战友们还给我献花，挺不好意思的，内心也的确高兴。

（文／张丹丹　王可可　陈进）

"中国舰载机之父"罗阳：
用生命最后一刻，守护歼-15的首次飞

罗阳（1961年6月29日—2012年11月25日），辽宁沈阳人，毕业于北京航空航天大学飞机设计专业，高级工程师，曾任歼-15舰载机工程总指挥，沈阳飞机工业（集团）有限公司董事长、总经理、党委副书记。1999年，罗阳享受政府特殊津贴。2013年，罗阳获得"感动中国2012年度人物"。2019年9月25日，荣获"最美奋斗者"个人称号。

> *航空报国是使命而不是荣誉。*
>
> *——罗阳*

2012年11月25日，歼-15舰载机在航母成功完成起降训练，负责该机研发的沈飞集团（沈阳飞机工业集团有限公司）工作人员还没来得及好好庆祝，一个噩耗就传来——他们的董事长、歼-15研制现场总指挥罗阳突发心脏病去世。

下舰时只有握手的力气

对于罗阳的离世，与他一起工作过的、沈阳飞机设计研究所党委书记褚晓文至今仍很悲痛。他语调低沉地告诉记者："18号他上舰时，我们就在一起工作，20号我提前下舰，再见面就是25号，我带人去迎接他们，谁能想到会成现在这样？"18日与罗阳交接完工作下舰的沈飞集团党委书记谢根华也十分悲痛。"那天，我向他交代了舰上的各种生活设施情况，还相约等起降成功，回来一起喝庆功酒，没想到……"谢根华还记得25日那天，看到歼-15成功起降，整个沈飞集团沉浸在胜利的喜悦中。谢根华跟同事们早早来到码头，迎接罗阳等人的凯旋。8时30分，当航母离岸边越来越近时，大家都激动地挥手，甲板上却没有罗阳的身影，"当时我就有点担心"。9时4分，终于看到罗阳下了舰，谢根华悬着的心刚放下，准备和他庆祝时，罗阳却连拥抱的力气都没有，只是与大家握了握手，就准备离开。"我问他是不是不舒服？他疲惫地笑了一下，说有点累了，就上车了。"谢根华说。

不一会儿，罗阳让人转告谢根华，说自己不舒服，让他代表参加晚上的庆功宴会，"在这个时候，罗阳说出'不舒服'，情况一定不妙"。谢根华匆忙赶到罗阳的房间，看他横躺在床上，表情非常痛苦。"我问他，哪里不舒服？他只说：心脏难受。"谢根华马上联系医院。而就在送往医院的过程中，罗阳的病情突然恶化，呼吸变得很困难。此后，经过3个多小时的抢救，医生还是没能把罗阳从死神手中拉回来。11月25日12时48分，因心肌梗死、心源性猝死，罗阳不幸去世，年仅51岁。听到消息赶到医院的褚晓文完全接受不了这个事实："他平时身体很好，在舰上他只觉得有些累，也没有什么征兆，没想到这么严重。"

他是特别顾全大局的人

罗阳把一生都献给了中国的航空事业。在高中时，他就把航空事业作为理想。1978年，罗阳考入北京航空航天大学，向自己的理想迈出坚实的一步。

据罗阳大学时代的系团总支书记郑彦良回忆，当时罗阳是班上年龄最小的，但在学习上却是个拼命三郎，除夕夜还在教室看书；作为体育委员，他总是热心组织各种比赛，其所在班的排球队打遍北航无敌手。如今，这个班的许多学生都担任了国防工业的领导干部。不过，在同学们看来，罗阳总是很忙，连校庆聚会，都匆匆见个面就走。郑彦良告诉记者，现在最后悔的是没能去沈飞集团看看罗阳。"他好几次邀请我去，我总觉得他那么忙，去了不是添乱吗？"而如今，这却成了他最大的遗憾。

1982年，罗阳毕业后被分配到中航工业沈阳飞机设计研究所做设计员，先后担任九室党支部副书记、副主任，组织部副部长、部长，党委副书记，党委书记兼副所长。2002年，罗阳被平调到沈飞集团。有人这样概括他在沈飞的人生："前20年研发飞机，后10年制造飞机。"从当初简单仿制苏联米格战机，到成功自主研发歼-15，他一直在自己的岗位上兢兢业业。褚晓文告诉记者："他对事业很热爱，很忠诚；他的工作态度非常认真、严谨；他是一个特别顾全大局的人，非常尊重团队合作，他所在的是研发团队，我所属的是设计团队，在整个合作过程中他非常注重相互配合、包容、理解，在协调方面做了大量的工作。"

在下属眼中，罗阳是个"特别纯粹的"领导：不吸烟、不爱喝酒、不爱应酬；但对于公司的事务很细致，常会提出自己的想法，"敢拍板"；对员工很亲切，总是主动和大家打招呼。"罗总啊眼睛小，总是一笑起来眼睛就没了，但是很温暖。"一位女员工说。

中国航空工业因为行业性质的特殊，曾经历过低谷。20世纪80年代沈飞最困难的时候，一年只有4架飞机订单，最终不得不生产洗衣机、电冰箱来"补贴"，工资更是低得可怜，很多人便离开这里"下海"挣钱，但罗阳却始终坚守着，他经常对同事们说："我们干了这件事，总不能半途而废。"褚晓文说:"我们那一代人,都有一种使命感。尤其是航空工业的人,有强烈的航空报国意识。这些也是支撑罗阳的信念吧!"

想的全是歼-15的未来

罗阳离去,他的家庭也陷入悲痛之中。妻子王希利悲伤地说:"罗阳,我知道,这些天你太累了。"平时,罗阳早出晚归,回家常是半夜,有时和妻子好几天都说不上话,女儿高考时他也只请了半天假。上舰以后,由于工作的保密要求,直到24日,他才跟妻子通了一次电话:"整个任务都已完成了,我很欣慰。"言犹在耳,人已不在。王希利拉着歼-15舰载机总设计师孙聪,哽咽地说:"罗阳跟你走了,你怎么不把他带回来?"

回忆起舰上与罗阳相处的最后时光,褚晓文说他"压力之大,责任之重,难以想象"。作为中国自主研发设计的新型战机,歼-15可与俄罗斯的苏-33、美国的F-18战机相媲美。它的成功试飞,是对外彰显我国军事实力的重要机会。罗阳、褚晓文所服务的沈飞集团和沈飞设计研究所,此前已经研发和制造了歼-6、歼-8、新中国第一架亚音速喷气式歼击机、新中国第一个飞机设计室、第一架歼教Ⅰ飞机、第一架超音速歼击机、第一架双倍音速歼击机……罗阳生前在接受记者采访时说:"沈飞集团的责任更主要的是关系国家利益,航空报国是使命而不是荣誉。"这种使命感,让他对工作事无巨细,对歼-15准备的各个细节也都要过问。褚晓文说:"他这次登舰,做的一项重要工作就是亲身调研,为今后飞机的改进收集意见和数据。每天,他都会跟试飞人员去沟通交流,详细研究今后歼-15舰载机到航母上后,维修、拖动等各方面的实际问题。歼-15成功起降只是第一阶段,今后如何保障飞机在舰上实现全寿命周期的正常运转,还需要与航母总设计系统、海事系统和试飞系统等多方面协调,我知道他在这方面做了大量的工作,接下来原本还有许多长期的尝试与计划。"

在褚晓文看来，罗阳的殉职，无疑是我国航空工业的重大损失。"可以告慰他的，就是歼-15的成功试飞吧。接下来，我们要用十倍的努力，去尽快实现我国创新性、自主研发的军事航空工业的跨越发展，赶上美国等军事强国，这是罗阳的心愿，也是我们这代航空人的使命。"

（文/廖楠）

第四章

向阳而生　灌溉美好未来

解决发展不平衡不充分问题、缩小城乡区域发展差距、实现人的全面发展和全体人民共同富裕仍然任重道远。我们没有任何理由骄傲自满、松劲歇脚，必须乘势而上、再接再厉、接续奋斗。

——2021年2月25日，习近平在全国脱贫攻坚总结表彰大会上的讲话

"中国农村改革之父"杜润生：
要尊重农民，让农民解放

杜润生（1913年7月18日—2015年10月9日），山西省太谷县阳邑村人。党内最资深的农村问题专家之一，农村改革重大决策参与者和亲历者，被誉为"中国农村改革之父"。1982—1986年，杜润生连续五年参与主持起草了著名的五个"中央一号文件"，对于家庭承包责任制在中国农村的推广和巩固发挥了重要作用。2018年12月18日，党中央、国务院授予杜润生同志"改革先锋"称号，并获评"农村改革的重要推动者"。

> 爱人民首先要爱农民。
>
> ——杜润生

2015年10月9日，102岁的"中国农村改革之父"杜润生走了。"兼收并蓄，有办法使歧见趋一致；德高望重，无山头却门生遍九州"，这是门生翁永曦送别恩师的挽联。

20世纪80年代初曾任中央农村政策研究室（简称农研室）副主任的翁永曦，离开农研室已30多年，但当他和记者谈起农研室原主任杜润生，眼眸立刻变得明亮。"杜老永远活在我们心中。"这句话说出了他的心声。

谈到杜润生在农村体制改革上的贡献，翁永曦说："他干了大得人心的事。"说到激动处，他熄灭了没抽完的烟，不自觉地轻拍桌子："杜老教导我们要守住底线、敢讲真话。""很多政治人物生前死后毁誉参半，唯杜老罕见，连反对他观点的人都很尊敬他，这太不容易了！"

启动农村改革的"参谋长"

"他受过那么多的委屈，干成那么大的事情。"翁永曦用一位老领导对杜润生的两句评价，作为接受采访的开场白。

杜润生一生，与"农"有缘，因"农"坎坷。他曾就读于北平师范大学文史系，新中国成立之初，他领导中南新解放区的土改运动，曾获毛泽东肯定。他后来撰文提出"土改解除了农民与封建地主的依附、被依附关系"，但是，"土改完成后，向农民给出什么样的制度环境成为新的重大问题"。在农业合作化运动中，身为中央农村工作部秘书长的杜润生提出要坚持自愿原则，不要一哄而起，这自然受到毛泽东的严厉批评，被指责为"小足女人走路""站在富农、富裕中农立场上替他们说话"。杜润生因此离开了中央农村工作部，在历次政治运动中屡遭批判，一晃就是20多年。

1979年，66岁的杜润生迎来了人生中又一个春天。他被任命为国家农业委员会副主任，分管农村政策研究。"他是站在改革风口浪尖上的人，是启动农村经济体制改革乃至中国经济体制改革的参谋长。"说起那段激情燃烧的岁月，翁永曦仍难掩激动："杜老获此口碑，首先是因为他干了一件大得人心的事。中国的农民问题，我们党倾注了极大的精力，但很长时间没有解决好。我记得万里同志曾经说过，我们党对农民是有承诺的。要让农民吃饱肚子，过上好日子。"杜润生将此当作自己的使命。

翁永曦说："杜老不是决策者，是个高级幕僚。20世纪70年代末，他要研究和解答3个问题：一是包产到户有没有显著效果，二是这种形式有没有合理性和普遍性，三是这种形式是否与社会主义兼容。"

翁永曦多次用"用事实说话"来形容杜润生的风格。"很多官员是看领导眼色说话，杜老不是。他组织了一批干部和学者，包括一些体制外有过插队经历的年轻人下去调研。他用'土地绣花'来形容农民包产到户后的积极性。安徽凤阳县包产到户一两年后，农民从缺粮吃到出现'卖粮难'。包产到户的效果是肯定的。而且，农业是有生命物质的生产，没有中间产品，从播种插秧到田间管理再到秋收有连续性，更适合家庭承包，具有合理性和普遍性。"

"兼容问题很难办。杜老想出了'家庭联产承包责任制'这个中性的词，代替'包产到户'的说法，这个提法谁都很难反对——因为无论工业、教育、科技、商业，干什么都要讲责任嘛。"

1982年，杜润生主持起草了"中央一号文件"，首次正式承认包产到户的"合法性"，用农民兴高采烈的说法，就是给包产到户上了社会主义的户口。此后他任中央农村政策研究室主任兼国务院农村发展研究中心主任，连续主持起草了5个"中央一号文件"。翁永曦说："责任制如星火燎原、不推自广。8亿农民不再依附于人民公社，获得了经济自由。这不仅改变了中国农村的面貌，改善了农民的生活，对中国政治文明的进步也起到了重要作用。杜老参与的改革，恢复了农民对党的拥护，夯实了党的执政基础，得民心，得党心。"

"9号院"的灵魂人物

恩师杜润生也是改变翁永曦命运的人。几十年后，翁永曦依然记得第一次见杜润生时的情景。

1979年10月，翁永曦刚被分配到《中国农民报》当记者。有一天，他奉命将社论清样送到国家农委，请时任农委副主任的杜润生审稿。翁永曦骑车来到农委，走进杜润生的办公室。正在看文件的杜润生抬起头来："小伙子，我没见过你啊。"

"我刚来报社工作。"

"哦?原来干吗的?"

"农村插队,八年整、十年头。"

杜润生来了兴趣,撂下笔,直起身子:"时间不短啊,说说,有啥体会?"

翁永曦没思想准备,实话实说:"农村太穷,农民太苦,我觉得国家农业政策应该建立在务农有利可图的基础上。"

"这算一条,有第二条没有?"

"有,我从小受到的教育就是'万花筒里看世界',相信'大河有水小河满'。到了农村才发现,无论是自然界还是经济界都只能是'小河有水大河满'。"

杜润生没再说啥。一个星期后,调令来了——翁永曦被调到国家农委政策研究室工作。后来国家农委撤销,成立农研室,杜润生任主任,办公地点在西黄城根南街9号。从此,"9号院"就成了农研室的代称,而"9号院的灵魂是杜润生"。

翁永曦回忆,杜润生曾让他到大学应届毕业生中"招兵买马"。杜润生说:"年轻人没有条条框框,我们部门需要年轻人。"他没规定招什么样的人,而翁永曦招来的年轻人让他挺满意:独立思考,敢讲真话,注重实际。后来,"9号院"成为"三农"理论与政策研究的最高殿堂,也成为中央各部委里思想最活跃、探讨改革最积极的地方之一。王岐山、段应碧、陈锡文、杜鹰、林毅夫、张木生、周其仁、戴小京等都曾经在"9号院"工作,成为杜润生的门生。习近平、刘源当年在地方工作时,曾受聘为农研室的特约研究员,每年"中央一号文件"起草前,也常被请到"9号院"参加讨论。

宽厚、民主、真放手

"杜老那是真放手、真信任我们这帮年轻人啊。"翁永曦告诉记者:"我刚到农委那会儿,就是个普通干部,有一天,杜老把我叫去说:'中央准备未来10年向农业投入1500亿,你考虑考虑,拿个方案吧。'我当时就蒙了。那时,我一个月工资才46元,那年代1500亿能抵现在几万亿吧。我还只是个科员,上面有处长、局长,杜老就把这么重的担子压过来了。"

"在杜老手下工作,最沉重的是被杜老信任,我们就是玩命也要对得起这份信任。"翁永曦说,农村联产承包制实行后,新华社有份内参,反映内蒙古出现集体资产流失问题。"杜老说,小翁你去,听听周惠同志(时任自治区党委第一书记)的看法。居然让我一个白丁去见自治区一把手!我去了,周惠说了三点:情况属实;农民要承包,不能逆着民意;大变革有得必有失。我向杜老汇报时,概括为凡事皆有利弊,'两害相权取其轻'。杜老点头说,再看一看吧。"这件事被"轻放",没造成大的影响。

杜润生唯实。翁永曦记得他常说,中国的事不在于想要干什么,而在于只能干什么。向杜润生汇报工作,翁永曦总结出"三段式":问题、症结、办法。"哪怕不同意你的解决方案,杜老也会帮助分析,并提出改进的建议。他最不满意的是那种只知道说出问题,等着领导发话的人。"

翁永曦告诉记者,他这一辈子只被杜老表扬过一次。但是,"杜老宽厚,跟着他能学到很多东西"。他特别钦佩杜润生的工作作风。"他很注意听取反对意见。那时候农口有几位同志激烈地反对一些改革措施,他在开会讨论时就特意吩咐要把他们请来。听到不同意见,他不会轻易打断对方的发言,总是耐心听完才逐条分析其中的利弊。"

翁永曦后来被任命为农研室副主任,成为当时全国最年轻的副部级干部,后带职到安徽凤阳兼任县委书记。翁永曦告诉记者,在凤阳时,杜润生依旧关心着他。定期派人送去文件,经常召他回农研室开会。"杜老说,包产到户也有它的问题,要继续坚持深入调查研究,找到受农民欢迎的解决办法。"翁永曦后来离开官场、下海经商,杜润生仍和他保持着师生之谊。

"老爷子就是心宽"

杜润生在工作上一丝不苟,生活中却很"马虎"。翁永曦说:"那时候,我上他家谈事,到中午了老头儿说'就在我这吃吧',说完他进厨房了。我想,我得帮忙吧,就跟了进去,一看,老爷子正拎着一口小锅,在里面和面。然后,一手端着锅,一手拿根筷子,把面一截一截拨到灶上另一口开水锅里。煮熟了捞出来,蘸点酱油和醋,我们就这么吃。老爷子说,这叫拨鱼儿,山西的农家饭。过去在太行山打仗,后来'文化大革命'挨斗,他自己弄饭吃,就吃这个,简单。"

翁永曦跟杜润生去太原出差,晚上逛小吃街。当时条件简陋,挂盏汽灯、摆个桌子就是个摊位。"老头儿闻着家乡小吃的香味就走不动了,说'咱们吃一碗'。我劝他:'您看,他们刷碗都只用这一桶水,不干净。'老头儿乐了:'不怕,天黑,看不见'。"

离休后,杜润生很长一段时间依旧每天看文件,关注着各种前卫的理论。他爱游泳,爱打网球,也喜欢到各地走访、调研。20世纪90年代初,杜润生去广州,看望下海创业的翁永曦。两人晚上散步到一个迪斯科舞厅门口。"他说进去看看。里面一个大舞池,听着舞曲他也跳了起来。"翁永曦说着,模仿杜润生的舞姿,先提一只脚,另一只脚蹦,然后换一只脚再蹦。"杜老说,别人跳狐步,他跳的是猴步。"杜润生还唱了首《潇洒走一回》,字正腔圆。听到老人唱"岁月不知多少人间的忧伤,何不潇洒走一回",翁永曦感叹:"老爷子就是心宽。"

每年的7月18日,都有上百人来给杜润生庆祝生日。有一次,王岐山自己开着车来了。"我是中午'逃'出来的,因为实在想见见杜老和你们,1点钟必须得走。"95岁后,杜润生的听力和记忆力都衰退了,常年住在医院,但内心依然关注着农民的利益。

杜润生去世后,翁永曦赶去家中吊唁。"我们都以杜老门生为荣。人生能有这样的良师益友，太幸运了。"他提到，杜润生九十大寿时，弟子们曾在起草"中央一号文件"的京西宾馆相聚。那一次，杜润生提到了自己一直惦念的两件事："用市场机制激励人，用民主政治团结人。"这两件事，也是杜润生对后辈们的期待。

(文/凌云　张之豪)

"杂交水稻之父"袁隆平：
把一生献给了稻田和大地

袁隆平（1930年9月7日—2021年5月22日），中国工程院院士，一生致力于杂交水稻技术的研究、应用与推广，发明"三系法"籼型杂交水稻，成功研究出"两系法"杂交水稻，被誉为"杂交水稻之父"。

袁隆平先后荣获国家发明特等奖、首届国家最高科学技术奖、"世界粮食奖"等20多项国际国内大奖，并当选为美国科学院外籍院士。2018年12月18日，党中央、国务院授予袁隆平同志"改革先锋"称号，颁授改革先锋奖章，并获评杂交水稻研究的开创者。2019年9月17日，袁隆平被授予"共和国勋章"。

> 追求高产更高产，是我们永恒的主题。
>
> ——袁隆平

在成为举世闻名的"杂交水稻之父"之前，袁隆平已度过30余年艰难求索的时光。

有无数个时刻，他的研究几乎要中断了：第一篇论文发表之后，杂交水稻的技术路线图确定了，试验却迟迟不成功；在湖南，他宝贝万分的水稻被人连夜拔光，团成泥团扔进废井；在海南，台风来袭，大雨倾盆，试验田顷刻间变成汪洋……

"袁老师是一个坚持创新、矢志不渝的人,他遭遇困难绝不退缩。"当年从湖南安江农校就跟随袁隆平的李必湖、尹华奇,对记者如此评述老师的前半生。如今,他们也到古稀之年了,但研究杂交水稻的苦难与辉煌,依然历历在目。

以为田园很美,却发现农村"又苦又脏"

1930 年,袁隆平出生。他名字里的"平",取自出生地北平。

袁隆平的父亲袁兴烈,是东南大学毕业的高才生,这一年正在平汉铁路局工作。母亲华静,婚前在安徽教书,是当时少有的知识女性。袁家家境不错,一个至今为人们津津乐道的细节是:袁隆平是在协和医院出生的,为他接生的正是我国妇产科创始人、著名大夫林巧稚。

但在战火纷飞的年代,一个家庭的力量不足以抵挡时代的洪流。光是小学,袁隆平就在汉口、澧县和重庆念了 3 所。他见过日本飞机轰炸,目睹过尸横遍野,很早就明白要想不受欺侮,国家必须强大。上小学时,他开始向往田园,立志"长大后一定要学农"。

到 1949 年填报大学志愿时,父亲希望他学理工或医学,前途很好。母亲则觉得将来当农民,"那是要吃苦的"。袁隆平争辩,母亲是城里人,"不太懂农家乐"。

不久之后,袁隆平对农村的浪漫幻想就要被现实打破,但这样的乐观和理想主义,却成了袁隆平人生的底色——在西南农学院,袁隆平去四川大足县参加了 3 个月的土改。他住在农民家里,和他们一起在土锅里烧饭,在破被子里睡觉,这才发现"真正的农村又苦又脏又累又穷"。但既然看到了农民这么苦,他就想为农民做点实事。

年轻的袁隆平也有过其他的发展可能。抗美援朝开始后,国家决定在大学生中选招一批飞行员。西南农学院仅有 8 人被选中，袁隆平便是其中之一。就在即将前去受训的前夕，袁隆平突然得到通知，"大学生一律退回"。原来，国家决定开始进行为期 10 年的国家建设，需要大量受过高等教育的人才。

这或许也是一种冥冥中的注定。袁隆平曾有机会翱翔天空，但最终还是属于脚下这片大地。此后的近 70 年里，袁隆平执着向前，把人生"插秧"在了中国大地上。

1953 年，袁隆平大学毕业了，要前往一个从未听说过的地方：湖南安江。母亲陪着他，脸贴着地图找了很久，才在密密麻麻的点中找到这个小点。跟 4 年前得知儿子决定学农时一样，华静叹了口气，又一次说："孩子，你到那儿，是要吃苦的呀……"但到了安江农校后，袁隆平觉得"倒还可以"。学校后面就是沅江，袁隆平行李一放，就跑到江中游泳。在后来艰苦的科研生涯中，畅游沅江给了袁隆平不少慰藉。

一篇关键论文，拉开中国杂交稻研究序幕

在安江农校，袁隆平经历了三年困难时期。他亲眼见过至少 5 个人倒在路边、田埂边和桥底下，自己也常常吃不上饭，饿极了，米糠、草根、树皮都吃过。他深刻理解了"民以食为天"这句话：没有粮食太可怕了，什么都干不成，粮食是生存的基本条件。

袁隆平因此选择研究水稻。当时学术界认为水稻这种雌雄同株的自花授粉作物没有杂交优势，袁隆平却认定，人工杂交稻可以获得杂交优势，结出又大又饱满的谷粒。他开始寻找可供杂交的天然雄性不育株。

1964 年入学的李必湖，一进学校就发现袁隆平"和一般老师不同"。当时的水稻在七八月间扬花出穗，正是湖南最热的时节，中午大家都在家午睡，唯独袁老师拿着放大镜在田里找来找去。"我问他在做什么，他很耐心地告诉我，是在探索和研究杂交水稻。"李必湖是安江农校特招的农民学员，是抱着"解

决老百姓吃饭问题"的迫切需要来的,他决心投入袁隆平门下。

水稻雄性不育的表现,是雄花不开。一株稻穗能开200—300朵稻花,每朵花的直径不过三四微米,从开放到关闭也就1个多小时。袁隆平每天吃了早饭就下田,带两个馒头、一壶水,一直到下午4点左右才回家。一垄垄、一行行、一穗穗,寻找的过程堪比大海捞针。

"袁老师很能吃苦,他不戴草帽,也不戴斗笠,赤脚站在田里。大太阳晒着,脚下是冷水、泥巴和蚂蟥,要有极大的毅力才能坚持的!"李必湖回忆道。

袁隆平妻子邓哲的笔记本里有这样一段记录:"发现时间:1964年7月5日,午后2时25分。发现地点:安江农校水稻试验田。水稻品种:洞庭早籼。"

这是袁隆平发现的第一株天然雄性不育株。找到了,就要抓紧开始繁育工作。袁隆平请学校总务主任帮忙,跟一家陶瓷厂讨要了数十个报废的坛坛罐罐用来育种。他有空便守着这些破烂坛罐,一个人走在路上念念有词。有人私下议论:"袁老师是不是快疯了?"

1965年冬天的一个凌晨,袁隆平突然从被窝里钻了出来,拧亮了台灯,开始伏案疾书。妻子邓哲醒来,看见袁隆平在写些什么,没有上前打扰。此刻,两人都不知道,袁隆平所写的这篇论文《水稻的雄性不孕性》,即将改变他的一生,也将改写中国农业的历史。

1966年2月,《水稻的雄性不孕性》在《科学通报》第17卷第4期发表。5月,来自国家科委的指示一级级传达到湖南和安江:要支持袁隆平做水稻雄性不育性的研究。同年6月,由袁隆平负责的科研小组成立,李必湖和尹华奇成为小组成员。

李必湖回忆,"文化大革命"中的研究并不太平,当时造反派有一句话,"打烂坛坛罐罐"。袁隆平不就有现成的"坛坛罐罐"?一天回家,袁隆平发现,几十个坛坛罐罐全被打碎,一地狼藉,到处是被撕裂的秧苗。

用于试验的秧苗,每一年、每一代都直接关联。秧苗断了代,后面的研究也很难进行下去。夜色降临,袁隆平在家中眉头紧皱,却意外等来了李必湖和尹华奇——"我们两个见情势不对,偷偷藏起了3盆秧苗。"师徒3人经过反复繁育,这3盆秧苗有了数百株后代。

1968年夏天,意外又发生了。那年播种后,秧苗长势喜人,袁隆平每天都像带小孩一样快乐。5月18日是个周六,袁隆平离开学校,骑车去了妻子所在的农业技术推广站。夜里下了一场大雨,惦记秧苗的袁隆平第二天一早就往回赶,到了试验田却大吃一惊:田里的秧苗全部不见了。

李必湖告诉记者,这件事,后来被他们称为"5·18"毁苗事件。袁隆平不死心,找遍了学校的各个角落,最后在一个废弃水井的水面上看到了5株漂浮的秧苗,其他的变成泥团沉在井底。这5株大难不死的秧苗,成为袁隆平继续研究的基础。

决定公开"野败",将秧苗插在祖国的大地上

除了外在的干扰,其实,在《水稻的雄性不孕性》发表之后的几年里,杂交水稻的研究本身也进入了瓶颈期。袁隆平决定带两个徒弟南下,寻找更适宜水稻培育的土壤与环境,以便找到野生的不育株。

这一路,可是"九九八十一难"了。1969年冬天,袁隆平带领团队来到云南省元江县开辟试验田,但宏伟计划还没实现就遇上地震,房屋受损不能住人。在篮球场搭起的临时棚子里,袁隆平和学生们同住了足足3个月。这是第一难。

袁隆平又到了广州,从华南农学院(现华南农业大学)获得一批水稻,其中几株海南野生稻引起了他的注意。袁隆平在回忆录中写道:"搞水稻的周期很长,本来一年只能出两代。但在海南,因为冬天的气候也很温暖,所以每年可以增加一代,即一年三代。"

当时要去海南岛,路途异常艰辛,李必湖至今记忆深刻:"光是办介绍信等手续就已经非常麻烦了。先是学校开介绍信到湖南省科委,省科委又把介绍信开到广东省科委,再从那里开到海南当地科委,最后转到陵水县科委。还有

交通不便等因素的影响，我们师徒3人在广州苦等了几个礼拜，才登上'红卫号'轮船。当时我们的经费还很紧张，整个团队一年只有2000块钱，所以只能买三等舱，也就是轮船最底层的通铺。船舱在海水下面，没有窗户、闷，换气还要跑到甲板上。"这是第二难。

袁隆平一行人在"红卫号"上度过了两天两夜。为了保持种子生长，他们把种子贴身绑在衣服里，用体温催芽。"水稻种子发芽的生物学最低温度是10摄氏度，温度适当发芽还会更快，35摄氏度是非常合适的温度，而人的正常体温恰好是36摄氏度。"李必湖解释道。

到了海南，师徒3人在南红农场落了脚。秧苗种下去的第十五天，海南刮起台风，倾盆大雨，试验田顷刻变成一片汪洋。情急之下，袁隆平带徒弟们和农场工人冒雨下田抢救秧苗。李必湖回忆，他们用平时睡觉的床板，往返数趟，把带着泥巴的秧苗抬回1公里外的住地。这是第三难。

眼看研究一直不顺利，"直到秋天都没什么进展"，1970年，袁隆平决定北上进京向专家请教，留下李必湖和尹华奇两人在海南继续寻找适合杂交的野生稻。

海南的野生稻田位置偏僻，并不容易发现。好在农场技术员冯克珊带领李必湖在11月终于找到了一片野生稻田。"我站在田边，观察了不到20分钟，发现在我正前方25米，有3根稻穗的雄花不正常。"

一个疑问涌上了李必湖的心头："这是不是野生雄性不育株？"

顾不了田里的蚂蟥和水蛇，李必湖脱掉上衣和长裤跳进水中。"当我一步步走到3根稻穗跟前时，确定了这就是野生雄性不育株。袁老师平时为我们打下了非常扎实的专业基础，所以我一眼就认出来了。"

袁隆平从北京回来之后，李必湖马上报告了这一发现。一时不敢相信的袁隆平立即回到现场采集样本，通过显微镜观察，最终确定这就是他一直苦苦寻找的野生雄性不育株。他抑制不住内心的激动，大呼："高级！高级！"并正式将这些碘败型花粉败育雄性不育株命名为"野败"。

这一年，袁隆平作出了人生中的又一个重大决定：把海南繁育出的200多粒"野败"种子分享给了全国各地的 100 多名科研人员。此举让袁隆平真正"将秧苗插在了祖国的大地上"。

但是,"野败"到底有没有杂种优势?要靠试验说话。1972 年初,袁隆平和尹华奇从海南回安江播种,途经通道县时,双江的洪水拦住了两人的去路。摆渡船停运了,袁隆平决定在江边挨一夜。尹华奇对记者回忆:"我拿着袁老师给的两毛钱,找到附近小商店买了两个饼。一人吃一个饼,等到了天亮。但天亮后依然没有摆渡船,他就在岸边找了个船夫,商量着冒险过江。"船夫说不能保证安全,但袁隆平安慰船夫和尹华奇:"没关系,我水性好,能游泳。"最终,两个人涉险过了河。这是第四难。

同年,袁隆平带领助手在湖南省农科院做了试验,但结果让人失望。"稻子的结实率不太高,不能吃的稻草产量倒是增加了七成。"这是第五难。

袁隆平并不气馁。面对其他研究人员的质疑,他说,从表面上看,试验失败了,因为稻谷减产了;但试验证明水稻有强大的杂种优势,本质上是成功的。"至于这个优势表现在稻谷上还是稻草上,那是可以研究、解决的技术问题。"

1974 年,袁隆平团队育成中国第一个强势杂交组合"南优 2 号"水稻。第二年冬天,国务院作出了迅速扩大试种和大量推广杂交水稻的决定,中国成为世界上第一个在水稻生产上利用杂种优势的国家。1981 年,袁隆平等人获得新中国成立以来的第一个特等发明奖。从此,他的名字妇孺皆知。

走出国门,"杂交水稻覆盖全球"

《走近袁隆平》一书的作者、《中国高新科技》杂志社社长姚昆仑对记者说,袁隆平一直有两个梦想,一个是"禾下乘凉",另一个就是"杂交水稻覆盖全球"。"他曾不止一次在公开场合表示:'杂交水稻不仅属于中国,也属于全世界。'"

20 世纪 70 年代,随着中美关系破冰,中国杂交水稻的突破被传到大洋彼岸。美国某大型农业集团发现了袁隆平的"东方魔稻",邀请他来授课。姚昆仑说,当时与袁隆平一起出访的,还有湖南省农科院的副研究员陈一吾等人。"陈一吾是知识分子的模样,而袁隆平皮肤已是古铜色,满脸都是刀刻般的皱纹。来机场迎接的美方代表当场摆了乌龙,他先是淡淡地跟袁隆平握了个手,然后跑去先给了陈一吾一个大大的拥抱,大呼:'能在洛杉矶接待袁隆平这样伟大的专家,我感到无比荣幸。'旁边的袁隆平哈哈大笑,陈一吾为了缓解尴尬,向袁隆平打趣:'人家都说你老袁是刚果布(袁老的绰号,形容他皮肤黑),我有那么黑吗?'他拉过美国代表,介绍道:'这才是我们的袁隆平老师,我们是他的助手'。"

曾任国际水稻研究所所长的斯瓦米纳森对袁隆平的成就给予高度评价。他说:"我们把袁隆平先生称为'杂交水稻之父',因为他的成就不仅是中国的骄傲,也是世界的骄傲。他的成就给人类带来了福音!"

20世纪90年代,联合国粮农组织将推广杂交水稻列为解决发展中国家粮食短缺问题的首选战略。袁隆平被聘为国际首席顾问,十几次赶赴印度、缅甸、越南等国指导发展杂交水稻。

为了帮助"人口多、粮食少"的印度,袁隆平派尹华奇到印度工作了几年。1998年前后,尹华奇又在袁隆平的授意下去了越南。"越南农业部主持引进了中国杂交水稻,结果5年之后就从一个粮食进口国变成了粮食出口国。越南政府给袁老师发了一枚勋章,还有一家公司的老板用黄金铸了一块匾给他,上面写着'粮食救星'。如今这块金匾依然在博物馆里挂着。"

说起袁隆平的逝世,尹华奇沉默良久。这两天,和老师相处50余年的画面总是在他脑海里浮现。"其实,袁老师有慢性胃炎。因为他吃饭总是饱一餐饿一餐的,胃一直不太好。"尹华奇顿了顿,庄重地说:"为了解决人类的饥饿问题,这位'杂交水稻之父'自己却挨过很多饿。"

(文/冯群星　隋坤　杨礼旗)

三八红旗手贺娇龙：

"支青二代"野蛮生长，策马雪原只为家乡拉风

贺娇龙，1979年出生于新疆昭苏县，祖籍四川射洪。1999年参加工作，2017年任昭苏县人民政府副县长。2020年11月，贺娇龙在抖音号上发布策马雪原视频，引关注。2021年4月，贺娇龙任新疆维吾尔自治区伊犁哈萨克自治州文旅局党组成员、副局长，现任新疆优质农产品产销服务中心主任。

> 做公益虽辛苦，但让人上瘾。
>
> ——贺娇龙

"对我来说，这里还是陌生的。"2021年4月下旬，在新疆伊犁州文旅局的办公室，刚刚履新副局长的贺娇龙对记者说："出生至今，除了上学那几年，我一直在昭苏成长，很少离开。"

来到州文旅局后，她将挂在原来县政府办公室的三幅画也拿过来，挂在墙上。第一幅是她在天山乡任党委书记时拍摄的绿湖风景照，"这个湖在天山顶上，湖面是心形的，一年四季变换不同的颜色"。第二幅是夏塔景区的巨幅风景照，挂在办公桌后方。第三幅则是网友最熟悉的，茫茫雪原里，贺娇龙身着红色斗篷，在马群中纵横驰骋，飒爽而气派。这幅照片挂在办公桌对面，她坐

在那儿一抬头就能看到。"我骑的是伊犁本地土马,肩高一米七。马八尺为龙,我也是贺娇龙,所以这幅照片展示的就是'龙马精神'。"

贺娇龙的心,依然留恋那片她熟悉的土地。对大多数人来说,上述景色是秘境。但对她而言,这里就是家,有着别处给不了的安全感。"我的根在那里,那里的一切仿佛都属于我,我的一切也属于那里。"2020年11月,为了给疫情防控期间县里滞销企业"带货",时任昭苏县副县长的贺娇龙在冰雪皑皑的草原策马驰骋,一下被全国网民熟知,成为"网红女县长"。

几个月来,越来越多的人开始通过她了解地处祖国西北边陲的昭苏县,并喜欢上那里。"所以组织找我谈话时,我说愿意继续留在昭苏,因为那里很适合我。"最终,她还是被调到州里了。走红以来,贺娇龙得到的不仅有称赞,也有质疑,"这次履新是组织对我最大的褒奖和肯定,我也有荣耀和欣慰"。

所以,此时的贺娇龙成了一个矛盾体。她一方面不辱使命,适应新岗位,谋划着分管的全州旅游宣传和培训,另一方面却在不断回望昭苏的点点滴滴。

我的"人设",是天然生长

不久前,在福寿山杏花谷拍视频时,贺娇龙又见到那匹在昭苏依依挥别的伊犁马。在一次室内场馆训练中,她骑在这匹跑惯了草原、冲劲十足的马上奔驰,在只有短短800米赛道的终点处,马突然来了一个急停,贺娇龙顷刻摔向马的正前方,腾空的一刹那,她似乎看到了死神。而就在落地时,马儿一个箭步,竟从她的身上跃了过去。从此,贺娇龙便与这匹马心灵相通,建立了某种生命联系,只要上镜,就尽量骑着它。履新州文旅局后,她最想念的就是这匹马,再次相逢,她不停地抚摸马儿鬃毛,眼泪止不住地掉下来。

其实,变成"网红",本非贺娇龙所愿。她不仅不能经常见到爱马了,还增添了烦恼。"大家都在盯着你，是不是要耍大牌？是不是某些无心举动会被解读成自由散漫？"所以，她更加严格约束自己，"以前在县里，面对任何一项工作，总是自信能够胜任，但现在我会担心，哪怕小小的闪失，可能都会被放大数倍"。

走红，让贺娇龙成为公众人物，迎接她的是更多担当。之前，她就一直坚持将抖音直播的打赏全部用作慈善。如今，身患重症的病人家属会向她求助。爱心人士专门在她直播时刷上几万块钱，"有人还专门给我发来1.5万斤大米，只有一个要求：让我亲自把这些送到贫困户手中。我觉得这些人是相信我能惠及弱小"。这些本职工作之外的任务，给她带来很大压力。

渐渐地，贺娇龙发现，"做公益虽然辛苦，但让人上瘾"。她意识到，自己当下的烦恼，可以用受资助者脸上的幸福消解掉。"看到福利院的孩子，心灵就有了慰藉。他们信任的眼神，是我遇到质疑时最需要的。所以，看似我帮了他们，实际上他们治愈了我。"

一次，有人对贺娇龙说：你打造的人设非常真实、非常成功！她一头雾水反问："什么是人设？"对方说："你是副县长，又公益助农；你在新疆西北边陲，又策马奔腾。"贺娇龙更费解了，"但后来我懂了，所谓'人设'不就是造假吗？可我做的明明是真的啊"。

2020年5月，伊犁州推进复工复产、复商复市，助力脱贫攻坚，要求各县市选派1名县领导和1名头部主播参与直播活动。邀请头部主播成本高，所以贺娇龙决定亲自上阵。昭苏县文旅局副局长哈丽娜对记者说："贺副县长在我们眼中很'抠门'，想把每一分钱花在刀刃上。记得刚试水时，直播间只有三四十个人。"但贺娇龙意识到，直播不仅可以解决疫情带来的货物滞销，还能推介昭苏美景，带动旅游。于是她向别人打电话求教，与人气主播连麦，积累人气。2020年7月，昭苏迎来每年一度的国际天马节，受疫情影响，活动在线上举办。"记得那时，她在上面直播，已有1000多粉丝了。"当时，正值昭苏县万亩油菜花盛开，贺娇龙走到田间地头，拍摄她热爱的一切：吃草的马儿、盛开的油菜花、嗡嗡的小蜜蜂、常年积雪的天山……

随后，新疆疫情形势反复。贺娇龙没有停下"带货"，不仅在外面播，在家里也播。哈丽娜说："我曾经跟她说，能不能别天天开播，太累。但她说，'带货'像开商店，不能开一天，关三天，这样哪里还有客人？"贺娇龙经常讲，网络虽然虚拟，但流量就是经济。

在不懈坚持中，贺娇龙人气越来越旺。她为县里的蜂蜜、菜籽油、水晶粉、奶酪等"带货"，并将其作为生活的一部分。即便有人来昭苏取经，贺娇龙也会将他们请到家，一边用水晶粉做炸酱面，一边照播不误。

9月是昭苏的秋收季节，她走到丰收的麦田，穿上民族服装，与同事一同跳起哈萨克民族舞"黑走马"。11月，贺娇龙开始大力推荐昭苏冰雪旅游资源，她选择了一件红色斗篷，策马雪原。就是这个短视频，终于成为全网热搜。贺娇龙火了，伊犁昭苏火了。

作为挚友，哈丽娜看到的却是心疼："为了不耽误正常工作，她早晨8点开始直播（按当地作息时间，相当于北京6点），晚上播到11点，甚至到深夜1点。我和她说，我们等到了这一天，真的不容易。"

贺娇龙相信，虽然隔着屏幕，但真实总会动人。走红以来，不少人都会问她：你是怎么策划的？每当这时，她都如实回答："团队的每个人，都是'业余选手'，没有特别策划过。"就连她穿的那一身红色斗篷都是从照相馆租借的，视频火了以后马上被人高价买走了，她后来穿的红斗篷还是县文工团重新赶制的。

被问得多了，她也会追问下自己：当网友给我点赞时，究竟喜欢的是什么？"现在有些明白了，策马雪原视频就像大自然对天山的鬼斧神工，是天然生长出来的东西。"这些发自内心的真实流露，一定击中了网友内心的某些情结。但这些情结意象模糊，让人欲言又止。"或许你去一趟昭苏，就会找到答案。"贺娇龙的建议，让记者决定立即动身起程。

骑马穿汉服，奔驰在大好河山

2014年5月12日，习近平总书记在出席世界汗血马协会特别大会暨中国马文化节主席会议时指出，马在中华文化中具有重要地位，中国的马文化源远流长。建设国家需要万马奔腾的气势，推动发展需要快马加鞭的劲头，开拓创新需要一马当先的勇气。马是奋斗不止、自强不息的象征，马是吃苦耐劳、勇往直前的代表。中国人民正在策马扬鞭、马不停蹄，为实现中华民族伟大复兴的中国梦而努力奋斗。

履新后，贺娇龙明确了目标：将伊犁推向全国，推向世界。"面对大目标，要有小切口。我内心有一团火：骑伊犁马，穿汉服，奔驰在祖国的大好河山。"

其实，最初在雪原策马奔腾时，她的内心就有不服："大家一提起马，就是蒙古马，甚至是小矮马；一提到马术，就是身着西式服装的场馆马术。但我们昭苏是天马之乡，我就是要让大家看到昭苏天马。"

昭苏天马文化源于得天独厚的自然条件。"首先，这里海拔2000米以上，是亚高原盆地。向西张开的豁口，让西伯利亚冷空气吹进来，形成较多降水，所以这里水草丰美。其次，这里气温较低，而马性喜冷凉。"昭苏县马产业发展服务中心主任李海对记者说。昭苏县常住人口有12万，马也有12万匹，人均一匹。

这里的马以改良混血的伊犁马为主，身躯普遍比其他马种高大。"我在内地待了20多年，但还是要回来。"巴音别勒克是昭苏天马文化园金牌教练。人称"马王"的他有辉煌的职业生涯，"与其他马种相比，伊犁马是全能型的，既能竞赛，也能表演，还能旅游骑乘"。伊犁马的竞技特点是耐力极佳，所谓"路遥知马力"，和国外名贵的纯种马相比，竞技里程一旦突破10千米，伊犁马几乎就没有对手了。伊犁马还不挑食，适应环境能力也很强。

"和马相处久了会发现，它的快乐、悲伤只有主人能懂，外人看不出来。"

巴音别勒克说,一匹陪伴他10年、久经沙场的赛马在2015年得疝气死了,他至今无法走出伤痛,"就像一位亲人去世了"。他说,马是最有灵性的动物之一,骑在上面,人的轻微动作会被感知,时间长了,马就成为人生命的一部分。

"支青二代"要当好火种

"在祖国的西北边陲,即便像我这样的女性,内心也有一种力量:野蛮生长,向阳而生。我是勇往直前、积极向上、无所畏惧的。"贺娇龙同记者回忆这些历史时,深刻感受着这片土地带给她的精神财富。

贺娇龙从小在阿合牙孜牧场长大,同别的小孩子一样,很小就学会了骑马。曾在牧场担任副主任的知青李宗毅向记者回忆:"20世纪60年代,昭苏小麦普遍有腥黑穗病,大家吃的面都是黑的。全县道路泥泞,没有硬化路。如果到乡下,只能开拖拉机或者骑马,走上大半天。就连伊犁州通往昭苏县的班车都是在卡车后面搭上简易木板。那时全县很少通电,吃水困难,经常要到遥远的河坝挑水喝,而且人畜同饮。"

贺娇龙的父亲是四川人,母亲是江苏人,都是无数的支边青年中的一员,将青春奉献给了边疆建设。"我们这一代人,将最好的青春奉献给昭苏。中国要发展,事业要推进,需要有大量人过去。那种牺牲精神,奉献精神,没有经历过是很难感同身受的。"李宗毅说。

2012年9月,贺娇龙到昭苏镇任党委书记。她被这里的灯塔牧场知青文化吸引了,想起父辈的言传身教,她觉得自己有责任将知青精神传承下来。2015年,经过改造提升,灯塔牧场办公室被改造成灯塔知青馆。那几年,贺娇龙经常给到访者讲解知青精神。哈丽娜是哈萨克族,她说,牧场的哈萨克名字是"灯芯",汉语是"灯塔",这正是边疆人民精神深处的光明。

祖国支援边疆,边疆也关注祖国。1977年,昭苏军马场的90多名牧工启程，准备将3000匹伊犁马送到唐山，支援灾后重建。火卡当时是27岁的小伙子，他对记者说，为了避免军马走散，他们分成了18个组，历经50多天艰难跋涉才到达乌鲁木齐，随后乘火车将3000匹军马送过去。他们要翻越重重冰山，开路队要在冰川上凿出一条路来；他们要经过原始森林，毒蛇野兽林间出没；他们要穿越重重沼泽，一次20匹军马陷进去，牧工奋不顾身营救，奋战1小时把马拉了上来。火卡记得："当火车到唐山，我们看到人们挥舞着红旗，但周围却是一片废墟。那一刻，我们所有人失声痛哭。一方有难，八方相助，昭苏人民的心意送到了！"

贺娇龙传递老一辈奉献火种，先来到距离县城最遥远的天山乡工作。"我时常回忆起那时的场景，天山乡在边境线上，我们经常骑着马儿巡边。"当人们看到贺娇龙策马雪原时，也应该想象到十多年前，这位红衣"女侠"曾冒雪巡防边关，仿佛细君公主、解忧公主骑着马，踏雪出塞；又仿佛父辈一代在冰川上万里送军马的豪迈壮举……

"一代人有一代人的担当，老一辈给我们做了很好示范。对边疆来说，勇敢面对5G时代红利，敢于突破和尝试，也是一种担当。只要心底无私，我就勇者无畏，更加努力担当作为。历史会证明很多事情。"

不为摆脱贫困家乡，只为家乡摆脱贫困

"我们学的十八般武艺，受到的高等教育，并不是为了让我们摆脱贫困的家乡，而是为了让家乡摆脱贫困。"这是贺娇龙一直坚守的信念。

她也在当代青年身上看到了希望。毛力德大学毕业后回乡创业，从事蜂蜜生产销售，疫情让他受到打击。"贺副县长'带货'前，2020年销售额只有1万多元。但最终，2020全年线上销售达230多万元，同时带动线下两三百万元的销售。我们2019年的销售额是97万元，2020年至少增长了4倍。"

大多数人看到的是贺娇龙"带货"的骄人成绩，但在那场脱贫攻坚战中，

她走过的路更为曲折艰辛。"在边疆，想改变这个庞大贫困群体的面貌，太难了。"尤其是看到贫困户的一些落后思维，她更是无可奈何，"第一年，你给他一头扶贫羊，他转眼就卖掉；第二年，你又给他一头扶贫牛，他又卖掉，还振振有词说，今年收成不好"。贺娇龙看在眼里，急在心里。她又给贫困户搭好了养殖大棚，把鸡苗、鸡饲料都准备好，跟贫困户谈心。后来，贫困户终于走上正轨，"脱贫后，他回来找我，说当时很愚蠢，现在特别感谢我"。

"我是一路从基层走来，在短视频平台上被大家接受，应该也与这个有关系。"贺娇龙说，当自己和田间地头的百姓打交道，需要将文件中"高大上"的语言翻译成百姓的话。"只有老百姓听得懂，他们才会理解，也能给你回馈更多东西。网民也是人民，而且是更真实的人民。我能让村民听懂，也能让粉丝看懂。"

担任副县长期间，贺娇龙对口联系喀夏加尔镇森木塔斯村。2019年5月，贺娇龙第一次走进了村民扎比拉·努斯甫汗家里。因为一场意外，努斯甫汗只能独自抚养几个孩子，成了单亲妈妈。贺娇龙看到努斯甫汗家徒四壁，非常揪心，当即掏出1000元钱。而更让她担心的，是努斯甫汗的绝望和颓废。"贺县长当时对我说，无论怎样，还有孩子陪着你，这就是人生最大的幸福。眼下的困难，有党和政府帮助，一定会过去的。"一句话点醒梦中人，努斯甫汗恍然大悟，但她生了一场重病，无法自食其力。贺娇龙又对她说："先把病治好，这段时间我来帮你。"

那段时间，是努斯甫汗的人生低谷，贺娇龙每个月都要去看她一次。即便是2020年疫情防控期间，贺娇龙也至少每个季度到她家一次。通过贺娇龙两年的鼓励和支持，努斯甫汗一家的状况终于得到改善。贺娇龙帮努斯甫汗在村委会找了一份保洁工作，让她的生活重回正轨。2021年4月3日，贺娇龙履新前夕，又来到努斯甫汗家，孩子们抱住"贺妈妈"，央求她别走。她对孩子们说，以后虽然不会这么频繁来，但一年至少会来两次。大女儿阿由娜·居马努尔对贺娇龙说："我将来要像你一样。"贺娇龙笑着说："像我？""对，成为县长。""好孩子,你要好好学习,才能像我一样。"居马努尔认真点了点头,希望的火种被点燃了。

努斯甫汗还记得,当贺娇龙策马雪原的视频火爆网络时,她和孩子们一起疯狂点赞时的快乐和兴奋。"这个形象,是不是和她平时不太一样?"记者问。"视频里,她一身侠气;现实中,她扶助弱小。这个精神是一致的,也是永恒的。"努斯甫汗若有所思地说,其实这正是她们心中最真实的贺娇龙。

(文/杨学义)

"全国先进工作者"常明昌：
扶贫路上的"菇神"

常明昌，1964年生于山西大同，曾获"全国脱贫攻坚创新奖""全国先进工作者""中国科技扶贫十五年杰出贡献者"，现任山西农业大学教授、中国食用菌协会副会长、山西省食用菌产业技术体系首席专家。

> 我也是个清道夫、垦荒者，用现代农业帮助农民减少贫穷。
>
> ——常明昌

"常教授，半个月了，菌棒出不了木耳，怎么办？"一天清晨5点多，常明昌接到中阳县菇农打来的微信电话。常明昌揉了揉眼睛，打开视频，让菇农带他看看菇棚。"不要紧！木耳正催芽呢。你记得给它通风换气，防止高温高湿。"挂了电话，他把这话转发到木耳栽培的微信群，提醒其他人注意这个问题。

截至2020年11月23日，全国832个贫困县全部脱贫。产业扶贫是指将某个领域发展成具备规模的产业，有了产业链，老百姓能保证就业、获得收益，因此是脱贫的重要方式。就在第二天，山西农业大学教授常明昌在人民大会堂被授予"全国先进工作者"，表彰他将食用菌做成规模化产业，为脱贫事业做出了贡献。

领完奖,常明昌回到位于吕梁山的中阳县,这也是第83个应用了他所发明改良的食用菌技术的县。吕梁山区是全国14个集中连片特困地区之一。中阳县刮大风时尘土飞扬,在这里待上一天满身是土、脚上裹泥、嘴里含土。这种地形地貌制约了经济发展,曾有一段时间,山西一半的贫困县在这个山区。2020年,常明昌成为中阳县食用菌产业的顾问,手把手指导农民种菇。他的微信里有几十个食用菌栽培群,每个群有上百人,他常往群里发栽培的注意事项,又跑现场教农民。

菌类为何能帮助农民脱贫?菌菇能拿来吃,还能分离出各种活性成分,制成保健品和药品。它有丰富的食用和药用价值,能卖好价钱。因此,2020年4月,习近平总书记就提到了菌类之一的黑木耳能帮助扶贫,并赞"小木耳,大产业"。

几十年来,常明昌从在实验室房前屋后种植食用菌,再到将其做成一个省份的重要产业,在某种程度上源于他农业理念的转变。这要从30年前的一顿麦当劳说起。

受到麦当劳启发

大部分人印象中的灵芝如手掌大小,大的也就如脸盆,而记者眼前的常明昌正拿着一朵直径1米的灵芝。

菌类分为草腐菌和木腐菌,前者可用草、秸秆、麦草、杂草栽培,如双孢菇;后者要用玉米芯、木屑、枝丫材等栽培。20世纪80年代,中国的食用菌人工栽培产量很少,但实际上,华北地大物博,森林繁茂,深山老林里有着种类繁多的食用菌。这个学科在当时尚未完全建立,有非常大的开发空间,不少人投入研究,比如青年常明昌。

常明昌生于山西大同一个普通工人家庭,小时候每天5点起床,冬天去地里捡料炭，秋天捡土豆、白菜，母亲鼓励他"男儿不吃10年闲"，父亲告诉他"人穷志不短，吃尽苦中苦"。他一边帮家里干活，一边考上了山西大学生物系本科，是那个年代少有的大学生。

他师从著名食用菌专家刘波，开始接触菌菇，上山采菇考察成了日常。"我喜欢菌菇的特殊气味，它们奇形怪状，也特别好看。"不过在那个年代，采标本既困难，又危险。一次，常明昌上山采菇，待得太晚，下不了山，为躲避野兽，就爬上树蜷缩在树杈上，用塑料雨衣裹住自己；采集标本时最怕打雷，因为随身携带的铲子、剪刀等工具大多是金属的，一旦被雷击中，十分危险。

几年下来，常明昌成了小专家，大学毕业便到山西农业大学当助教。那时，一般发表4篇论文就能升为副教授，常明昌没用几年就发表了45篇。

1991年，他到北京参加研习。当时，国家已允许外资企业进入中国，许多知名国际企业在中国开店，比如被视为"西方餐饮文化标志"的麦当劳。常明昌第一次见"洋玩意儿"，那时一个月工资114元，他花了21元买了份基础套餐：一个汉堡和一杯可乐。"真没吃饱，想再点一份，但吃不起了。"常明昌摸着肚子，正要走出去，服务员帮他开门，说"谢谢光临"时特精神，一问，服务员一个月能挣400元。

那天晚上，常明昌失眠了。"我搞的研究、写的文章有多大意义？能帮社会干点啥？我能让平民百姓笑得像麦当劳的服务员那么开心吗？能让他们一个月挣400元吗？"

从那时起，他领悟到"物质决定意识，经济基础决定上层建筑"的真正含义。"如何把知识变成真金白银？我搞的学问看起来高大上，却不能解决实际问题。理论要为社会生产的需求服务才有活力，也才能体现我的价值。"很巧的是，他回山西后偶然到访一个村子，穷乡僻壤，孩子衣衫褴褛，只能采野蘑菇卖点儿钱。他想：如果农民能种很多蘑菇去卖钱，生活不就好点了吗？

当时正值1992年党的十四大召开，国家开始鼓励创业，他找校领导，想开发技术并推广到市场，经批准后创办了山西农业大学食用菌科技服务中心。

但当时创业的人凤毛麟角。常明昌推着小推车收罐头瓶拿来做实验，路过的人冲他喊："教授！在收罐头瓶啊！"

常明昌回忆着，对记者苦笑："那个年代还没形成创业氛围，知识分子最要脸，做企业最重要的还是得放下脸面。有人连讽刺带挖苦喊我，我不管那些，就对他说'你家有没有罐头瓶？5分钱一个卖我吧'。"常明昌像垦荒一样埋头干，培育出能大规模种植蘑菇的新技术，比如黄土高原代料栽培香菇，抹泥墙栽培灵芝、香菇、猴头菇。这意味着，种蘑菇不再局限于原先的庭院经济模式——在农民房前屋后、地下室等闲置空间种植，而能在更大范围内栽植食用菌。

1999年，他到国家级贫困县安泽县蹲点，把农民用来烧火的树枝、玉米芯、秸秆、锯末拿去种蘑菇，花了两年为全县新增4000万元产值，还陆续建了30个大型食用菌生产基地。

自那之后，常明昌的足迹遍及山西全省，他栽培的食用菌则销往全国。他在临县、汾西等40多个县区开展产业扶贫，培训4万多名农民，推广300多个品种，还建立了山西省最大的香菇、木耳、杏鲍菇、灵芝、冬虫夏草等基地，创造了约36亿元的社会经济效益。

时任中华人民共和国农业部副部长洪绂曾在一次会议上说："有个山西小伙子能把蘑菇从庭院经济做成产业化模式，再到工厂化模式，是把蘑菇'做'透了，他是'菇神'啊。"常明昌"菇神"的称号就这样传开了。

种出唯一夏栽的黑木耳

在中阳县的蘑菇生产基地，上万个菌棒整齐排布。这个产业已成为中阳县的支柱产业。事实上，产业扶贫得以开展，不仅需要科技专家，还需要地方政府的支持，双管齐下，方能奏效。

2018年，中共山西省委统战部成立山西统一战线助力脱贫攻坚深度贫困"百千百"工程领导组，山西省委常委、统战部部长徐广国任组长。统战部定点帮扶中阳县。当时，徐广国到中阳县考察，看到农民院子里的木头长了木耳，发现山沟里也有黑木耳，判定中阳县适合栽培木耳。而统战部能协调党外人士等资源，可以快速聚集资源开展脱贫工作。常明昌是九三学社成员，2020年徐广国找到他，想请他帮助中阳县进行食用菌栽培。两人聊了两个多小时，结束时，常明昌问："徐部长啊，咱真干吗？""当然真干！"就这样，常明昌被任命为中阳县食用菌产业顾问，带领团队为本地制订木耳发展规划，并指导农民栽种木耳。

提起"伯乐"徐广国，常明昌颇有感触。徐广国是黑龙江人，曾在牡丹江市担任市委书记，任职期间建成了全国最大的黑木耳生产基地。"中国黑木耳有2/3在东三省，其中大部分在黑龙江牡丹江的东宁市。"领导的重视鼓励了常明昌。一次，徐广国去村里考察，"噌"一下蹲下，用手掰开混杂牛粪的土块，查看土质状况。常明昌说："徐部长是省委领导呀，来中阳县考察十几次，蹲地下直接掏牛粪查看，还到学校看望我们团队，这是真想干成这事。你说你感动不感动？我一个基层工作者，能不拼命干吗？"

常明昌开始着手，首先就是把栽培技术教给农民。他带领团队赶往中阳县，跑遍7个乡镇，调研木耳基地。为了让老百姓明白种菇道理，常明昌用熟悉的事物作比喻。"菌丝好比是根茎叶，蘑菇是果实，孢子是种子。"农民一听，很快就懂了菌类不同部位的功能。"给蘑菇喷水要先下毛毛雨，毛毛雨有多小？就是你把莲蓬头朝天喷，落下来雾状的水，莲蓬头离远一点就是中雨，不同季节要下不同的雨，才能保证菇的生长。"这样比喻，栽培方式一目了然。

常明昌还给农民上"思想课"。他每次去村里，就带上录像带、U盘，播案例给农民看。渐渐地，农民明白把蘑菇种成集中连片能提高效率，快速挣钱。

相较于其他地区，中阳县的黑木耳极具特色。这里木屑资源丰富，气候干燥，不易发霉或形成病害；晚上冷，植物新陈代谢低，营养消耗少，能保留药用成分。再加上天然的山泉水，种植时也不用农药，种出来的黑木耳几近天然，肉嘟嘟的，像小碗一样，肉质肥厚，被俗称为"碗耳"，咬起来很筋道。中阳县还培育出全国唯一能在夏天栽培的木耳。

种出了木耳，还得卖出去。这就要提到"消费扶贫"、以买代帮。统战部联合当地各大民主党派及企业家，请他们对点购买农户的黑木耳。但这不是长久之计。他们决定召开全国食用菌创新产业大会，让农民直接对接市场。

然而，问题接踵而至。2020年夏天，疫情仍存在不定期、小规模暴发的情况，在那时办千人大会，风险很高。"反对声很多，万一发生疫情，各层级政府都要被追责，不少领导怕发生疫情、怕担责任，这能理解。可是，农业是有时令的，农民能等吗？产业能等吗？"

好在，统战部顶住了压力。为了避免疫情发生，统战部和当地政府进行了省市县各个层次的防疫措施：排查报名参会人员的路径、来自中低风险区的人进行核酸检测、开会地点要在通风的大会议室、严格控制座位距离……2020年8月8日至9日，中阳县成功举办了全国木耳产业创新发展大会暨"小木耳、大产业"学习研讨会，这也是该会首次在华北地区举办。

当时，全国有18个销售蘑菇的经销商来到中阳县，会场的黑木耳全部售出。经销商摸着肥厚的黑木耳，直接与菇农对谈，还去地里查看，果然形成了"产销对接市场"的模式，也就是菇农能直接与买家联系，增加了销售。农民种木耳的积极性大大提高，中阳县也获得了"中国十大木耳种植基地"称号，被称为"华北木耳第一县"。就此，这里形成了木耳生产生态链和扶贫产业链，率先蹚出新路子，促成传统农业的转型。

"用现代农业帮助农民减少贫穷"

2020年10月，常明昌获得"全国脱贫攻坚创新奖"。10年前，现代化农业得到重视，那时的常明昌做农业已有20多年，他意识到农民群体已大大不同。"以前是青壮年劳动力，现在干农业的都是五六十岁的人，劳动强度大他们干不了。而且，对现在的年轻人来说，如果农业还是面朝黄土背朝天，他们是不愿干的。所以应该发展机械化、自动化、智能化和信息化，农业也应该有4.0，才会吸引'新农民'和非农业行业的投资人，促进这个行业良性循环。"

中阳县有个现代化的菌棒生产基地。生产车间安装了智能监控设备，便于随时调控温度，生产过程全自动化。"365天能天天生产，摆脱气候影响，苍蝇也飞不进去，能实现真正的有机农业。"这个基地每天最多能产20万个菌棒，并发给农民朋友。"这就好比生产的即食食品，人们拿回去热一热就能吃。老百姓拿着这些菌棒，直接放地里，加强通风换气，增加水分湿度，就能种出木耳。"

"农业是啥？"常明昌曾这样问他的朋友，大部分人却答不上来。"人们总以为种植养殖加工就是农业，但按照生物领域划分，还应加上食用菌种植。"

常明昌的每个朋友圈都会用蘑菇图标开头，蘑菇是他的"自画像"。"植物是大自然的生产者，它们有阳光就能生长，可以产出瓜果蔬菜；动物是消费者，大动物吃小动物，动物吃植物；而动植物的尸体要如何处理？它们能被菌类分解，菌类是大自然的分解者、清道夫。从这个意义上说，我也是个清道夫、垦荒者，用现代农业帮助农民减少贫穷。"

（文/陈霖）

网红县长刘建军：
用直播改变多伦

刘建军，1971年出生于内蒙古自治区锡林郭勒盟太仆寺旗，曾任锡林郭勒盟多伦县委副书记、县长。2019年，刘建军因使用直播和短视频问政走红，被网友称为"网红县长"。

> 让直播和短视频成为工作助手，发出我们的声音。
> ——刘建军

晚上9点，刘建军开始和网友直播连麦："大家直接说问题，不用问好，节省时间！"连麦的请求源源不断，有问幼儿园补贴的，有问土地产权变更的，刘建军有问必答，一时说不清楚的，就叮嘱身边人记下来，"该找谁解决就找谁"。他上身前倾，眯着眼睛捕捉屏幕上快速滚动的评论，头发和衣领没有刻意整理过，黝黑的一张脸直冲镜头，笑起来有几道褶子。

2019年12月下旬，内蒙古锡林郭勒盟多伦县刚下过一场雪，天黑后这座只有11万人口的小县城有些冷清，但直播间里依旧热火朝天，说好直播30分钟，9点半下播，结果还在往后拖。网友舍不得这么快就放刘建军走。

刘建军是快手上第一个实名认证的县长，粉丝6.8万，发布了1884个作品、356条动态，直播时长经常打败全国99%的用户。他是多伦最大的IP，哪怕在别人的直播中露个脸,都能帮人涨涨粉。聊天时他给记者展示了微信页面——快手专门为这位网红县长建了群,就叫"多伦刘县长快手支持小组"。

网红不网红,刘建军觉得不重要。他更在意直播能为多伦老百姓带来什么,能为多伦县留下什么。在电影《我和我的祖国》里,有一个叫作"白昼流星"的故事,讲的是内蒙古自治区四子王旗扶贫的人和事,而在距离四子王旗500多公里的多伦县,用刘建军的话来说,新技术和新时代带来了"白昼流星"的另一种想象。

让"一把手"们都进直播间

县长做直播,有啥不一样?很多人带着好奇进入了刘建军的直播间,发现这位县长好像没官架子,爱和老百姓唠嗑儿。下乡调研、检查学校食堂卫生、突袭夜市、查酒驾……刘建军举着手机随时开拍。他的车上装了手机固定支架,出差时司机开车,他坐在副驾位子上开直播,从民生政策到旅游路线,主题不限,聊到哪儿算哪儿。

时间长了,很多人遇到问题就进直播间找刘建军,筹钱的、找人的、找工作的,甚至还有调解家庭矛盾的,但县长不是万能的。刘建军意识到,光有一个直播县长还不够,还得有一个直播政府。

2019年6月,多伦县各职能部门和乡县政府都开通了直播账号,每天下午3点到4点,各部门"一把手"轮流走进直播间,从农村土地流转、草原确权到临时旅游点收费、学校课程安排,他们直面群众问题与需求。就在记者采访的那几天,多伦县卫健委疾控中心副主任、民族事务委员会主任、政务服务局局长、房管局局长都在政务直播间做了直播。

自政务直播开通以来,日均在线观看人数约500人,最高达到2555人,那场讲的是农业种植方面的问题。"干部们的直播表现越来越好了。"刘建军说。有一次,一位局长做直播,他远程观看,录屏了10多个小视频,认为讲得非常好。"越是老百姓关心的领域,提的问题越多,越好直播和互动。问政直播,可以逼着局长们学点东西,面对天南地北的网友提出的问题,他不可能去问副局长、去问秘书。"

除了推动建立政务直播间,刘建军还鼓励大家发现问题,在直播和短视频 App 上积极曝光。记者采访当天,有网友发现大北沟镇一处马路的限高栏摇摇欲坠,十分危险,于是拍了视频。刘建军在评论里点名交通局。交通局久久没回复,他让宣传部的同事直接打电话:"你就告诉他,赶紧在评论区回复,汇报相关进展。"下午交通局在评论区回复:"我们正在处理。"不久又发一条:"该限高栏已被大北沟镇修复。"

那时,刘建军每天要花两三个小时回复留言和私信。看到小区卫生环境差、遗弃小动物的,他转发曝光;看到乱停车的,他评论点名城管局;遇到问低保政策的,他截图转给民政局……直播和短视频已经成为他的理政工具,"所以说,我们不是玩直播和短视频,我们是用直播和短视频"。"用"字被他加了重音。

说这话时,我们能感觉到对面这个"大大咧咧"的县长有些欲言又止的委屈。刚做直播那会儿,刘建军听过不少难听的话,"直播是搞个人宣传""县长不务正业"。

刘建军觉得这些人不懂他,他想要的是"网红多伦",而不是"网红刘建军"。年轻时刘建军在盟里宣传部工作,对媒体和宣传有敏锐的认知,他知道新媒体时代不能总靠报纸、电视、电台"老三件"。他打听过京津冀电视台广告投放的费用,至少需要几百万元。县里财政拿不出这笔巨款,而且就算花了,似乎也起不到招商或吸引游客的作用。

此时,有盟里领导建议他试试直播和短视频。刘建军下载 App 研究了一段时间,看到外地有村干部用直播卖货,多伦本地人也有通过直播改变生活的。于是,他也试着开了直播,拍了些短视频,刚开始没人关注,好在他坚持每天更新,慢慢积攒起人气。最初,不少粉丝看刘建军直播,就想看他是不是真县长，后来不知不觉跟着他的镜头去了不少多伦的好地方。刘建军希望通过这种方式，让全国各地的人都到多伦旅游。

"让直播和短视频成为工作助手，发出我们的声音。"这是刘建军总结的心得，"直接与百姓对话，效率更高；用直播和短视频宣传多伦，效果更好。"他把这些写进政府工作报告，还要求所有副科级以上干部都实名注册直播号。

"要想富，先修信息高速公路"

雪夜里，刘建军带我们乘车前往多伦助农直播间。一下车就遇到在楼外"蹲守"县长的几个年轻人。"县长你啥时候直播啊？""真人就在你眼前，还看啥直播啊。"刘建军一边走一边和他们开玩笑。

直播间设在多伦县电子商务公共服务中心里，那里摆满了人参果、胡麻油、艾草等本地农副产品，还有两个极具民族风情的室内蒙古包，走近一看，原来也是直播间。和政务直播不同，每晚8点到9点的助农直播主要目的是给农民"带货"。"以前是要想富先修路，现在是要想富，先修信息高速公路。"刘建军觉得，直播可以解决农民卖货难的"最后一公里"问题。

正在直播的是巴彦宝拉格村的农民许雷。入冬后，许雷种植的大棚人参果出现滞销，直到两周前，通过助农直播间做了一次推销带货，所有熟果全部卖出，就连冬季预计产出果实也被预订一空。这是许雷第二次面对镜头，比上回从容多了，他向正在收看直播的2000多名粉丝介绍了高寒地区大棚人参果的种植经验。

除了为农产品打开销路，直播也成了农民的"新农具"。2019年6月，多伦遭受蔬菜病虫害。刘建军与多伦农业广播电视学校校长孙亚梅一起下乡。他们跑了两天，仅探访了几十户。受灾的农户那么多，根本跑不过来，除非有"飞毛腿"。刘建军琢磨了一下说："抓紧时间录视频！这就是'飞毛腿'啊！"

后来，他们用手机录了20多个50秒长的短视频，和直播结合，跟农户讲解怎么打药和防治，连说带示范，一看就明白。那晚，为了更新视频，刘建军弄到深夜1点还没休息。最终，相比周边县市，多伦县应对这场病虫害是最及时有效的。

现在孙亚梅除了在农广校授课，还会在"多伦农广梅姐"这个账号上更新田间实操短视频，比如怎么给李子剪枝、怎么给西红柿"点花"等。当天下乡在地里发现问题，她可以通过短视频直观地告诉乡亲们解决办法。

"比起报纸、电视台、电台、网站，现在直播离农民更近。"刘建军说。他还建议快手的工作人员把农广校搬上直播间，让更多农民能从手机上学到农业知识。

"小康就是老百姓心里踏实"

晚上10点，助农直播结束，刘建军带记者去拜访一位老朋友。毛哥，多伦的初代网红，粉丝过百万。此时，毛哥刚结束一场长达13小时的马拉松式直播，嗓子哑了。可内蒙古人招待客人"大动干戈"的热情不减，两盆牛大骨、一箱啤酒就这么上了桌。刘建军哈哈大笑，对我们说："你们应该采访他，他才是传奇。年轻时在北京天桥学摔跤，后来开了8年饭馆，娱乐明星是他的常客。回多伦后做直播，现在月入好几万块。"

毛哥被夸得有点不好意思，连忙摆手，一瓶啤酒下肚，才放松下来，声音敞亮了许多。毛哥不是刘建军的下属，却愿意称呼他"领导"。他觉得，刘建军这人有责任、有性情。找毛哥带货宣传，价位不低，但他在直播时把《多伦美》当作背景音乐，还请粉丝集体刷"北京正北，多伦最美"的直播弹幕，义务宣传多伦。

2019年七八月，刘建军被推上风口浪尖。有越野车队肆意碾轧多伦境内及周边草原，并发布视频挑衅刘建军，对多伦的生态环境及旅游形象造成了严重影响。

看着伤痕累累的草原,还有视频中涉事者叫嚣的"建军,我到家了,你还追呢?"刘建军说自己"可算气完了"。8条短视频接连发出——"不要把越野当成撒野""穿越草原,不要穿越法律",直怼当事人。最终,视频里的肇事方不堪舆论压力,主动接受调查,公开道歉,并承诺在多伦植树10亩以上。

在这个过程中,刘建军得到了一些本地网红的认同。他们发现刘建军不是直播作秀,而是"真有胆量、不怕事儿"的县长。记者采访的第二天,在等待刘建军会议结束的时间里,又见到了几位本地网红,并从她们口中认识了另一面的刘建军。

高雅,人称"草原高大队",曾是北漂,7年前回到家乡,现在拥有一支专业短视频拍摄小组。镜头里,她穿民族服饰玩越野,用酷炫手法拍传统,吸引了大批铁粉。

高雅从手机里翻出一段她新拍的视频,我们坐下来把这个15秒的视频看了三遍。越野车轮卷起雪花,镜头得用树枝支在地上才拍出美感;冰上吃火锅,得用航拍才能拍出氛围……她最近在研究李子柒的作品,想试试草原上能不能拍出田园牧歌的质感。

当话题转到与刘建军的相识,高雅忍不住大笑。"那会儿我们还不认识,但是早就听过这是个'疯子县长',他会中医,大家说他喝的水里肯定泡药了,要不咋天天不睡觉,成宿带人查酒驾!"

"当时觉得他'疯',没想到后来我们也跟着他一起'疯'。"说这话的是万莹,多伦湖风景区的工作人员。当时刘建军去景区考察,看到万莹讲解得生动活泼,就问她有没有做直播的想法。就这样,万莹成了一名景区网红主播,她的直播风格偏日常,有点像东北邻家女孩的vlog,粉丝觉得她亲切、爽快、没有距离感。

"刚开始做直播觉得是工作额外的任务,累得慌,老偷懒,县长总训我不靠谱,我也不客气,直接回怼他,差点忘了眼前这人是县长。"万莹说。不过,现在她不敢偷懒了。因为做直播和短视频，仅 2019 年夏天，通过万莹预定多伦湖景区门票的游客已经超过 5000 人。她觉得这些数字既给她带来了成就感，也带来了责任感。

"参与感。"高雅听到这里，插了一句。"我觉得做直播给我们带来了一种建设家乡的参与感。粉丝通过我们能看到多伦的每个角落，他们可能会来旅游、买特产，所以做直播也是做贡献，县里的大事小情都和你有关。"

直播还将一群人紧密联系在了一起。万莹的微信里有多伦诺尔网红孵化群、多伦网络达人群、多伦网红群。成员有驯马大哥、火锅店老板、水果商贩、加油站工人……"我们线下聚会见面，日常生活没聊两句，肯定跑偏到直播，最近拍什么视频，在线人数、粉丝数涨了多少，直播是我们生活的一部分。"

未来这个队伍会继续扩大。过去一年里，多伦县开了五期网红培训班，传授短视频制作和直播经验，每期都有超过 300 人参与，是多伦网红界的"黄埔军校"。万莹讲过课，从最基础的"怎么下载直播软件"教起，很多人上完课开始拿起手机尝试去拍第一条短视频。

如今，网红们和刘建军都很熟，觉得他既像父亲又像大哥。"谁的直播做得好，刘县长会在群里给个小心心，他都看着呢。"万莹说。2019 年国庆假期，刘建军难得回家陪女儿坐公交、看电影，拍了一条短视频，配乐很轻快。万莹看完却有点心酸。她想起有一次晚上 10 点多，大家开完会，刘建军突然拿起手机开始听女儿发来的微信语音，"他肯定不承认，当时他一定想家了"。

采访是在 2019 年即将结束时进行的，在车上我们问刘建军，2020 年有什么心愿。他想了想，从副驾座位上回过头说："我知道你想问啥。说到明年，咱们不就是全面建成小康吗？每个人对小康的理解不一样，我觉得小康不光是满足物质需求，最重要的是老百姓心里踏实、心情乐呵。我希望多伦的小康就是这样的。"

和我们告别后,刘建军将启程去盟政府所在地锡林浩特开会,未来直播和短视频 App 的一个大数据中心可能会落户多伦,这对县里来说是件大事。他身后的多伦华灯初上,毛哥带着儿子在镜头前吃起羊杂,高雅发布了一条越野车雪地冲锋的新视频,万莹准备明天去多伦湖上拍拍冰景,两个小时后,助农直播间也要准时开播。多伦又将迎来一个属于直播的夜晚。

（文/臧运卓　崔隽）

第五章

群星闪耀　演绎东方魅力

奋斗者是精神最为富足的人,也是最懂得幸福、最享受幸福的人。正如马克思所讲:"历史承认那些为共同目标劳动因而自己变得高尚的人是伟大人物;经验赞美那些为大多数人带来幸福的人是最幸福的人"。

——2018年2月14日,习近平在2018年春节团拜会上的讲话

"文物保护杰出贡献者"樊锦诗：
把所有时间和精力全部倾注在洞窟里

  樊锦诗，1938年生于北京。1958年考入北京大学历史学系考古专业，毕业后到敦煌艺术研究所（敦煌研究院前身）工作，历任敦煌文物研究所副所长，敦煌研究院副院长、院长，现为敦煌研究院名誉院长、研究馆员，兼任中央文史研究馆馆员。

> 如果此生找不到自己心灵安顿的地方，如果心灵一直在流放的路上，就犹如生活在漫漫长夜中。敦煌就是我心之归处。
>
> ——樊锦诗

  1962年初，报告文学《祁连山下》在《人民文学》上发表。故事的主人公叫尚达，在巴黎学了10年油画，偶然在塞纳河畔的旧书摊上看到一部名为《敦煌石窟图录》的画册，为之震撼，之后毅然回国，奔赴敦煌，投身莫高窟的保护、临摹和研究，历经妻离子散、家破人亡，一直守在那里。尚达的原型就是常书鸿先生，1943年到敦煌，次年创办敦煌艺术研究所。当时，正在北京大学历史系考古专业读大三的樊锦诗一口气读完了这个故事，被先生对艺术的忠诚、对事业的执着深深打动，也对敦煌充满向往。

  1962年8月，樊锦诗愿望成真——系里安排她去敦煌实习。这是她第一次去敦煌，一路上都在畅想，想象风度翩翩的常书鸿先生，想象如世外桃源般的敦煌。可一下车就傻了眼，眼前的常先生穿一身洗旧了的"干部服"，一双布鞋，戴一副眼镜，"一个鼎鼎大名的艺术家怎会这么土！"那里的生活更是想象不到的艰苦，住破庙泥屋，没电没水，上个厕所都要跑很远。

唯一令人欣慰的是，洞窟里那些壁画和彩塑。整整一个星期，人称"活字典"的史苇湘先生带着他们几个北大学生，攀缘着被积沙掩埋的崖壁，一个洞窟一个洞窟地看过去。从北凉、北魏，到隋唐的山水、人物、建筑，从伏羲、女娲到力士、飞天。樊锦诗至今还记得第一次进洞窟时的情景，"洞中的温度远比我想象的要低，我感到一股刺骨的寒气从地层蔓延上来。然而看着洞窟四壁色彩斑斓的壁画，我就忘记了寒冷"。那一年，她24岁，是一个朝气蓬勃、对未来充满遐想的青年学子。

没有料到，正是这次实习改变了她的命运——此后的人生都与敦煌连在一起。第二年，樊锦诗毕业，被分配到敦煌工作。当时的她虽有些不情愿，但还是背起大包，戴着草帽，坐火车、转汽车，历经三天三夜，回到敦煌。这一去就再也没有离开。

一晃57年过去，樊锦诗依然是初到敦煌时的短发，只是青丝变华发。在自传《我心归处是敦煌：樊锦诗自述》的发布会上，她一出现就被人团团围住，瘦小的身躯被淹没在人群中，只能偶尔飘出一两句话语，有些粗、有些硬，明显被西北风沙打磨过。轮到她发言，她弓着背走上台，一开场就说："我的经历很简单，出生在北京，上海长大，北大求学，到敦煌工作。"之后的故事，便是她与敦煌大半生的纠葛。

常书鸿点名就要樊锦诗

敦煌研究院是一片灰色平房，两层楼高，孤零零地矗立在戈壁滩上。它与莫高窟隔着一条宕泉河，宕泉河畔有一片墓地，安葬着常书鸿、段文杰等莫高窟人。每天下午5点20分,最后一班旅游车载着游客离开莫高窟。除了研究院,方圆20里内就没有人烟了。

几乎每一个敦煌研究院的工作人员都会被人问一个同样的问题:当初为何选择来偏远而荒凉的敦煌?

"那还有啥可说的呢?一个有事业心和责任感的女大学生,碰上一个思想纯粹的年代,最终的结果就是扛起铺盖卷儿,义无反顾地上路。"樊锦诗对记者说。其实最初敦煌并不是她的理想选择,自己只是服从分配——1963年,她从北大毕业那一年,时任敦煌艺术研究所所长的常书鸿向北大考古系申请推荐毕业生到敦煌工作,点名就要樊锦诗。

毕业分配结果宣布时,樊锦诗犹豫不决。"1962年的那次实习,给我留下了心理阴影。"她说。敦煌昼夜温差大,气候干燥,她从小在上海长大,根本无法适应。"严重的水土不服,加上营养跟不上,我几乎每天晚上都失眠,经常到三四点钟就醒了。"还有一次半夜房顶掉老鼠,把她吓个半死,暗暗发誓:"这地方我再也不来了……"

但真正面临抉择时,樊锦诗又和许多年轻的大学生一样,天真而坚定——只要国家需要,就愿意无条件地服从。"我转念一想,说不定这就是天意。作为一个考古学生,其实在潜意识里,我还是非常喜欢敦煌的。"

樊锦诗念念不忘的是敦煌那些美丽的壁画和造像。"这些洞窟最初是谁建的?壁画是什么人画的?她又是怎样湮没在了历史的记忆中……都在向我传递着一种强烈的信息,这里充满着奥秘,我想要去探究它的谜底。"

支撑樊锦诗去敦煌的,还有一个美好的希望——学校承诺,三四年后会分配新的考古专业毕业生来敦煌,她就可以离开,去武汉和爱人彭金章团聚。彭金章是他们班的生活委员,在学校时对樊锦诗格外照顾,给她占座,送她手绢、家乡土特产,一来二去两人确定恋爱关系。毕业分配,彭金章的去向是武汉大学。分别时,樊锦诗对他说:"很快,也就三四年。"谁也没想到,这一分就是23年。直到1986年,彭金章调到敦煌研究院,夫妇二人都在敦煌扎下了根。

毕业离校前,发生了一件令樊锦诗难忘的事。

有一天,苏秉琦先生突然派人找她,将她叫到在北大朗润园的住处。苏先生当时任北大历史学系考古教研室主任,是与夏鼐先生齐名的考古学界泰斗。一进门,樊锦诗忐忑不安,苏先生给她冲了一杯咖啡,说:"你去的是敦煌。将来你要编写考古报告,这是考古的重要事情,必须得好好搞。"

在那一刻,她意识到自己身上的重任——完成对敦煌石窟的考古研究。

"我有好几次想离开敦煌"

樊锦诗很小的时候就对考古充满遐想,这和父亲有很大关联。

父亲毕业于清华大学,是个工程师,虽学的是理工科,但热爱古典艺术和文化,从小给孩子们讲历史故事,教他们背《古文观止》。受父亲影响,樊锦诗中学时就常常逛博物馆,看文物学历史,知道许多精美文物都是经过考古发掘出土的。1958年,她考上北大历史系,偶然听到学长们讲考古,觉得很神秘,"能够饱读诗书,还能游遍名山大川,这自然是天底下最有意思的事了"。于是,她就成了一名考古专业的学生。

当时,北大考古专业是新中国首个考古专业,云集了一批顶尖的历史学家、考古学家,如周一良、田余庆、苏秉琦、宿白等先生。宿白先生是樊锦诗的授业老师,也是对她人生影响极大的一位先生。

宿白毕业于北大历史系,是中国历史时期考古学学科体系的开创者。他做学问很认真。有一次,期末提交论文,樊锦诗本打算随便写一写,交差了事。没想到先生逐页批阅,一条一条意见清清楚楚地写在一张台历纸上,然后拿给她说:"你回去好好修改吧。"樊锦诗很羞愧,此后做学问、做人做事,都认认真真、脚踏实地。

到研究所后,樊锦诗牢记苏秉琦先生和宿白先生的嘱托,第一项工作就是和其他几位同事一起撰写敦煌第一部考古调查报告。她加入"面壁者"的队伍，每天睁开眼就往洞窟里钻，跟着先生们爬"蜈蚣梯"———根绳子直上直下吊着，沿绳一左一右插着脚镫子。每次爬她都心惊胆战，在梯子上左摇右晃。

"我把所有时间和精力全部倾注在洞窟里。"樊锦诗说。刚到敦煌，一不工作她就胡思乱想，想上海、想北京、想爱人，有一种巨大的孤独感和失落感，"这种失落一直会把我拽向忧郁的深渊，有好几次都想离开"。

为了抗拒这个深渊，她学着遗忘，将姐姐送的小镜子藏起来，不再每天照镜子。她渐渐习惯了宿舍没有地板的泥地，习惯用报纸糊起来的天花板，习惯了半夜里老鼠掉在枕头上，然后爬起来掸掸土，若无其事继续睡。第二天只要一走进石窟，所有的孤独和不快全都忘了。"慢慢地离不开敦煌，安下心来，心无旁骛地守护它。"

3年后，考古报告草稿初成，但"文化大革命"来了，研究工作被迫中断。直到20世纪80年代后期，编写石窟考古报告工作才又提上日程，只是限于技术人员的缺乏，始终难有推进。1998年，樊锦诗从前任院长段文杰手中接过重担，成为敦煌研究院第三任院长，如此一来行政工作又占去了她大部分时间。

没时间搞专业，樊锦诗就想办法一点一点挤。2000年前后，她拿着考古报告的部分草稿给宿白先生看，先生直截了当地问她："你怎么现在才想起写考古报告？你是为了树碑立传吧？"听了老师的话，她哭笑不得，内心很委屈。先生这么说是有原因的，因为那段时间他经常在电视里看到樊锦诗。他是在提醒樊锦诗：不要老在电视里晃来晃去，要专心致志于自己的考古研究。

樊锦诗被先生"敲"醒了，再把心思收回到考古上。经过多年反复探讨、研究、修改，2011年，终于完成并出版《敦煌石窟全集》第一卷《莫高窟第266—275窟考古报告》。"也算了却了一桩心愿，但只是开了一个头。敦煌一共735座洞窟，更繁重漫长的工作还在后头。"

让敦煌消失得慢一点

735 座洞窟，樊锦诗能说出每一尊佛像的来历、每一幅壁画的年代、每一个石窟需要修复的问题。"每一个洞窟都有病。"她说，所以保护是一个永恒的主题。

"文化大革命"结束不久，樊锦诗被任命为敦煌研究所副所长。上任不久，她就开始做莫高窟的"科学记录档案"——为每一个窟编制一本档案，包括平面图、剖面图、照片、文字等详细信息。

做档案的过程中，需要查找过去的老资料。敦煌最早的照片，来自 1908 年的冒险家斯坦因，以及后来的伯希和等。20 世纪五六十年代，敦煌研究院也留下了数万张照片。两下一对比，樊锦诗吃了一惊，"同样的洞窟、同样的文物的照片，现在见到的彩塑和壁画等，或退化，或模糊，或丢失"。那一刻，她发现了敦煌的脆弱、易逝，"那些怀抱琵琶的飞天和斑斓的佛国世界迟早会消失。人类所能做的，只不过是让消失的过程慢一点"。

有一阵子，樊锦诗总在做梦，梦到墙体上的壁画一块块地剥落，"难道我们就眼睁睁地看着世界上独一无二的敦煌石窟艺术逐渐消亡吗？"问题一直萦绕着她，走路吃饭睡觉都在琢磨，但总也无解。

到了 20 世纪 80 年代末，樊锦诗到北京出差，一个偶然的机会，有人在电脑上给她展示图片。她忍不住就问："那你关机后，刚才显示的图片不就没了吗？"对方回答："不会！因为转化成数字图像后，它就可以永远保存下去。"她茅塞顿开：壁画也可以数字化保存。

后来，这一构想得到甘肃省科委的支持，敦煌研究院在文物界首先开始了壁画数字化的试验。"尽管我们在山沟里，但我们从来都是开拓进取、不墨守成规的。"

此后，敦煌便行走在数字化的道路上。1993 年，敦煌研究院开始尝试用计算机技术重组壁画信息；2006 年，敦煌研究院数字中心成立，专门从事研发石窟文物数字化；2014年，莫高窟数字展示中心建成，游客可以在这里观看球幕电影，了解莫高窟的前世今生。

这些年，越来越多的游客被莫高窟的神秘和美丽吸引。随之而来的是，它也被裹挟到旅游开发的大潮中，遇到了市场开发和保护的矛盾。

1998年，樊锦诗接任院长不久，就遇到一件棘手的事：当时，全国掀起"打造跨地区旅游上市公司"热潮，有关部门要将莫高窟捆绑上市。"敦煌是国家的遗产、人类的遗产，决不能拿去做买卖。"为此，她四处奔走，甚至对当时的相关主管部门领导说：如果敦煌也捆绑上市，文物局就关门吧，我这个院长的帽子也不要了。就这样，她硬是把压力顶了回去。

"担子交到我身上是很重的，我知道自己的能力和分量，但是我不能退缩。"时至今日，再谈起当年，樊锦诗仍很坚决，"敦煌研究要做什么？就是完整、真实地保护她的信息，把她的价值传给子孙后代。如果没好好挖掘文物的价值就让企业来开发，那我就是罪人"。

"要不是敦煌，人家知道我是谁"

在敦煌坚守近60年，樊锦诗觉得自己最对不住的就是丈夫和孩子。

1968年，她生下大儿子，产假一休完就上班。孩子没人看，只好把他捆在襁褓里，临走之前喂饱，中途再回来喂一次奶。有一次，她下班回宿舍，发现孩子从床上滚了下来，脸上沾满了地上的煤渣，心疼得直哭。最终，她和彭金章一商量，把孩子送到丈夫河北老家的姐姐那里。后来，老二也由这个姑姑带大。

一家四口真正团聚是在彭金章调到敦煌后。樊锦诗忙于工作，照顾孩子的重担就落在了丈夫身上。"我能守在敦煌，离不开老彭的理解和支持。"樊锦诗说。

当年，她一头扑在敦煌考古时，彭金章也肩负重任，在武汉大学创立了考古系。两人面临的现实问题是：谁去谁那里？一场旷日持久的"拉锯战"开始了——武汉大学到敦煌要人3次，敦煌"以礼相待"，也到武汉大学要人3次。结果双方"不欢而散"。后来，还是彭金章妥协，做起了"敦煌女婿"。

彭金章来到敦煌后，研究所就交给他两块"硬骨头"，其中之一是研究被当时学术界称为"敦煌荒漠"的北区洞窟。"洞窟积尘都是成百上千年形成的，发掘完一个洞窟后，他就成了泥人，眉毛和眼睛都是灰土，口罩一天换几个，都是黑的。"樊锦诗回忆。8年里，彭金章用筛子几乎筛遍了北区的每一寸沙土，挖掘出大量珍贵文物，证实完整的莫高窟石窟寺院由南北石窟共同构成，从而使有编号记录的洞窟由492个增至735个。

樊锦诗今年86岁了，仍住在莫高窟，做研究、撰写考古报告，只是身边没有了爱人彭金章——2017年他因病去世。

她一生不喜名誉，谈及个人成就，她说："要不是敦煌，人家知道我是谁？那不是我的荣誉，那是敦煌的荣誉。"她也不追逐物质和金钱，生活简朴，可以称得上是"抠门"。任院长时，她每次出差尽可能独自一人，为的是省差旅费。而且只要去北京出差，就住在景山公园后的一个地下室招待所，连那里的服务员都认识她，称她是"住在地下室里级别最高的名人"。

在敦煌，每当苦闷和烦恼时，樊锦诗都喜欢去第158窟看一看。第158窟内的佛床上卧着莫高窟最大的释迦牟尼佛涅槃像。卧佛像头向南，足向北，右胁而卧，面向东。1200多年来，始终从容不迫、宁静坦然地面对着朝圣者。一走进这里，她的心就格外宁静，有一种回家的感觉。"如果此生找不到自己心灵安顿的地方，如果心灵一直在流放的路上，就犹如生活在漫漫长夜中。敦煌就是我心之归处。"

（文／陈娟）

"国家形象设计师"周令钊：

百岁画狗票

周令钊（1919年5月2日—2023年1月3日），生于湖南平江，1935年毕业于武昌艺术专科学校，1949年加入中国共产党，历任中央美术学院副教授、教授。周令钊曾绘制开国大典时天安门城楼上的毛主席像，参与国徽、团旗、少先队旗、人民币的设计工作。

> 走了那么多地方，还是觉得湖南最美。
>
> ——周令钊

周令钊有一双少年的眼睛。聊天时，他专注地盯着记者，瞳孔里有期待、有光芒。这大概就是我们常说的好奇心与探索欲吧。生前，周令钊去电影院看热映的《星球大战》，结束后他对女儿周容说："这一切可能都是真的。"

他真的相信有外星人存在。

除了科幻片，动画片也是周令钊的心头好，采访时皮克斯动画《寻梦环游记》正在热映，记者推荐老先生去看，他听后兴奋起来，说："看，要去看！一听名字就好看！"难怪人常说，越老越顽童。

其实时间让很多东西模糊了，采访时记者问到细处，周令钊常常"怼"回来:"你不能这么问,这么问都是在考我,我记不住了!"可时间也让很多东西越发闪亮,历久弥新,比如民族危亡的艰难时刻、为国家设计形象的光辉岁月、生命中的良师益友,还有细水长流的爱情故事……

记忆的海洋大浪淘沙,剩下的就全是赤诚与感动。

要把家乡的四条江画完

周令钊最新完成的作品,是2018年的生肖邮票——《戊戌年》生肖狗票。这套特种邮票一共两枚:第一枚是"犬守平安",画面上一只黑白公犬昂首挺胸,瞪视前方,两只耳朵机警地竖立,一副守护家宅的忠诚模样;第二枚是"家和业兴",母犬低头望着幼崽,二犬相依,一片温馨,寓意家业兴旺。

这套邮票对周令钊而言有不一般的意义:一来,发行年刚好是他农历百岁;二来,这也是时隔36年后他第二次设计生肖邮票。20世纪80年代,我国发行首套生肖邮票。1982年,首张生肖狗邮票面世,设计者就是周令钊。当时,他采用瓷板画的创作形式,在湛蓝的底色上,画了一只昂首挺腹的小黑狗,原型就是他儿时家中养的小狗。

周容说起父亲二度设计生肖邮票的过程,还有不少小插曲。2017年初,接到邮票设计的任务后,周令钊费心完成了作品,画了几张带着卡通风格的小狗画。"但邮政部门觉得和1982年那套的装饰画风格比较像,想再写实一点。"周容说,"其实我觉得他画得很不一样,是很现代的。"

本来周容考虑到父亲年事已高,再做如此大的修改怕身体吃不消,想婉拒,但周令钊觉得既然任务到了自己手上,就该好好完成,又花了两三个月时间重新画了两幅。虽然过程耗时、耗精力,但最终呈现的效果令人惊喜,3只中华田园犬形象惟妙惟肖地浓缩在方寸之中。

周令钊日常兴趣很多,看电视、电影,还喜欢唱两句。他的声音很浑厚,以前常被拱上台唱男中音。"但有个问题,我记不住词儿,这导致我成不了歌唱家。"

他还有个爱好——旅游。早年他常去全国各地采风、写生，把每一处山山水水都当作上天的艺术品般好好欣赏、记录。他几乎每年都要回湖南住一小阵子，尤其是家乡平江，连云山、幕阜山、福寿山、汨罗江、盘石洲……都走遍了。常德诗墙石刻壁画《沅江水暖》《澧水花繁》，岳阳南湖宾馆内的壁画《春风又绿盘石洲》《天下忧乐情满楼》，北京人民大会堂里的壁画《松竹梅》、湘绣屏风画稿《韶山冲》等，都是他描绘家乡的作品。2010 年，91 岁的周令钊仍在旅途中创作，绘制了长达 9 米的画卷《汨水平江永流芳》。他常和别人说："走了那么多地方，还是觉得湖南最美。"

湖南有四大江：沅江、澧水、湘江、资江。前两条周令钊已经画过了，如今的目标便是把剩下的画完。这两年女儿都会陪他去湖南看江、画江，如今湘江上的橘子洲头已经画得差不多了。

日军破城前，在黄鹤楼画抗战壁画

周令钊的少年时代，是在战火中度过的。他 7 岁离开平江，到长沙学画，16 岁进武昌艺专读高三，毕业后就被舅舅送去上海学印刷制版。1937 年上海发生"八一三事变"，周令钊的住处中了日军流弹，他差点送命。"到了火车站，人山人海，天上敌机扫射，旁边是英租界不许过去，眼见一位同胞被挤进英租界，让英兵抓住，打个半死。中国人在自己的土地上没有立足之地。"

周令钊挤上了逃难的火车到了长沙。就这样，18 岁的周令钊开始了用艺术抗敌的青年时代，他说："当时的《上海漫画》《抗战漫画》杂志，有张光宇、叶浅予、丁聪等，他们用漫画揭露旧社会的黑暗，呼吁抗日救国，我很崇拜他们。"

在长沙，周令钊参加"湖南省抗敌画会"，和前辈们每星期赶出一个画展，到街头乡镇巡回展出。之后，他又到广州加入"八一三歌咏队"，在大游行中创作了《起来，不愿做奴隶的人们》和《挺起胸膛，按住疮伤，前进》等大型绘画。1938年，他辗转到了武汉，进入国共合作时期的军委政治部第三厅艺术处。当时，政治部副部长是周恩来，第三厅厅长是郭沫若，艺术处处长是田汉。

1938年的武汉，既是日军进攻的目标，也是全国抗日救亡运动的中心，文艺界人士从全国各地涌来，郭沫若、田汉等人推动了一次又一次抗日宣传活动。7月，政治部第三厅发起保卫大武汉宣传周。3天里，武汉市民素食禁屠，集会献金；歌咏队演街头剧、宣讲；宣传队帮助市民洗衣缝补、写书信、赠送慰劳品……而周令钊所在的艺术处美术科的任务，就是在黄鹤楼下的武昌城墙上创作巨型画《全民抗战》。

美术科代科长倪贻德召集众多画家紧急进行设计、制作。全画分前方、后方两部分，前方描绘抗日将士奋勇前进，后方则是军民合作，同仇敌忾，分别由汪仲琼和周多两位画家起稿。

草图很快就完成并得到批准，美术科的画家们全体出动。周令钊和队友们自己搭脚手架、架梯子，一面用石灰将凹凸不平的墙面抹平，一面用简陋的画具、颜料作画。处暑初秋，烈日当空，城墙晒得发烫，画家们的背和手都被烫得破了皮。

周令钊年纪小，身体灵活，就负责油画的上半部分。他回忆："当年我没有恐高症，翻过栏杆站到梯子上，也不系安全绳。画的时候一只手拿着颜料盘，还要用手臂夹住梯子，另一只手在墙上画，画不同的部位时还会摆动梯子，就像玩杂技一样。"

在梯子上，周令钊望着烟波浩渺的长江，耳边传来的是慷慨激昂的大合唱——宣传周里，数十万民众举起火炬，在江边大游行，冼星海在船头指挥歌咏队唱《太行山上》，田汉领着群众在岸边高唱《义勇军进行曲》。夜幕时分，蛇山和长江火红一片。

9月，《全民抗战》完成。当时的《新华日报》报道：当你走过武昌汉阳门的时候，可以望见黄鹤楼上巨大的全民抗战壁画，这是抗战以来的第一幅大画。一个月后，武汉沦陷，日军从这幅画前经过，用了很大力气也没能将它完全销毁。

离开武汉，周令钊随队撤离至长沙，又在长沙大火那天撤至桂林。那时的桂林是文艺界的大后方，周令钊先在行营宣传组画抗日宣传画，到艺术馆画演出海报，后又到柳州参加抗敌演剧队，设计布景、演配角，甚至还随演剧队去缅甸，演出慰问远征军。

颠沛流离的战争岁月，周令钊不止一次经历了生离死别之痛。在桂林，他最好的朋友是音乐家张曙。每次张曙写了新歌，都会让周令钊试唱。1938年12月，张曙父女遇难，等到周令钊与第三厅的其他人赶到现场时，只看到了好友被炸得血肉横飞的惨状。

1945年，抗战胜利，周令钊由缅甸经昆明到了广州。两年后，他来到上海，在田汉的介绍下到上海育才学校美术组任教。回忆自己的青葱岁月，周令钊说："一路上，云贵大山，苍山洱海，瑞丽风光，怒江激流，大理民居，傣家竹楼，战时却是残垣断壁，破车死马，青山成焦土，一路写生，我记下了那饱受伤害的山河情景。"

被聂荣臻肯定的央美"快手"

1948年，在好友冯法祀的引荐下，周令钊结识了时任国立北平艺术专科学校校长徐悲鸿。徐悲鸿对周令钊很是欣赏，并聘请他到艺专实用美术系任教。当时，周令钊就在地下党的组织下，起稿迎接解放的木刻宣传画。不久，北平解放，周令钊和学生一起去铁狮子胡同迎接解放军，所有人都唱着解放区的歌。

新中国成立后，艺专改为中央美术学院。由于没有大型会堂，许多国家级会议都在美院的礼堂举行，而布置会场的任务大都落到了周令钊身上。几次大会，他都画了毛主席像，效果很好，"快手"之名由此被很多领导熟知。1949年9月初，"快手"周令钊接到了一项重要任务：为天安门城楼画一幅毛主席像。

接到任务后，周令钊带着新婚不久的妻子陈若菊来到天安门，在城楼上的大殿外东墙下搭起了脚手架开始工作。他选取的参考图像，是毛主席在北平和谈时的照片：主席头戴八角帽，领口敞开，面带胜利的微笑，背景鲜红。

照片很小，要放大成高6米、宽4米的大型画必须经过多次"人工放大"：周令钊先把小照片打满正方形的小格，再根据每小格放大画一幅小稿，再用同样方法，在小稿上打格放大画。一次又一次打格、放大，这才渐渐有了雏形。那十几天，周令钊夫妇每天天刚亮就带着一天的干粮登上城楼，一直画到天黑。为了从不同角度观察效果，他们一次次爬上爬下，晚上躺下后还在"打腹稿"。

9月30日，画作完成，时任北京市市长聂荣臻特地来看，评价道："像！非常像！"但是他又觉得，开国大典毕竟是个很严肃的时刻，主席的风纪扣还是扣着的好。周令钊又连夜修改，把敞开的领口给"扣"上了。

结果躺下没多久，周恩来总理那儿来意见了：画上有"为人民服务"5个字，挂在城楼上看不清楚，不如去掉好。

画像已经挂在天安门城楼上了，只能周令钊自己"上去"。"那时没有升降机，也没有那么高的梯子，我们就把两三个梯子用铁丝绑起来，叠着爬上去才够到了画。我手里拿着颜料、笔和桶，摇摇晃晃的。那几个字很宽，我就爬上去画一部分，再爬下来，挪挪梯子；再爬上去画一部分，再下来挪梯子……"

天亮了，画像修改完成。几个小时后，毛主席登上了天安门，站在画像的正上方。周令钊亲眼看到第一面五星红旗升起，听到毛主席宣布"中华人民共和国成立"，无比自豪。"可惜那时没有相机，连一张工作照也没留下。"

开国伊始，百废待兴，周令钊身为中央美院的中坚力量，参与了许多有关"国家形象"的设计。1950年，他在张仃、张光宇的领导下参与了国徽设计，如今国徽上的"五颗星"就是他提出的方案。除了国徽，团旗、八一勋章、独立自由勋章等，也都由周令钊主笔或参与设计。

让周总理满意的"诸葛亮"

除了美术设计，当时中央美院的大批老师还参与了一些建筑设计，比如人民大会堂的设计，就有周令钊的贡献。

1958年，人民大会堂的建设开工，其主会场万人大礼堂，跨度达76米，高度和纵深都比已完工的政协礼堂大，其穹顶吊灯的设计安装成了难题——政协礼堂的吊灯就曾因为过重掉下来，砸碎了40多个座椅，而人民大会堂的吊灯更大，穹顶根本承受不了。这个问题一直反映到周恩来总理处，无奈，总理组织了一个"诸葛亮会"，周令钊带着一群学生和老师前往参加。

当时北京正在搞"十大建筑"的建设，交通很不方便，参会人一直没到齐。等不及的周令钊就直接问总理："这到底是个什么会？"

周总理回答："就是人民大会堂的吊灯问题，因为顶高灯大，承重受不了，确实没办法，所以请你们这些诸葛亮来出出主意。"

周令钊立马提出想法："这还不容易，满天星，满天星嘛！"随手就用铅笔在速写本上画出了中间是五角星、整体以满天星的环形结构向外延展的设计草图。周总理拿来一看，就揣在兜里说："好吧！告诉他们别来了，散会！"

周令钊这一画，画出了人民大会堂里的经典设计。

20世纪五六十年代，美术界流传这样一句话："中央美院有两大奇才，一是黄永玉，二是周令钊。"在人们的印象里，黄永玉的名气总是比周令钊大些。黄永玉却对自己的老同事佩服不已："周令钊搞了许多重大的事情，没有多少人知道，他从不张扬。如果换成有的人，能参与其中任何一项事情都可以'吹嘘'一辈子了。"

只能在梦里与爱妻相见

在周容记忆里,从小父亲留给自己最多的就是背影,"他太忙太忙了"。20世纪五六十年代,周令钊忙着设计徽章、旗帜、人民币。1950年,周令钊接到设计、绘制第二套人民币的任务,为了瞒住妻子,他直接住进了北京印钞厂,一遍遍去故宫、颐和园,在那里的石雕、铜器上找灵感;1955年,周令钊又受命绘制第三套人民币,这次他把妻子也拉进来,他负责总体设计,陈若菊负责图案设计。

他也忙着教书育人。那时的中央美院名师荟萃:庞薰琹、张光宇、郑可、常沙娜……周令钊除了讲课,还兼任班主任,在学生中很有声望。他的学生、如今也是美术大师的韩美林说:"周先生是我的班主任兼水墨课教师,我至今仍能记得在他的带领下,学习掌握各种艺术规律,参加各种艺术实践创作活动的场景。"

让周令钊的繁忙停下来的是"文化大革命"。"记得那天,我早上去黑龙江生产建设兵团,他下午就被抓到'牛棚'里去了。"周容回忆道,"我母亲刚送完我,就又去送父亲,我们家算是'四分五裂'了。"

后来,周令钊又去河北下乡,在农场劳动,之后又被调去干老本行,给剧团做舞台设计。"文化大革命"期间他挨过一次打,对方说他和周总理"有事儿",威胁他交代总理的"黑材料"。他说:"什么黑材料,没有黑材料,不知道。"于是挨了打。

在周容的记忆里,父亲对自己的教育一直是"放养式"的,印象最深的一次管教是"粉笔事件"。"我上小学时,一次把教室地上没用的粉笔头捡回家在地上画画,父亲看到后大骂我,马上让我送回去。"周令钊对女儿说,要画画可以,但公家的东西一丁点也不能拿!周容心里有些委屈,但还是乖乖地把粉笔头送回了学校。

第二天,周令钊给女儿买了一块黑板、一盒彩色粉笔、一盒白粉笔。周容说:"这件事,我记了一辈子。"

周令钊对女儿没怎么发过脾气,对妻子陈若菊更是如此。"我们不像别的夫妻,我们从来不吵架,从来都是一块研究,共同创作。"周令钊说。陈若菊是周令钊的学生,出身书香门第,是当时班上成绩最好的。新中国成立后,陈若菊以助手身份帮助周令钊工作,而周令钊则是用一封情书赢得了陈若菊的芳心。

1949年7月,徐悲鸿在自己家中为周令钊夫妇举办婚礼,不仅担任了证婚人,还拿出精心绘制的《双马图》送给他们。

60多年来,周令钊和陈若菊一起旅行、创作,在生活和工作上相互扶持。2012年,夫妻俩还分别为北京地铁6号线朝阳门站创作了两幅壁画:周令钊画《京东粮道》,陈若菊画《凤舞朝阳》。

2013年11月,陈若菊突发心肌梗死离世,周令钊伤心不已。采访时,他的身后就摆着与妻子的合照,他拿起照片不断轻抚,突然有些哽咽:"这是我爱人。可惜她已经不在了,好好的怎么就不在了呢?陈若菊,我只有在梦里才能见到了。"

采访结束离别时,周令钊与记者、摄影记者一一握手道别,笑着约下回再见。那单纯的眼神让人想起了著名画家郁风对他的评价:"提起周令钊,在我的印象中,仍然是抗战初期那个'八一三歌咏队'的小伙子——小周。他披一件旧棉袄,灰布帽上贴着自己剪纸做的红星,一口湖南腔的普通话,有孩子般的笑脸……"

的确,百年的生命尺度,让他经历了动荡与繁荣,让他尝遍了喜怒与哀乐,却从未让赤子之心蒙上尘埃。

(文/余驰疆)

半生沧桑的乐黛云：

东奔西跑九十载

乐黛云，1931年生于贵州贵阳，1952年毕业于北京大学中文系，当过猪倌、伙夫、赶驴人、打砖手。从20世纪80年代起，乐黛云投入中国比较文学研究与学科建设，与汤一介等发起、组织"中国文化书院"，引领"文化热"。出版自传《九十年沧桑——我的文学之路》。

> 不要失去对人类的信心！我一生中见过各种灾难，自然的、社会的，最后都能过去的。
>
> ——乐黛云

在自传《九十年沧桑——我的文学之路》的发布会上，北大中文系的"传奇人物"纷纷到场，自称传主的"学生"，讲起与她有关的往事。

1956年，17岁的广东青年洪子诚考入北大；彼时，她已是拥有4年教龄的老师。1969年，在钉螺丛生、一片荒芜的江西鲤鱼洲，他们共同度过了两年"干校"岁月——日后"当代文学"与"比较文学"的一代宗师，一个曾是打柴班、大田班的班长，种过三季水稻，开过手扶拖拉机；另一个曾是力气奇大的劳动能手，摔砖、盖草棚，巾帼不让须眉。

1978年，钱理群从贵州来到北大，以39岁的高龄成为王瑶先生的研究生；彼时，她是王瑶的助手，于是担起"副导师"的角色。钱理群的毕业论文涉及周作人，当时是"闯红灯"式的选题。答辩会上，她找来唐弢先生"保驾护航"，在钱理群与一位老师争论得难解难分时，她又笑嘻嘻地插话，终于"转危为安"。

1984年，30岁的陈平原成为北大中文系的第一届博士生，一年后和钱理群、黄子平在筒子楼里聊出了"20世纪中国文学"的设想，轰动知识界；彼时，她已树起比较文学研究的大旗。1990年，首届全国比较文学优秀著作奖评选，陈平原本来是二等奖，她是主持者，灵机一动，将一等奖变成特等奖，二等奖升了一等奖——这么处理，年轻人填表时"比较好看"。

故事的主人公、90岁的乐黛云，一直安静听着。学生们劝她下场休息，她一摆手："这不是我的风格。"一头黑发，一身红衣，是全场最明亮的所在。

她一直喜欢红色。20世纪80年代，乐黛云穿着红色西服在北大课堂上讲茅盾。中文系77级学生夏晓虹对此记忆犹新："有一首歌叫《革命人永远是年轻》，乐老师穿上红色的西服，真的是革命人的形象，青春永驻的形象。"

辉煌的日子

70多年前，在一篇苏联小说的书评里，乐黛云写下"生命应该燃烧起火焰，而不只是冒烟！"这正是她人生观的一面：红色，轰轰烈烈的热度。

1948年夏天，17岁的乐黛云只身从偏僻遥远的贵州来到烽烟滚滚中的北京大学。中文系里大师云集，她最喜欢上沈从文的"大一国文"和废名的"现代文学作品分析"。5个月后，围城炮火的轰鸣终结了悠闲自在的学院生活。乐黛云投入革命洪流，白天如痴如醉地唱歌跳舞，晚上就到楼顶站岗护校，在月光下借一支手电筒的微光校对革命宣传品。她还和同学到沈从文家，劝说他相信共产党，不要去台湾。

1950年，乐黛云参加了在布拉格召开的第二届世界学生代表大会。初出国门,火车在莽莽苍苍的西伯利亚森林穿行了十来天。她教大家唱《流放者之歌》和《囚徒之歌》,心里想着十二月党人和他们的妻子,还有陀思妥耶夫斯基、托尔斯泰笔下被流放的人群。到莫斯科的那个晚上,团长三令五申不许单独行动。她和同伴还是忍不住,偷偷溜到红场,跑到列宁墓前,"屏住呼吸,说不出一句话,只感到灵魂的飞升"。

那时,乐黛云正和哲学系的汤一介谈恋爱。少男少女相识于北大青年团,一次同去南苑劳动,午间躺在水田旁的草地上休息。汤一介揪了几根小草,放在她口袋里,算是确定了关系。

1952年,两人结婚。典礼在小石作胡同的汤家举行,乐黛云毫无新娘的羞怯,发表了一通革命演说,"要注意划清同资产阶级的界限"。汤一介的父母笑眯眯地鼓掌,表示认同。

这一年,汤家搬进了燕南园58号,邻居有马寅初、陈岱孙、周培源、侯仁之、朱光潜、王力、冯友兰等,群星璀璨,俨然民国知识界的地图一角。汤一介的父亲,是与陈寅恪、吴宓并称"哈佛三杰"的汤用彤,于抗战烽火中写成《汉魏两晋南北朝佛教史》,为人一团和气,有"汤菩萨"的外号。

这一年,沈从文已弃绝教室和文坛,遁入瓶子罐子、绸子缎子的古文物世界;废名最得意的课程"李义山诗的妇女观"因有"封建主义"和"资本主义"之嫌被停开,不久被派去吉林大学,晚年失明,于长春黯然离世;汤用彤远离了教学,成为分管基建的副校长,每天拄着拐杖,在尘土飞扬的工地上走走看看。

这一年,乐黛云毕业留校,担任中文系首任系秘书,为政治工作忙得脚不沾地。导师王瑶劝她去念古典文学,"至少作者不会从坟墓里爬出来和你论争";她没听话,执意选择了风云变幻的现代文学。

作为新中国第一代知识分子,新的时代在她眼前展开。"我们只看到一片金色的未来。"60年后,乐黛云如此形容那些"辉煌的日子","到处是鲜花、阳光、青春、理想和自信"。

门头沟与鲤鱼洲

辉煌的日子终止于1957年的春天。

乐黛云和文学教研室的九位青年教师准备筹办一份同人刊物,刊名"当代英雄",取自莱蒙托夫的同名小说。刊物没有办成,十位同人,九位成了"右派"。乐黛云是领头人,作为"极右分子",被开除公职、开除党籍,下乡监督劳动。

在北京门头沟,乐黛云从山里把石头背下来,修水库,垒猪圈。正值"自然灾害",每天吃的只有杏树叶、榆树叶,加上一点玉米和玉米芯磨成的粉。她和一对老夫妇同睡一炕。老大爷给生产队放羊,每天在深山里转悠,捡回些核桃、花生、白薯、玉米,几人享受一顿;老大娘养了三只鸡,每月交够了定额,剩下的鸡蛋就来一次八九个鸡蛋的"大餐"。有一段时间,乐黛云每天赶着四头小猪漫山遍野寻食,"或引吭高歌,长啸于山林,或练英语,背单词于田野"。

1964年"五一"劳动节,汤用彤去世。他所念兹在兹的《隋唐佛教史》最终没有完成。两年后,乐黛云作为"翻天右派",汤一介作为"走资派黑帮",每天在烈日之下劳改批斗。家中的书被查封,油盐酱醋糖被倒进一口大锅,好多天没法做饭。燕南园58号和隔壁的冯友兰家,被开放为"反动学术权威生活展览区",从早到晚人潮汹涌。

1969年10月,乐黛云、汤一介带着11岁的儿子和北大2000多名教职工奔赴江西南昌鲤鱼洲的"五七干校"。这是一片围湖造田而成的滩涂,血吸虫横行,鄱阳湖"高高在上",仰起头就看到湖面上的点点白帆,一旦大堤决口,难免"人或为鱼鳖"的命运。

中文系所在的七连,老弱病残云集,硬是以"敢教日月换新天"的气概,建造起一排排砖房和茅草房,开垦出百余亩水稻田,创设了自己的食堂和菜地,养了不少猪和鸡。多年后,当年的"五七战士"在《鲤鱼洲纪事》里回忆往事：200斤粮食扛起就走的裘锡圭是"裘大力"，身骨不壮但干活在行的周先慎是"巧克力"，犁田、插秧的能手陈怡焮是"陈老农"，还有"厕所工程师"周强、"牛倌"谢冕、"拖拉机手"洪子诚……劳动强度大，许多人成了"断腰协会"会员，干活时自娱自乐，像赛诗、联句一般吼起打油诗，美其名曰"天佑体"（沈天佑一手推动）。

乐黛云当年38岁，最初被分配去踩泥、和泥，冬天脚泡在冰碴子里，一整天不断地踩。她是"乐大力"，一次挑砖16块，共80斤，还获得过"打砖能手""插稻先锋"的称号。

1970年9月，400多名工农兵学员进入鲤鱼洲的"草棚大学"，乐黛云被指定为"五同教员"，与学生同吃、同住、同劳动、同改造思想、同教育革命。"大学"没有图书馆，没有实验室，也没有课桌椅，宿舍里蛤蟆、青蛙跳来跳去。一半的时间用于劳动，老师们和农民无异，衣衫褴褛，面目黧黑，饭量大得惊人，米饭能吃两盆，馒头用筷子穿上五六个，令学员们咂舌。

一年后，北大从鲤鱼洲撤离。草棚大学，连同曾艰辛创造的农田、菜地、住房、砖瓦厂，重又归于荒芜，直至再度沉入碧波荡漾的鄱阳湖。

郭襄开创了峨眉派

"回忆过去总是很痛苦的。"

朗润园13号，客厅里堆满书。90岁的乐黛云坐在沙发上，红色毛衣的翻领上系着黄绿相间的小丝巾。

写这本自传，她有两个原则："一个是真话不一定讲，另一个是傻话和谎话一定不讲。"真话和谎话容易理解，什么是傻话？

"就是没想得很成熟、很透彻的话。"乐黛云笑着说，"这辈子需要自我反省的事情可多了，好多事做得不对，也做了；好多话说得不对，也都说了。"她自称一个"崇尚自然"的人，追求、蓝图、规划、框架……每当被问及这些问题,"我说我都没有"。

做比较文学也是如此,"想着应该这么做,做就做了"。

1976年,北京大学开始招收留学生,乐黛云负责讲现代文学。给外国学生上课,不能照本宣科地重复"鲁迅走在《金光大道》上",她将徐志摩、艾青、李金发等"资产阶级"作家带入课堂,同时开始研究起20世纪以来西方文学在中国是如何被借鉴和吸收,又是如何被误解和发生变形的。

1980年,乐黛云发表了《尼采与中国现代文学》,从王国维、陈独秀到鲁迅、茅盾、郭沫若,梳理了尼采思想在现代中国的流传谱系。1949年后,以"法西斯思想的先驱""帝国主义走狗"等反动面目出现的尼采,第一次发生了翻转式的改变,成为一个质疑旧价值观的偶像打破者、一个"超越平庸"的"超人"。

一年后,她编译了《国外鲁迅研究论集》,收入夏济安、林毓生、李欧梵、丸山升、竹内实、普实克等人的文章,带来"打开'新的天地'的冲击"(洪子诚语)。长久以来,一个被"神化"的、明亮的、作为斗士的鲁迅,第一次显露出复杂、幽深、孤独的生命世界,中国大陆的鲁迅研究由此开启新篇。

那几年,汤一介和乐黛云成了校园的传奇。汤一介重新登上讲台的第一门课"魏晋玄学与佛教、道教",因人数太多而"三易教室";乐黛云以尼采哲学读茅盾,当年的学生戴锦华回忆:"在神采飞扬的讲述间,乐老师看上去是如此的年轻,间或遗忘了那泼洒在田间、牛棚、锅炉房,那折损在污蔑、侮辱与无望中的23年的光阴。"

1981年,乐黛云50岁,学术生涯正式启程。9月,她负笈大洋彼岸,在哈佛大学做访问学者,一年后,又到加州大学伯克利分校做访问研究员。东西方鲜明的文化差异令她着迷。课堂讨论赵树理的《小二黑结婚》,一位美国学生说,最喜欢热爱生活的三仙姑,最讨厌多管闲事的村干部。但在一般中国人看来,三仙姑是40多岁还涂脂抹粉、招惹男人的坏女人;村干部训斥她,是主持正义。

1984年夏天,乐黛云回国,在季羡林、李赋宁、杨周翰诸位先生的支持下,为中国比较文学学科的建立"鸣锣开道,打扫场地"。1985年,中国比较文学学会成立,当时的学生们评价,"仿佛郭襄开创了峨眉派一样";参加首届年会的120多人,则被戏称为中国比较文学的"黄埔一期"。

乐黛云以打造"缅因河畔的法兰克福学派"的雄心,经营着中国比较文学学会。1985年,她邀请美国左翼学者杰姆逊来北大讲学,其关于后现代主义的讲稿引发知识界地震,影响一代学人;1995年,她邀请戴锦华回母校执掌教鞭,带动了女性主义、电影史、大众文化研究热潮。从筚路蓝缕到风生水起,当年她麾下那些骑着自行车、奔走在北京长街短巷的青年,如今已成为各大学、各学科的领头羊。

而"峨眉派的郭襄",已迈入暮年。老伴汤一介曾为她赋诗一首:"摸爬滚打在他乡,翻江倒海开新章。东奔西跑一梦醒,转识成智觉有情。"

未名湖畔的两只小鸟

"未名湖畔的两只小鸟,是普普通通、飞不高,也飞不远的一对。他们喜欢自由,却常常身陷牢笼;他们向往逍遥,却总有俗事缠身!现在,小鸟已变成老鸟,但他们依旧在绕湖同行。"在《同行在未名湖畔的两只小鸟》中,汤一介如此写道。

他们一个面向古典,一个研究"比较",一中一西,却常常比翼齐飞。汤一介属兔,乐黛云属羊,每次外出讲学,都买一只对方的生肖玩偶带回家。乐黛云去的地方多,带回来的也多,汤一介则笑眯眯地回答:"可是我送的羊比你的大啊。"

1984年,中国文化书院在北京成立,汤一介任院长,乐黛云是积极分子。这个纯民间的学术团体,与"走向未来"丛书编委会、"文化:中国与世界"编委会,成为20世纪80年代"文化热"的中坚,分别立起国学、科学与人文三大山头。在第一期"中国文化系列讲习班"上，冯友兰、张岱年、侯仁之、金克木、李泽厚、杜维明等大师云集。第一位演讲者是梁漱溟。那一年，他92岁，30多年未曾登台，两个小时的演讲，全程站着，厅里断了暖气，他却不时用手帕擦抹额头上的汗渍。

乐黛云参加了"中外文化比较研究（函授）班"，面授集中在寒暑假。学员们大多是中小学教师、中下层干部，也有农民和复员军人。有人从山区或边远小城徒步赶来，扛着一口袋干粮、背着土布书包，舍不得租一个宿舍床位，就铺张草席在房檐下或凉亭里睡觉。在岳麓书院，乐黛云遇到两个学员，很普通的农民，打着伞坐在屋檐下。"我问他们为什么长途跋涉而来？他们说，我们想听听中国过去的人讲的是什么。"

30多年后，乐黛云仍记得那一刻的震动。"我和他（汤一介）一直在奋斗，想建造'无墙的大学'，什么人都可以来听课，没有门槛，没有规范。做文化的最怕有'价值'，有了'价值'就高不可攀，文化本身就是普及、大家都来做的东西。"

这份充满乌托邦色彩的构想，最终成为未竟的梦想。2014年，汤一介去世，乐黛云写下挽联："未名湖畔鸟飞何疾，我虽迟慢誓将永恒。"落款是："你的小黛"。

对乐黛云而言，比较文学不仅关乎文学，还是重新校订中国的位置。当人们借这一学科仰望欧美、追随西方时，她瞩目的是中国的文化与诗学传统。这些年来，她重估《学衡》（以汤用彤、吴宓为代表，主张"昌明国粹，融化新知"）的价值，申明陈寅恪的"真精神"是以"外来的血"改造旧的民族躯体，"重启新机"；当亨廷顿鼓吹"文明的冲突"时，她以《国语》里的"和实生物，同则不继"与费孝通的"各美其美，美人之美，美美与共，天下大同"对抗；当"软实力"成为热词时，她警惕其中的文化霸权主义……

中国文化向何处去？这个世界会不会变得更好？在一个聚焦"小而美"的碎片化时代，乐黛云依然在探索这些大问题。她关注最新的宇宙新发现，太空是怎么生成发展起来的；也揪心近期的巴以冲突，为什么灾难总是落在老百姓身上。

学生张锦至今记得，刚考上乐黛云的博士时，老师在邮件中说："我们可以一起尝试为人类做些好事。"2020年，新冠疫情肆虐，她给老师打电话。电话接通后，是她熟悉的坚定语气："没关系的，一定会过去的，不要失去对人类的信心！我一生中见过各种灾难，自然的、社会的，最后都能过去的。"

客厅电脑桌的上方，挂着汤一介的照片。平日，乐黛云就在"老汤"的注视下做自己的事。此刻，她一边认真地在扉页上签名，一边自嘲"字不好看"。书的封面上，是她17岁初入北大时的照片。

"北大的花都开了，真的是美景，你们去看看，别错过好时光呀。"

（文/许晓迪　陈娟　吴舒霈）

"人民艺术家"王蒙：
活着就是生命的满涨

王蒙，1934年生于北京，中国当代作家、学者，曾任中华人民共和国原文化部部长。中共第十二、十三届中央委员，第八、九、十届全国政协常委。代表作有《青春万岁》《组织部新来的年轻人》《活动变人形》《老子的帮助》等。2019年9月17日，王蒙被授予"人民艺术家"国家荣誉称号。

> 我还活着，我还游着，想着，动着。活着就是生命的满涨。
>
> ——王蒙

每年盛夏，王蒙都会去北戴河中国作协"创作之家"避暑，上午写作，下午游泳，晚上散步，秋后才回北京。最近几年，北戴河游泳场以年龄为由，规劝已至耄耋的他不要游了，但他还是坚持下海，劈波斩浪——不是无畏，而是最大的风浪，他早已见识在人生里。

他是15岁就参加革命的少年布尔什维克，新中国成立后是"组织部新来的年轻人"，在"青春万岁"的弱冠之年被划成右派，自我流放新疆16年。重回北京后，王蒙是文坛归来的英雄、"重放的鲜花"、文学青年的偶像，从《人民文学》主编到作协书记，当了中央委员，又当文化部部长……芝麻开花节节高，20世纪80年代，是文化圈当之无愧的主角、大腕。

"创作之家"上上下下的工作人员，至今还叫他"部长"。文学却是他从未放下的人生底色。

1988年，还在文化部部长任上的王蒙创作过一首诗《旅店》：需要一把钥匙／哪一把呢／是宿命也是随机／……一个潦草的故事／一个陌生亲切的世界／在时限内结账前／属于你。王蒙说过，这首诗"写出了我人生中的一些滋味"。上任前，他曾找了一圈关系，不为"跑官"，却为推辞。推辞未成，"是宿命也是随机"，人生的钥匙暂时归于了政治。

那时的王蒙，住在朝内北小街46号一座小而旧的院子里。这座小院外面看着平凡无奇，却住过毛主席的老师、语言学家黎锦熙，"文化大革命"以后还住过夏衍，有点"历史价值"。老北京四合院都是一亩三分地，讲究"天棚鱼缸石榴树，肥猫懒狗胖丫头"。部长当得再忙，一进小院，四棵树，一堆猫，春摘香椿秋收枣，石榴柿子枝头闹。作家张承志来了都说，喜欢这种旧房子，"旧房子有很多故事，新房子没有"。

这里的故事，多与文学有关。在这个小院里，王蒙接待过许许多多的"文友"，日本的井上靖、台湾地区的琼瑶、旅美诗人郑愁予、英国作家多丽丝·莱辛、德国汉学家顾彬……那时的琼瑶，谦逊又诚实，看到王蒙作品的外文译本很是感慨："这才是真正的文学呢。"

小院离王蒙之前担任总编的《人民文学》不远，不少写作同行、编辑记者前来造访。当总编时，王蒙让20世纪80年代的文学革命真正登堂入室。那是《人民文学》的辉煌时刻，也是当代文学的辉煌时刻。各种不同类型的创作出现在这本龙头刊物上，刘索拉的《你别无选择》、徐星的《无主题变奏》、何立伟的《花非花》，阿城、莫言、马原、韩少功、刘心武……新人与老人同辉，先锋与主流交错，立起一个个文学潮头。王蒙也在各种编务、会务之余创作出一部《活动变人形》，不久《活动变人形》还入选《小说选刊》评的改革开放40周年最有影响力小说。

在小院里，身为部长的王蒙于各种喧嚣中继续保持创作，《暗杀——三三二二》《白衣服与黑衣服》，一大堆的中篇、短篇，关于《红楼梦》、李商隐的文字，还有外国小说的英译汉，都是在这里完成的。

"我究竟是谁？"从1979年新疆归来被逐渐重视之后，这个问题就一直徘徊在王蒙心头。在这个小院中，在百忙之中的写作里，王蒙也终于找到答案。

1988年国庆，任文化部部长两年多，正是局面已定、四方看好之时，王蒙给中央领导写了辞职信。后来回忆时，他说："我隐隐有一个感觉，当时并不清晰，但是事实，如果我继续做上三五年，我也会变化的。我会越来越沉迷于权力、路线直到政治观点的研讨争拗。各种只可意会，不可言传……我已经下了决心，我必须下来，我没有别的选择。"

半年后，王蒙退休，给自己留下了一首古诗，他最得意于其中两句："急流勇退古来难，心未飘飘身已还。"给世人，则留下一张哈哈大笑、脸上的皱纹全都绽开的照片。

在政治和文学之间，王蒙说自己的"热度"显然在后者。"与纯粹的政治家的最大区别在于，我有文学癖好，我从来没有追求过哪怕一星半点的'仕途'。"但如今，"想否认也不可能了"，王蒙说，"政治的本质不是别的，就是生活，就是命运，就是故事"。

1988年的文坛，有人决定归来，也有人离开。高行健去了法国，顾城定居新西兰。在最后属于文学的年代，每个人都有自己的舞台。王朔笑傲影坛；贾平凹靠《浮躁》获奖；苏童写出《一九三四年的逃亡》，在先锋派站稳脚跟；北岛颁发了第一个也是最后一个《今天》诗歌奖。多年过去，有人还在求索，有人已到终点，也有人黯然离场。

对于王蒙担任文化部部长时的"开放"，使时装、模特表演、选美、舞厅、邓丽君这些"新生事物"迅速在大陆"合法化"，有人赞扬、有人嘲讽。但不可争议，王蒙是茅盾以后历任文化部部长里最能写作、最有声望的一位。进入20世纪90年代，有人抨击王蒙是不讲真话的作家，"躲避崇高"，有人说他过时了。他的应对总是幽默、调侃又暗含机锋。韩寒发表了《王蒙的敏感和虚伪》，王蒙回应：我是新概念大赛的评委会主席，韩寒的出现我有责任。

用文学评论家孙郁的话说：王蒙是"从纯粹到杂色"的人。就如这个时代一样，经历了大起大落、大开大合，他的是是非非，也许只能在时间的积淀之后才能说得清楚。尤其是在这个文学盛况不再、文字只在朋友圈转瞬即逝的年代。

如今，王蒙生命的热力尤在。在《圆桌派》等新锐节目上，他依然出现，笑论人生，挥洒自如。他谈女权问题、谈大龄剩女、谈两性责任、谈文学也谈爱情。在时下年轻人的话语场中，王蒙的发言毫无违和感。在《朗读者》的舞台上，他对世人说："我还活着，我还游着，想着，动着。活着就是生命的满涨。"

（文／王晶晶）

"诗译英法唯一人"许渊冲：
译出了更多的诗情画意

许渊冲（1921年4月18日—2021年6月17日），江西南昌人。早年毕业于西南联大外文系，1944年考入清华大学研究院外国文学研究所，自1983年起任北京大学教授。从事文学翻译长达80余年，被誉为"诗译英法唯一人"，在国内外出版中、英、法文著译六十本，包括《诗经》《楚辞》《李白诗选》《西厢记》《追忆似水年华》等。2010年获得"中国翻译文化终身成就奖"，2014年8月2日荣获国际翻译界最高奖项之一的"北极光"杰出文学翻译奖，系首位获此殊荣的亚洲翻译家。

> 我翻的比别人好，或者比自己好，这是乐趣。
>
> ——许渊冲

诚如董卿所言，在《朗读者》的舞台上，没有谁比96岁的许渊冲更令人目眩神迷。"To lengthen our days（延长我们的白天），to steal some hours from the night（从夜晚偷几个小时）。"连兵荒马乱时期的熬夜都能被他翻译得这么美。至于传唱千年的"举头望明月，低头思故乡"，更是让他译得美不胜收——"a pool of light""in homesickness I'm drowned"，月光如水，乡愁也如水，我沉溺在乡愁之水中。真是巧思！

许渊冲在诗意中徜徉了一生，他译古诗、译戏剧、译现代诗。严复说"译者之难信达雅"，许渊冲在一个"雅"字上独占鳌头，译出了那份只可意会而不可言传的韵味，译出了更多的诗情画意。2014年，他拿到了国际翻译界最高奖项之一的"北极光"杰出文学翻译奖，成为亚洲第一位获此殊荣的翻译家。

在常人看来，翻译似乎是文字的精妙游戏，然而大翻译家往往是大学问家——据统计，西方国家的文字，约有90%可以找到对等词，所以互译比较容易，而中西语言之间只有40%可以找到对等词，想要飞越那60%无词相应的意境鸿沟，只能以丰厚的学养和过人的智慧作翅膀。

"如果我们结合，就可以同搞中、英、美、法、俄五国文学"

许渊冲说："记得朱光潜先生在《诗论》中说过，'从心所欲，不逾矩'是一切艺术的成熟境界。我觉得这也是译诗的成熟境界。翻译本就是原文'意美'的再创造；翻译诗词，除'意美'之外，还要尽可能再现原诗的'音美'和'形美'。"

拄着拐杖的许渊冲有股直率的好胜劲。记者前来采访时，他正在翻译莎士比亚的《凯撒大将》。记者问："莎士比亚的全部作品早就有人翻译过，为什么您现在还要翻译？"他答："如果作品已经有前人的译文，我就要尽可能胜过前人。不能胜过，也想别出心裁，绝不落入前人的老套。"

许渊冲记得，茅盾说过一件事，外国作家问他，你们说唐诗那么好，怎么我们没觉得？许渊冲觉得，这是因为译者在按照西方的对等原则翻译，不能传神。"例如，李群玉的《赠人》诗中说：'云雨无情难管领，任她别嫁楚襄王。'楚襄王的'巫山云雨'指的是男欢女爱，很难对等地译出外国人能理解的诗句，我就想到一位英国诗人写的那句'我为饥渴的花朵带来清新的甘霖'，于是把'云雨'译成'甘霖'，把楚襄王比喻成'饥渴的花朵'，这样才显得有诗意。"

这种诗歌的启蒙，可以追溯到儿时哥哥教他唱的英文歌：Twinkle, twinkle, little star; How I wonder what you are（小小星星眨眨眼睛，我不知道你是什么精灵）！80多年后，他还记得这动听的旋律，在记者面前哼唱起来。

后来在西南联大翻译处女作、林徽因的《别丢掉》时，他就用到这首儿歌中的"意美"，把"……满天的星，只有人不见，梦似的挂起"译成"... The sky besprinkled with star on star, but I cannot see where you are"。译完后，他拿给闻一多和朱光潜两位先生看，得到了他们的肯定。于是许渊冲兴致勃勃地写了一封英文信，信里装着两首译诗，一首是《别丢掉》，另一首是徐志摩的《偶然》，献给自己心仪的女生周颜玉。"这样朦胧的诗句，表达朦胧的感情，译成英文，寄给一位朦胧的意中人，不也很美吗？"只是许渊冲后来才知道，周颜玉已经订婚。几十年后，许渊冲的译诗出版，寄了一本给在台湾定居的周颜玉，终于收到了迟来的回信："我也是发苍苍、视茫茫的老妇，恐怕你已认不出来了。人生短促，转眼已迈入老年。五十几年的光阴飞也似的溜走了。"忆起这段往事，许渊冲并不伤感："生活的每一天都得能欣赏，有时候失败也有失败的美。"

后来，许渊冲追女孩靠的都是这一手诗意的才华。1940年夏天，正读大二的许渊冲被有"白雪公主"之称的南茜所吸引。夏令营时，下起小雨，路很滑。"下山坡时，我走在她右边，看见她滑，赶快上前搀扶。这样我们一直手挽着手走下山坡。"他当晚写了一首小诗："青山恋着绿水，山影在水中沉醉。挽着意中人的手，肩并肩走下山丘。唯恐手上的余香，会流入遗忘的时光。"后来两人确定了恋爱关系，一起泡图书馆，一起看电影。

又一个下雨天，许渊冲遇到另一名女生萝芝。排练完节目，两人走在回宿舍的林荫道上，许渊冲没带伞，就钻进萝芝的小阳伞下，"由并肩变成挽臂而行"。事后，许渊冲又写了一首诗："雨啊，你为什么不下得更大？伞啊，你为什么不缩得更小？"那些充满诗意的美好时光，深深地印在许渊冲的记忆里。

可惜的是，"外文系的女生都很现实，不是嫁到国外，就是和工程师结婚。萝芝后来去了马来西亚，南茜去了美国"。

遇到夫人照君则迟至1959年除夕，在欧美同学会的一个舞会上。两人从家庭背景到生活习性都是"两股道上跑的车"，但学识上的共鸣让他们走到了一起。"我们谈到德莱顿和罗曼·罗兰的作品，《哥拉·布勒尼翁》是一本不容易理解的小说，她却能够欣赏。我想，如果我们结合，就可以同搞中、英、美、法、俄五国文学，那不是全世界最重要的文学事业吗？"照君也承认，"当时完全是被他的才华倾倒"，况且"许先生年轻时又高又帅，五官又好，很潇洒"。照君至今都记得，婚后他们一度两地分居，许渊冲在北京，她在塞外，他给她写的诗是："永定河畔杨柳青，千丝万缕诉真情。烦请云影带塞外，流水不干情不尽。"

当时流行翻译毛泽东的诗词，许渊冲还有些上瘾。"文化大革命"期间，他被批斗。"头戴高帽，挂罪状牌，低头弯腰，在烈日下暴晒，非常难熬。我忽然想起《沁园春·雪》，就默默背诵起来，'北国风光，千里冰封，万里雪飘……'立刻就忘了烈日骄阳，仿佛看到了'惟余莽莽''顿失滔滔'。'莽莽''滔滔'这些叠词怎么翻译好呢？经过反复推敲，我想到'The boundless land is clad in white, the endless waves are lost to sight（无边无际的大地银装素裹，无穷无尽的波涛消失得无影无踪）'。"然后他接着想后面的诗句怎么译。"译完了，批斗会也开完了，我就得意地回家了。"

在许渊冲翻译的毛泽东诗词中，被传诵最多的是那句"不爱红装爱武装"。他想到大学时读过的英文报纸中写的"面对硝烟"和"涂脂抹粉"，立即来了灵感，译成"They love to face the powder and not to powder the face"。"表达了原诗英雄主义的意美。同时，原文有两个'爱'字和两个'装'字的音美，译文则有两个'face'和两个'powder'。原文和译文又都有对仗的形美。'三美'俱全了！"许渊冲乐呵呵地说。

当年参加夏令营时，有一个同学给许渊冲看相，说他60岁以后会发达，许渊冲记住了这句话。"说来也奇怪，我 60 岁以前只出版了 4 本书。到了 1980 年，邓小平号召国民生产总值要翻两番，我响应号召，决心把损失的时间弥补回来，结果提前 10 年就出版了 20 本书。到现在，已经出版中、英、法文文学作品 100 多部了。"

许渊冲当然也有犯难的时候。在翻译《凯撒大将》时，他想到公元前 47 年凯撒在小亚细亚大获全胜后说过的一句拉丁语名言："Veni, vidi, vici。""意思是我来了，我看见了，我胜利了。但中文里没有对应的词，无法实现'三美'，英语、法语也不能。这就没办法了，每种语言都有它独特的美。"为此他深感遗憾。

在西南联大，遇到了对他影响最深的钱锺书

许渊冲的学养，受益于那些先生们。

他在西南联大读书时，闻一多讲《诗经·汝坟》，把"鲂鱼赪尾"解作情欲如火的象征，把"王室如毁"解作王孙公子情急如焚，前人讲不通的诗句一下讲通了，许渊冲赞其"讲《诗经》，天下无双"；朱自清讲"比兴"，把"比体诗"分为四大类，虽平淡如水，但其味隽永，让许渊冲觉得"原来如此"；吴达元是许渊冲的第一个法文老师，把枯燥烦琐的语法规则讲得条理清晰、层层深入，一手漂亮的法文板书更是潇洒至极，此后许渊冲从事中法互译，"首先要感谢的是吴先生"；还有中国比较文学的奠基人吴宓，在联大外文系讲《欧洲文学史》，因是哈佛毕业生，讲课用的方法完全和哈佛一样，许渊冲也是大爱，"外文系的精英等于身在联大，心却可以去哈佛"。

那一辈先生们，不管留没留洋，不管是学工科还是学理科，一个个都有深厚的"旧学"功底，而且多是"童子功"，真正是学贯中西，识通文理。后来，这样的人物便少见了。

1938 年，许渊冲在西南联大遇到了对他影响最深的钱锺书。他至今都记

得钱锺书当年的样子:"钱先生教我时才28岁。他戴一副黑边大眼镜,显示了博古通今的深度;手拿着线装书和洋装书,看得出学贯中西的广度。他常穿一套淡咖啡色的西装,显得风流潇洒;有时换一身藏青色的礼服,却又颇为老成持重。"

"《钱锺书英文文集》总结了中国古代文化对西方的影响。他只用两个词就总结了中西文化的异同:Duet 和 Duel。前者是'二重奏'之意,后者是二人'决斗'。《诗经》写的是'人法自然',结果是天人合一的和谐,可以形象地比喻为'二重奏'。荷马史诗《伊利亚特》主要写特洛伊战争,是人与人的斗争,《奥德赛》主要写人与自然的斗争,两部史诗都可以比喻为'决斗'。"钱锺书的这番妙解,许渊冲记忆犹新。

新中国成立后,钱锺书参与翻译《毛泽东选集》,当时的同事还有金岳霖等人。一次,金岳霖碰到一句成语"吃一堑,长一智",不知怎么翻译为好,便去请教钱锺书。钱锺书脱口答"A fall into the pit, a gain in your wit"。"形音意三美俱全,令人拍案叫绝,大家无不佩服。"许渊冲说,"《毛泽东选集》中还有一句俗语:'三个臭皮匠,顶个诸葛亮。'钱锺书译成'Three cobblers with their wits combined, equal Zhuge Liang the master mind',也是传诵一时。"

后来,许渊冲每有新译作出版,都给钱锺书寄去。遇到问题,也常写信请教。1982年,许渊冲在信中谈道,译诗求真是低标准,求美是高标准的问题,并举了刘禹锡的《竹枝词》。诗的原文为"杨柳青青江水平,闻郎江上唱歌声。东边日出西边雨,道是无晴却有晴"。"最后两句的意思是说:西边笼罩在阴雨中,而东边沐浴在阳光下;情郎对我的情意就像这天气,你说晴吧,西边在下雨,你说雨吧,东边又是晴天。'晴'是双关语,还有'情'的含义。"许渊冲向钱锺书请教双关语的译法,并附上自己的译文:Between the willows green the river flows along; My gallant in a boat is heard to sing a song. The west is veiled in rain, the east basks in sunshine;

My gallant is as deep in love as the day is fine.

"钱先生在回信中随手拈来英、法、德三种文字：'我对这些理论问题早已不甚究心，成为东德理论家所斥庸俗的实用主义（Praktizismus）者，只知 The proof of the pudding lies in eating（布丁要吃了才知道味道）……（你的译文中）veiled、basks 似乎把原句太 flesh out（有血有肉，形象化，意为失去朦胧美），as...as 似乎未达原句的 paradox（似非而是的说法）。但原句确乎无法译，只好 belle infidele 而已。'Praktizismus 是德语，belle infidele 是法语，是说美丽的妻子不忠实，忠实的妻子不美丽。他的外文用得非常巧妙。"许渊冲说起来很佩服，"钱先生又讲，译诗有两种方法：一种是无色玻璃般的翻译法，另一种是有色玻璃般的翻译法。前者会得罪诗，后者会得罪译，两害相权只能取其轻。我认为，无色玻璃追求的是真，有色玻璃追求的是美，原诗是真而美的，译文如果真而不美，不能算是传真；译文如果美而不真，那有可能是失真，但也有可能是超过了原文的美。"

钱锺书对那代学人的影响很大。在他的教诲下，王佐良译过《彭斯诗选》《雷雨》，许国璋出版了畅销全国的英语读本，周良钰做过外交部翻译室主任，查良铮出版了《穆旦诗选》，翻译了普希金、拜伦等的诗集，而许渊冲出版了唐诗宋词的英法译本。

"顾毓琇的诗中能看到 20 世纪的缩影"

许渊冲还有一位师长顾毓琇，是位文理兼修的大师。他是美国麻省理工学院获得科学博士学位的第一个中国人，并在 1972 年获得国际上素有电机与电子领域"诺贝尔奖"之誉的兰姆金奖。4 年后，他又获得世界诗人大会授予的"桂冠诗人"称号。

"顾老的母亲和妻子都是王羲之的后裔，祖母是北宋词人秦观的后裔。年轻时，他又受教于钱锺书的父亲钱基博和国学大师梁启超，在清华学校和闻一多、梁实秋等组织了清华文学社。从小养成的国学功底，让他从清华学校毕业后去麻省理工学院读工程学时也不忘诗词的写作。"许渊冲回忆道，"梁实秋是中国第一个把莎士比亚全集译成中文的学者，顾老为他写了首《南歌子》：'文艺复兴也，佳音在那边。莎翁巨著译文全。功不唐捐，终为国人先。'1931年，顾老回到清华大学任教，和许多学者都有过交集。1945年，林语堂出任新加坡大学校长时，他写了首送别诗：'已有文章传海外，今开黉学到天南。大同只待太平时，真理原从饱学探。'顾老在美国宾夕法尼亚大学任教时，又把科学写入诗中：'万能电子为人用，此处发明计算机。神速无妨精又确，工程科学共飞驰。'"

许渊冲上中学时就读过顾毓琇写的中篇爱情小说《芝兰与茉莉》。20世纪90年代，许渊冲将自己英译的《中国不朽诗三百首》寄给定居美国的顾毓琇，顾毓琇回信说："甚佩。许多西南联大旧事及人物，均感兴趣……"后来，顾毓琇请许渊冲翻译他的诗集，许渊冲欣然应允。两人商议共翻译100首诗，顾毓琇自己选了50首，剩下的交给许渊冲去选。译诗时，两人远隔大洋，每有意见相左，就靠书信往来，结果总是顾毓琇采纳许渊冲的意见。"顾老很开明的，尽管我们是师生。"2001年，许渊冲翻译的英汉对照《顾毓琇诗词选》出版，第二年顾毓琇就去世了。

"在顾毓琇的诗词中，我们可以听到世纪走过的脚步声，如第二次世界大战、原子弹的爆炸、登陆月球；可以看到世界各地的风景，如中国的南京、英国的牛津、美国的哈佛；可以见到国际的风云人物，如法国的拿破仑、美国的罗斯福和杜鲁门等。英国诗人说得好：一粒沙中见世界，一小时内见永恒。在《顾毓琇诗词选》中，我们可以看到20世纪的缩影。"许渊冲深情地说。

"杨振宁的译诗是科学家风格"

杨振宁是许渊冲的朋友圈中另一位文理兼修的"少年天才"。"我们是西南联大的同学，我比他大一岁。他4岁就识字，母亲教了他3000多个字，而我4岁时才学会300个字。他5岁读《龙文鞭影》，虽不懂讲的是什么意思，却能背得滚瓜烂熟。初中他就开始向清华大学的高才生学习历史知识和《孟子》，后来能背诵整部《孟子》。大一英语期末考试两个小时，他只用了一个小时就交卷了，成绩全班第一。物理和微积分考试，他不是100就是99。这不是天才吗？"许渊冲回忆道。

杨振宁的弟弟曾回忆：翻开大哥的高中国文课本，看到了他在李白的长诗《将进酒》后面写的几个字："劝君更尽一杯酒，与尔同销万古愁。绝对！"弟弟后来问他为什么把王维《渭城曲》中的诗句和李白《将进酒》中的诗句凑在一起，杨振宁说：那是父亲当年在安徽某小城一家酒馆看到的一副对联。许渊冲听到这个故事后钦羡不已："可见他是怎样毫不费劲就学到古诗的！"许渊冲便把这副"绝对"译成韵文："I would ask you to drink a cup of wine again, together we may drown our age-old grief and pain."

1997年5月，许渊冲和杨振宁这对久别了半个世纪的老同学终于重逢。一见面，许渊冲就拿出一本自己翻译的《中诗英韵探胜——从〈诗经〉到〈西厢记〉》送给杨振宁。杨振宁拿到书后，便问他，翻译了晏几道"从别后，忆相逢"那首词没有。许渊冲没听清，杨振宁干脆背诵起来："舞低杨柳楼心月，歌尽桃花扇底风。"许渊冲听后说译了，把书翻到诗文所在页码，杨振宁一看就问："'桃花扇底风'怎么成了'桃花扇影风'？""我当时就解释，有两种说法。'扇底风'是写实，讲歌女累得连扇子都扇不动，桃花扇也只能解释为画了桃花的扇子；但'扇影风'是说桃花的影子落在了扇子上，影子轻飘飘的，歌女都扇不动，这就不但是写景，而且是写情了。他不服气，因为科学家重真嘛，但我说谈这个你谈不过我，我的美多了。哈哈。"

1999年5月，杨振宁在纽约州立大学石溪分校退休。他致辞时引用了李商隐的诗句："夕阳无限好，只是近黄昏。"并译成英文："The evening sun is infinitely grand, were it not that twilight is close at hand."许渊冲说:"如果是我译,会是这样的:The setting sun appears sublime; But O, it's near its dying time!这样译才更有艺术风格嘛!而他的译法不同。原诗每行5字,他译成5个音步,不但内容准确,而且音韵节奏优美,他是科学家的风格。"

许渊冲有一次出书,请杨振宁作序,杨振宁在序中讲了一个故事:很多年前,英国诗人艾略特来美国参观普林斯顿高等学术研究所。在所长奥本海默家中举办的宴会上,奥本海默对艾略特说:在物理方面,我们设法解释以前大家不理解的现象;在诗歌方面,你们设法描述大家早就理解的东西。杨振宁写道:许渊冲认为,科学研究的是一加一等于二,艺术研究的是一加一等于三,不知道他的意思和奥本海默有无相通之处。

许渊冲向记者讲述这些故事的时候,照君一再提醒:"差不多了吧,要休息了。"记者离开那间屋子,和照君聊起他们的恋爱往事,偶然间回头一看,许渊冲竟安然地坐在沙发上睡着了。照君怜爱地说:"他是白天休息,夜里工作,因为那时安静,没有人打扰他。"

许渊冲曾半开玩笑说,希望活到100岁,把莎翁的著作译完。"我翻的比别人好,或者比自己好,这是乐趣。"这情境让记者想起莎翁所言——人生的最后一幕是返回童年。而许渊冲从未丢掉他的童真。

(文/田亮 郑心仪)

教育家叶嘉莹：
点燃现代人的诗词情

叶嘉莹，1924年7月2日出生于北京的一个书香世家，1945年毕业于辅仁大学国文系。教育家、中国古典文学研究专家，专攻古典诗词方向。2019年9月，叶嘉莹获南开大学教育教学终身成就奖。2021年2月17日，叶嘉莹被评为"感动中国2020年度人物"。

> 一个人不要梦想，不要空想，也不要空空地怀念过去，更不要白白地梦想将来，要珍重你的现在。
>
> ——叶嘉莹

《朗读者》节目组联系到叶嘉莹先生，想请她上节目，但93岁的老先生想了想，没答应。她说想学习杨绛先生，把自己"关"起来。

她的"关"不是为了幽居与隐逸——叶嘉莹现在定居南开大学，不外出的时候，她或是"关"在西南村的寓所里讲课，或是"关"在迦陵学舍里著述。2015年落成的迦陵学舍是专为她修建的一座中式书院，以她的号"迦陵"命名，供科研和藏书之用。厚重灰墙，几竿翠竹，有唐诗中"曲径通幽处，禅房花木深"的意境。她"关"在这里，皓首著书，鹤发授课，正是为了把古体诗词的火种传下去，燃出现代人那一份怦然心动的热情。

"与新诗相比,古体诗歌表达的情感更具人伦之常情,其中较能打动现代人心的情感,就是人生感怀、爱情和乡情。《中国诗词大会》选取的诗词,恰好切合了这三种情。"中国词学研究会会长王兆鹏对记者说。这种今人与古人的"共有之情",一直在那儿,在少小发蒙的旧时光里静默存在着,若经逢几番人事变迁、际遇起伏,或许就会渐次体会。若恰好再际遇巧合听到了叶嘉莹以一生跌宕悲欢作注的讲解,这份"共有之情"就会强烈觉醒,一旦燃起,便可承续。

顺逆之间,诗词选择了她

犹记迦陵楼下初相见,心头只是一惊:这就是叶先生?如此瘦而小,背微弓,脚微颤,由二楼的书房下来,年轻的保安小心翼翼相扶,如同捧着一件易碎的瓷器。

及至上了讲台,却陡然惊艳。大家安排:"您坐着说吧。"她微笑摇头:"我从1945年教中学开始,就是站着讲课。"一个小时课站下来,没有一丝左摇右晃,气息柔弱但声音婉转,她就那么站在讲台上,极瘦弱的身子却有极坚韧的力量,仿佛站成了一枝梅,"凌寒独自开""为有暗香来"。

"我第一次听先生讲课,也只觉惊为天人。"叶嘉莹门下毕业不久的博士后蔡雯对记者感叹道,"先生讲诗,能把历史文化中相关联的那条线都拎出来,让一切丰厚、充盈起来。但先生更让我感动的,是她对一切苦痛的忍耐。一次我陪先生做讲座,讲完发现先生的腿都是肿的,但她坚持站着。这种忍耐是常人不能做到的。"

叶嘉莹所遭逢的际遇坎坷,也是常人难以忍耐的。17岁时,母亲病逝,父亲不在身边,她带着两个年幼的弟弟,听钉子钉在棺椁上的声音,悲痛欲绝地写下《哭母诗八首》。

24岁时,她随在国民党海军工作的丈夫移居台湾,第二年丈夫被抓。半年后自己和 4 个月大的女儿也被抓。后来母女俩先被释放，但工作没了，宿舍没了，只得寄居在丈夫的亲戚家。屋子很小，她只好等大家都安睡后，铺一条毯子，带女儿睡在走廊的地上。夏日午觉时间，叶嘉莹怕孩子吵到人家，便抱着孩子到外面的树下转来转去，有时也抱着孩子在太阳下走很久，去军营办公室打探丈夫的消息，然而音信全无。那时，她想到了王国维的《咏杨花》："开时不与人看，如何一霎濛濛坠。"杨花开时从来没让人看见过，为什么这么短暂，一霎时就完全飘落了。她以为自己就像这杨花一样，根本不曾开过，就零落凋残了。她说她那时真正是把什么都放弃了，历经了多少精神上、物质上的苦难，只是苟延残喘活下来而已。

52 岁时，她奋斗半生，在北美把家安顿下来。两个女儿都结了婚，自己也获得加拿大不列颠哥伦比亚大学的终身聘书，以为可以舒一口气了，大女儿却和丈夫一起遭遇车祸去世。她把自己关在房中十日，写下《哭女诗十首》。

蔡雯喟叹："我曾经说是先生选择了诗词，别人告诉我不是，是诗词选择了先生。先生的超越是在一次次意想不到的逆境中完成的。设想大女儿如果还在，有了孩子，先生可能就会成为一般的姥姥，帮女儿带孩子。她也愿意有小我的欢乐，但上天没有给她。在最灰暗的境遇中，先生反而作出最光明的决定，回国教书，不计名利。"

记者：叶先生，您说没有诗词，您难以在人生的逆境中坚持下来。困顿时，哪些诗词给您以慰藉和勇气？

叶嘉莹：晏殊写过一句词："满目河山空念远，落花风雨更伤春，不如怜取眼前人。"满目河山都是引起你怀远的，可你怀念远人，远人就来到你面前了吗？你就飞到远人身边了吗？所以他说"空念远"，念远是白白的，没有用处的，伤春也是空伤春，他写的是两重的悲哀，也是两重的反省。晏殊解决的办法就是不如怜取眼前人。

我大学毕业，找到一个在中学教书的工作，就老老实实在中学教书。我在台湾，曾经到私立的并不著名的学校教书，但我讲课一样认真。眼前要做的，我把它做好。我不能对不起陶渊明、杜工部、李太白。他们有这么好的东西，我一定要把他们好的东西讲出来。所以，一个人不要梦想，不要空想，也不要空空地怀念过去，更不要白白地梦想将来，要珍重你的现在。

记者：这有些像现在年轻人爱说的"不恋过去，不惧将来"，然而做到这一点谈何容易。在逆境中的悲伤自怜，古人如何克服？

叶嘉莹：若以欧阳修为例，欧阳修历经宦海沉浮，晚年到颍州西湖定居，写了十首《采桑子》，每首的第一句结尾都是"西湖好"，而他所写的西湖景物，无论任何季节，任何天气，没有一时一处不美好。读一遍就能体会到他遣玩的意兴。他不是肤浅的欢乐的追逐，他是透过悲慨写欢乐。

我的老师顾随先生说："我们要以无生之觉悟为有生之事业，以悲观之体验过乐观之生活。"有的人悲哀，对世界都痛恨，都悲观，也有人盲目享乐。可有修养、有情操的人，虽认识人生可悲慨的一面，但仍能够看到世间可欢喜、可赏爱的一面。

记者：顾先生说得真好，"有生之事业，乐观之生活"。然而人们往往是在追逐事业和人生价值的过程中体会了顺逆无常，生出许多人生际遇的感怀，甚至是伤怀。

叶嘉莹：那么，你看苏轼的《念奴娇·赤壁怀古》。同样写大江，李后主写什么？"问君能有几多愁，恰似一江春水向东流""自是人生长恨水长东"。他写的只是悲哀的一面，没有反省和超脱的一面。苏东坡则不然，"大江东去，浪淘尽，千古风流人物。"悲哀感慨之中有一种通脱，一种通古今而观之的气度。通古今而观之，这是做人要培养的一项非常重要的眼光。

人要有通达旷逸的襟怀，苏轼说："人生如梦，一樽还酹江月。"李太白也有诗说："永结无情游，相期邈云汉。"这是李太白的飞扬之处。李白是不甘沉落的一个人，是一直要飞起来的。李太白这首诗开端写的是"花间一壶酒"，但是我"独酌无相亲"，没有人陪伴我喝酒。他不甘沉落，下边就说我"举杯邀明月，对影成三人"。这就是李太白，要在寂寞悲哀之中飞起来。

得失之间,她只求做好自己

有弟子问过叶嘉莹,先生您从来没在心里喜欢过任何人吗?叶嘉莹说没有。

在旧家庭长大的叶嘉莹,自认比较古板、保守。上大学时,她很少同男生讲话,有男生给她写信,她也从来没有回过。后来,叶嘉莹的初中英文老师因她书念得好,很喜欢她,便把自己的堂弟赵钟荪介绍给她。赵钟荪几次向叶嘉莹求婚,她也没有答应。差不多两年后,赵钟荪失去了在秦皇岛的工作,又生了病,亲戚给他在南京的海军谋了个职,他便提出要与叶嘉莹订婚,叶嘉莹不答应他就不走。叶嘉莹心软答应了,1948 年南下南京结婚。后来叶嘉莹承认,这是一个错误,既然对他没有爱情,那么不管他是不是贫病交迫,也不应该因为同情就答应他,这是好心办了错事。

赵钟荪的性格本就不好,到台湾后又在狱中关了 3 年多,越发无理而狂暴。第二个孩子出世时,见又是女儿,他话也不说一句,掉头就走。叶嘉莹默然承受丈夫的一切责难,独立工作支撑整个家庭。"先生的人生是经过隐忍、升华的,她对待人生和宇宙的看法与常人完全不一样。"听过叶嘉莹 6 年课的刘波对记者说。

叶嘉莹从不抱怨,只在诗中隐晦地表达。她写过一首《天壤》。"如果不解释,一般人看不出来这首诗讲的是什么。'天壤'有一个典故,谢道韫(东晋女诗人、宰相谢安的侄女)嫁给王羲之的儿子王凝之,她觉得王家有不少才智之士,而她的这个丈夫没有多少才华,便抱怨说'不意天壤之中,乃有王郎'。如果有心人知道'天壤'的典故,就能看出我这首诗是写婚姻的不如意。"

如今,丈夫已逝,叶嘉莹也早无怨意。王安石的一首诗曾给她安慰。后来她发现自己记的与原诗并不一致,但更喜欢自己的版本。"'风吹瓦堕屋,正打破我头。瓦亦自破碎,匪独我血流。众生造众业,各有一机抽。切莫嗔此瓦,此瓦不自由。'众生之间造作了很多恩怨,这些背后都有一定因由,你也不用恨这个瓦,这个瓦也是不由自主的。对我来说,无论命运或际遇把我落到哪里,我都要尽量做好,这是自己应该做到的。"

记者：无论中外,描绘爱情甜蜜的诗句都是传唱不衰的,都是极易引人共鸣的。在您看来,哪些诗词能让我们体会爱情的甜蜜美好?

叶嘉莹：《长恨歌》里说:"春风桃李花开日,秋雨梧桐叶落时。"杨贵妃被处死后,玄宗回到宫中,每当春天就会想起杨贵妃在的时候,"春风桃李花开日"会怎么样?玄宗和贵妃常到沉香亭赏花,曾把李太白这个大天才叫来,作几首新歌,那是何等美满快乐的生活!如果是杨贵妃在的时候,便是"七月七日长生殿,夜半无人私语时"的柔情。两个人在一起,七月七日——七夕的时候海誓山盟,说"愿生生世世为夫妇",我们是永远不分开的。

记者：朱光潜曾比较中西爱情诗:"西方爱情诗大半写于婚媾之前,所以称赞容貌诉申爱慕者最多;中国爱情诗大半写于婚媾之后,所以最佳者往往是惜别悼亡。""西方爱情诗最长于'慕',中国爱情诗最善于'怨'。"所以我们的相思最易在古诗词中找到共鸣?

叶嘉莹：钟嵘的《诗品》评价《古诗十九首》是"惊心动魄""一字千金"。第一首《行行重行行》写了"生别离"的两个人,其中"思君令人老,岁月忽已晚"两句,就真正是惊心动魄——纵使你不甘心放弃,决心等到底,可你有多少时间等待?一年很快就到岁暮,人生也很快就到迟暮。一旦无常到来,一切都归于寂灭,这是多么令人恐惧而又不甘的事!事实上,这又是绝不可避免的事。"思君令人老,岁月忽已晚"是多么平常而朴实的语言,却带有如此震动人心的力量。

这首诗还没有就此打住,接下来两句"弃捐勿复道,努力加餐饭",令人看了更是伤心。如果你在人之老和岁月之晚的双重恐惧下,还不肯放弃重逢的希望,那么唯一的指望就是努力保重身体,多活一些岁月以延长等待的时间。然而对于一个相思憔悴的人来说,想要加餐何尝容易。因此,就需要"努力"。所以这平平常常的"努力"二字,充满了对绝望的不甘心和在绝望中强自挣扎支撑的苦心。一个人为了某种希望而在无限苦难之中强自支持，甚至想用人力的加餐战胜天命的无常，这已不仅仅是一种男女之间的相思之情，而是一种极高贵、极坚贞的德操了。

记者：除了欢情与别愁，我们还能从有关爱情的诗词中读出什么感悟？

叶嘉莹：欧阳修的《蝶恋花》里有一句："照影摘花花似面。芳心只共丝争乱。"真是神来之笔。这个窄袖轻罗的女子低头采莲，从荷塘的倒影里忽然发现自己容颜的美好。一个人，也许你终其一生从未发现过自己的美丽，不只是外表，还有品格、修养、意志。你任凭时间像流水一样逝去，没有珍重过自己，没有爱惜过自己，也没有想过自己还可以完成什么。当采莲女子发现自己的美，"芳心只共丝争乱"，这是觉醒、反省的时刻，我这一生的意义和价值是什么，我的美好应该交付给谁？作为读词的人，你们的一生又该交付给什么，你们是否想过自己能成为一个有意义有价值的人，能把自己最美好的东西完成的人？

有一次，记者听叶嘉莹在南开大学的讲座，她讲到欧阳修这首《蝶恋花》时，坐在观众席第一排的席慕蓉频频拭泪。过了一个多星期，席慕蓉回忆起叶嘉莹的讲述，还是意难平："这阕词我也读过几次，但那一天叶老师的解释让我很感动，眼泪流个不停。我就是爱她，我没有办法。"

离返之间，诗词是她的精神故乡

2016年盛夏时节，叶嘉莹去河北大学接受首届中华词学研究终身成就奖的颁奖。"我不顾这么衰老，到河北大学来，是因为我觉得我和河北大学有一份渊源，我的老师顾随先生曾经在河北大学教书。我在来的路上，想到老师对我的勉励、教导和期待，有很多感想。"这时，她身后的大屏幕上，出现了她演讲的主题《师生情谊七十五年》。

1942年，在辅仁大学读大二的叶嘉莹听到顾随讲授的唐宋诗课程，大感

"兴会淋漓，真是一片神行"。"自那以后，凡是我父亲开的课，叶先生都选修。她毕业后在北京教中学，还经常跑回辅仁大学听我父亲讲课，赶上什么听什么，直到她1948年南下结婚。"顾随的女儿顾之京告诉记者。

婚后，叶嘉莹便随丈夫去了台湾。"父亲把叶先生视为自己的传法弟子。叶先生刚到台湾时，父亲还和她通过几封信，得知她被家务琐事所困，'不禁为之发造物忌才之叹'。很快通信中断，彼此都没了消息。"顾之京回忆道。

后来，叶嘉莹又从台湾到了美国，再到加拿大，由于时局的关系，一直回不了大陆。每每给学生讲起杜甫的《秋兴八首》，"夔（音同魁）府孤城落日斜，每依北斗望京华"，她的眼里便溢出泪水："我想我是不是以后只能在海外北斗的方向遥望北京？不知道哪一年才能回去？"

去国怀乡，叶嘉莹最思念的是恩师。辗转迁徙了几万里，她把什么都丢了，唯有几大本在顾随课上记的笔记始终带在身边。"多年来在海外历经艰难，唯一能给我坚持的力量，在古典诗歌教研方面不断努力的，就是先生给我的启迪和教诲。"

在国外时，叶嘉莹不得不用英文授课。她总觉得把诗歌翻译给外国人听，没有生命，没有共鸣在里面。她那时常常做梦，梦见用中文上课，梦见下课后去拜望老师，有时路上被困在芦苇丛中，怎么也走不出去，突然惊醒，怅惘好久。

直到1974年，叶嘉莹才在阔别二十六载后，再一次踏上大陆的土地。飞机飞到北京上空时，她远远看到一排灯火，便想象那里是西长安街，是她长大的地方，眼泪就流了下来。

此时，叶嘉莹唯盼能把那些年出的书、写的论文，给老师看一看，不料却惊闻老师已在1960年病逝，且准备刊印的著作都已散失，痛心难以名状。"那时她就发愿，要帮父亲出书。"顾之京说，"她拿出手里的资料，也发动大家搜集。此后父亲陆续有好几本著作出版。习近平总书记发表2016年新年贺词时，身后书架上的《中国古典文心》，就是根据叶先生笔记整理的父亲讲坛实录。

人们常说生以师名，我父亲则可说是'师以生名'。"

记者：对现在很多年轻人来说，在一地成长，在一地读书，又在一地工作，回忆过往，每个地点都能让人产生乡情。而思乡，恰好是古诗词另一个恒久的主题，对吗？

叶嘉莹：韦庄有《菩萨蛮》五首。第二首，他在江南，人家劝他"未老莫还乡"，他坚持一定要回到故乡。可是到第三首，他说"如今却忆江南乐，当时年少春衫薄"。我现在不得不离开江南了，回想才觉得当年在江南的那一段日子，还是好的，还是快乐的。我当时是年轻的，春天时穿上美丽的春装。薄，那么轻松美好的衣服。你要知道，最难得的是你生命中精力最饱满的那一段生活——你的青春，你的韶华。

记者：古诗词中有关一方地理、一方风物的描写，您觉得哪些写得好？

叶嘉莹：孟浩然在《早寒江上有怀》里写："我家襄水曲，遥隔楚云端。"在古代，湖北是楚国的地方。中国东南部地势低，所以长江从西到东，一直向下游流去。如果从长江下游回望上游，那就是往高处望，也就如同在"楚云端"了。

"我家襄水曲"是直接的，很平常的几个字，没有任何典故，写来却如此亲切。"襄水"是很美的名字，"曲"是在水边。"襄水曲"，真是写得美！你可以想象那里的风景之美。这句话把家乡写得那么亲切，那么可爱，充满了怀念的感情。

记者：中国古诗词中有许多独特的意象，比如月，一个字就能触发极深的思乡联想。

叶嘉莹：张九龄在《望月怀远》中写："海上生明月，天涯共此时。"他看到海上的明月，由明月引起他的感兴、怀念。像李太白的《静夜思》："床前明月光，疑是地上霜。举头望明月，低头思故乡。"这也是一种感兴。中国的诗词常常写到明月，明月非常容易引起人的怀思与感发。你如果跟你亲近的人不在一起，那么包围你的环境与包围他的环境完全不同，且完全隔绝，可在它们之间有一个共同的美好的事物，那就是明月。

　　听叶嘉莹的课与讲座，听得越多，便越发觉得一切情感——面对人生起伏的感怀，面对爱情得失的苦乐，面对离乡与还乡的徘徊，都能在古诗词中、在千百年前的古人那里找到深切的、直抵灵魂的共鸣。在王兆鹏看来，这就对了，"古体诗词是中国人精神的原乡。你失意时，李白懂你，'人生在世不称意，明朝散发弄扁舟'。你得意时，孟郊懂你，'春风得意马蹄疾，一日看尽长安花'。你立志时，李清照懂你，'生当作人杰，死亦为鬼雄'。你忧国时，辛弃疾懂你，'了却君王天下事，赢得生前身后名'。你上有老下有小时，白居易懂你，'当时父母念，今日尔应知'……在现代社会里生存，你的种种苦乐，都可以在数千年的文化原乡中找到最大的共情、共鸣、共振。拥有了这片文化原乡中的诗意，你就不会孤独"。

（文／朱东君）

第六章

生命至上　彰显人性光辉

广大医务工作者要坚持人民至上、生命至上，崇尚医德、钻研医术、秉持医风、勇担重任，努力促进医学进步，为建设健康中国、增进人民健康福祉作出新贡献。

——2020年8月，习近平在中国医师节到来之际向全国广大医务工作者的祝贺和慰问

"青蒿素之母"屠呦呦：
挽救了数百万疟疾患者的生命

屠呦呦，1930年出生，浙江宁波人。1951年考入北京大学，在医学院药学系生药专业学习。现为中国中医科学院首席科学家，中国中医研究院终身研究员兼首席研究员，青蒿素研究开发中心主任，博士生导师，药学家。2017年1月9日，屠呦呦获得2016年度国家最高科学技术奖。2018年12月18日，党中央、国务院授予屠呦呦同志"改革先锋"称号，颁授改革先锋奖章。2019年9月17日，屠呦呦被授予"共和国勋章"。

> 我们不是为了得奖而得奖，也不是得了奖就完了，既然已经开始研究，就要拿出更多更实际的成果来。
>
> ——屠呦呦

2018年伊始，屠呦呦向记者吐露了自己的3个新年愿望：发现青蒿素更多"秘密"；建中医药国家级实验室；创新中医药传承发展途径。对于1930年出生的屠呦呦来说，"新年"更多只是一个时间概念，在提醒她"还有很多事要做"。

或许对屠呦呦来说，获得诺贝尔生理学或医学奖的2015年，也只是一个时间概念。虽然那让她身下的冷板凳一夜之间变得烫手,她也从小众科学家转眼变得街知巷闻。但如今从那个时间节点往前和往后看,就能轻易地发现,她始终未变。

从 12% 到 100%

记者与屠呦呦相识是在 2007 年。那时她的家是京城一隅平静的书斋,几无访客,偶尔登门的记者得从"什么是青蒿素"这种扫盲级问题开始采访。当时的屠呦呦有充裕的时间耐心讲述,攀高俯低打开一格格的抽屉,拿出一沓沓的资料佐证。"我不是刻意要保存这些东西的,只是出于科研工作的习惯。其实,就算没有这些资料,我也清楚地记得,1969 年 1 月 21 日,中医研究院(今中国中医科学院)任命我为科研组组长,参加'523'任务。"屠呦呦笑着对记者说。

那时越战已经爆发,美国开始直接派军队前往越南参战。在越南的热带丛林中,交战双方饱受疟疾折磨。越南共产党向中国求援,希望中国帮助他们研制抗疟药物。为了支援越南,也为了消除中国南方存在的疟疾疫情,毛泽东和周恩来亲自指示,以军工任务的名义紧急启动抗疟新药的研发。1967 年 5 月 23 日,中国人民解放军总后勤部和国家科委在北京召开了抗药性恶性疟疾防治全国协作会议,组织 60 多家科研单位协力攻关,"523"任务应运而生。

屠呦呦加入"523"任务时 39 岁。"她在单位属于第二代科研人员,很年轻,但科研能力受到广泛认可。"与其共事多年的中国中医科学院首席研究员姜廷良告诉记者。屠呦呦的主要任务是寻找新药。姜廷良回忆道:"接受任务后,屠呦呦整理历代医药书籍,请教老中医专家,还仔细查阅了各地的献方。在此基础上她精编了包含 640 个方药的《抗疟方药集》。"后来,屠呦呦被派往海南疟区工作了一段时间,在临床试验中,发现研究人员之前关注的胡椒并不能根治疟疾。

这时，屠呦呦开始整理先前的研究思路：历代医学典籍中经常提到青蒿能有效治疗疟疾，为什么在试验中效果不佳？"从1969年1月开始，我们的研发工作经历了380多次试验、190多个样品。其实我们很早就注意到了青蒿提取物的作用，但后续的实验结果显示，青蒿提取物对鼠疟原虫的抑制率只有12%到40%。我们分析，抑制率上不去的原因可能是提取物中的有效成分浓度太低。"屠呦呦对记者说。

屠呦呦沉下心来，重新翻看一本本中医古籍。当她读到东晋医药学家葛洪所著的《肘后备急方》时，其中的一句话引起了她的注意——青蒿一握，水一升渍，绞取汁，尽服之。屠呦呦回忆道："当时我就想，这书里说的为什么和中药常用的煎熬法不同？原来里面用的是青蒿汁。后来顺着这个思路，改在较低温度下提取。"1971年10月，在第191次试验中，屠呦呦发现提取物对疟原虫实现了100%的抑制。

1972年，屠呦呦在抗疟药研究内部会议上报告了她的研究成果。后来，屠呦呦和她的同事们将提取物命名为青蒿素。接下来要做的就是将青蒿素用于临床试验，转化为治疗疟疾的有效药物。

临床试验首先要制备大量的青蒿素。屠呦呦买来盛水大缸当提取锅使用，所有工作人员都要三班倒，周末也不休息。中国中医科学院中药研究所副所长朱晓新向记者讲述了当时的情形："由于每天要接触大量乙醚，乙醚又会对身体多个系统造成损伤。当时的实验室防护很差，再加上通风条件不好，屠老师一天工作下来时常头昏脑涨，还因此得了中毒性肝炎。"不仅如此，屠呦呦甚至要求亲自试药，并且后果自负。朱晓新感慨道："她的科学献身精神是毋庸置疑的。"

1977年，中国以"青蒿素结构研究协作小组"的名义在学术性刊物《科学通报》上首次发表了青蒿素的化学结构。第二年，"523"任务的科研成果鉴定会最终认定：青蒿素的研制成功，"是我国科技工作者集体的荣誉，6家发明单位各有各的发明创造……"2015年12月7日，屠呦呦在卡洛琳医学院诺贝尔大厅，用中文作了题为《青蒿素的发现，中国传统医学对世界的礼物》的演讲："这不仅是授予我个人的荣誉，也是对全体中国科学家团队的嘉奖和鼓励。"这是诺贝尔奖获奖者演讲台上，第一次出现中国本土科学家的身影。

医学梦想萌发的温床

有人用诗意的方式来描述女科学家和青蒿素的相遇：青蒿一握，痴迷一生。这份诗意并不唐突，屠呦呦和青蒿结缘，便与诗有关——早在1930年12月，当父亲以《诗经》中"呦呦鹿鸣，食野之蒿"为其取名时，便已注定了屠呦呦与青蒿的缘分。

记者曾追寻屠呦呦的成长足迹来到她的故乡宁波。这座城市传统人文景点不少，有现存最早的私家藏书楼天一阁，有宁波府城隍庙……如今，又多了屠呦呦的旧居。在其旧居所在的开明街上，住着不少大户人家，其中不乏主要经营药材业和成衣业的"宁波帮"。说屠呦呦自幼熟悉中药，并非夸张。

屠呦呦在3个哥哥之后出生，是家中唯一的女孩，因此备受宠爱。她的父亲是一名银行职员，很重视教育，20世纪30年代末，屠呦呦到了该读书的年纪，虽逢时局动荡，但依然接受了良好的教育。她5岁入幼儿园，其后进入"翰香学堂"读小学。"翰香学堂"建于1906年，内设藏书楼一座，古今藏书达5000余卷，是名副其实的"书香校园"，蔡元培、马寅初等著名学者和社会名流先后来校讲学，当时宁波便有"小学翰香，中学效实"的说法。

屠家楼顶有个摆满各类古典医书的小阁间，这里是屠呦呦童年时的阅览室：《黄帝内经》《神农本草经》《伤寒杂病论》《千金方》《四部医典》《本草纲目》《温热论》……虽然因识字不多且读得磕磕绊绊，但这里是她医学梦想萌发的温床。

1945年，屠呦呦入读宁波私立甬江女中初中。次年，她不幸染上肺结核，被迫暂停了学业。经过两年多的治疗调理，她得以好转并继续学业，也就是在这时，她对医学产生了浓厚的兴趣。

屠呦呦在效实中学读了高一、高二，后来转学去了宁波中学读高三。学校一位老师告诉记者，当时屠呦呦的学习成绩不是非常突出，成绩单上有90多分的，也有60多分的，但屠呦呦那时就有个特点，只要她喜欢的事情，就会坚持下去，努力去做。

1951年春，屠呦呦从宁波中学毕业，考入北京医学院，选择了一个在当时比较冷门的专业——生物药学。她觉得这个专业可以接近具有悠久历史的中医药领域，又符合自己的志趣和理想。北京大学医学部医学史专家张大庆告诉记者，大学期间，屠呦呦学习非常勤奋，在大课上表现优异，后来在实习期间跟从生药学家楼之岑学习，在专业课程中，她对植物化学、本草学和植物分类学有着极大的兴趣。1955年，屠呦呦大学毕业，被分配到卫生部直属的中医研究院工作。1965年，屠呦呦转而从事植物化学研究，这成为她能参加"523"任务的原因之一，也促使了她与自己生命中最重要的"神草"相遇。

屠呦呦的老同事李连达院士曾对媒体称，屠呦呦"不善交际""比较直率，讲真话，不会拍马，无论是在会议上，还是个别谈话，她赞同的意见，马上肯定；不赞同的话，就直言相谏，不管对方是老朋友还是领导"。姜廷良也告诉记者："她这个人比较认真，也直爽，心里怎么想的嘴上就会怎么说，为此也造成了大家对她的一些误会。比如说在青蒿素的研究中，对双氢青蒿素的评估，大家有一些不同意见，一般人会顾及人情和面子，表达得比较婉转，但她就会直接说：'你说得不对。'"

这种耿直的性格也形成了屠呦呦不啰唆、做事果断的风格。"我们之间的沟通往往非常简单直接，有事说事，说完就了。"张大庆说。"她的耿直在工作上表现为极度的认真，有时候我问她一个数据，结果她第二天打电话给我，说她总算查到了原始出处，这才告诉我具体数据。"姜廷良说。

在生活中，屠呦呦被同事们评价为"为人低调，而且是长期低调"。宁波市科技系统曾经拿到一张屠呦呦的名片，上面的内容很简单：单位、姓名、职务、单位地址和电话。整张名片还有大片的空白。"每次效实中学在北京召开校友会，屠教授跟先生一起来，签到、开会、聊天、聚餐，她从来没有发过言，活动结束后，又与先生一起默默地走了。"效实中学北京校友会会长陶瑜瑾告诉记者，"只有在谈到科研工作的时候，她才会滔滔不绝，恨不得跟你说一下午，但说到其他话题，她就很少发表看法。"

令陶瑜瑾印象深刻的是屠呦呦曾对他说过的一番话。"我是搞研究的，只想老老实实做学问，把自己的事情做好，把课题做好，没有心思也没有时间想别的。我这把年纪了，身体又不太好，从来没有想过去国外，更没想到要得什么奖。"陶瑜瑾记得，那是在2011年，屠呦呦获得拉斯克奖的那天晚上，他立刻给屠呦呦打电话道喜。但屠呦呦很平静，表达了谢意，并说了上述这番话。

一个纯粹的科学家

获得诺贝尔奖后，屠呦呦在北京朝阳区的住处一度宾客盈门。但这样的热闹并没有打乱屠呦呦的节奏。领完诺贝尔奖后，她继续回到科研和教学工作中。

"几十年前青蒿素刚被发现时，也有其他一些单位在进行研究，但因为没得到足够重视，很多东西发现了却没深入做下去。"屠呦呦向记者回忆，"现在党和国家这么重视中医药事业，我们需要建立一个高水平、高层次的中医药研究平台，用最尖端的现代科学技术把青蒿素研究做'透'，实现真正意义的中西结合。我们不是为了得奖而得奖，也不是得了奖就完了，既然已经开始研究，就要拿出更多更实际的成果来。"

更令人欣喜的是，近两年有越来越多的青年才俊走进中国中医科学院青蒿素研究中心的大门。"几年前在中药所读硕士时曾见过屠老师，感觉就是一个慈祥的老太太，后来她得了诺贝尔奖，越来越出名，我才知道生活在我身边的老太太有这么高的学术成就。所以在报考博士时我义无反顾地'投奔'了屠老师。"博士生马悦说。

中国中医科学院研究员、青蒿素研究中心学术委员会副主任廖福龙还记得曾经的"屠呦呦团队":"实际上主要是屠教授带着两位做化学工作的科研人员,团队很小。而现在团队有20多人,这些研究人员并不局限于化学领域,而拓展到药理、生物医药研究等多个学科,形成多学科协作的研究模式。"中国中医科学院中药研究所青蒿素研究中心已升级为"中国中医科学院青蒿素研究中心",屠呦呦为中心主任。这并不仅是名称的改变,更意味着该中心正日益发展成为青蒿素研究的"国家队"。青蒿素研究中心正在逐步建成覆盖国内外相关科研单位的研究平台。

由于没有博士学位、留洋背景和院士头衔,屠呦呦曾被媒体报道为"三无科学家"。她曾4次申报院士,但都没成功。外界普遍认为,这与青蒿素的发现多年来被强调是集体成果有关。一位知情人士透露:"屠呦呦秉性坚强,对院士评选一事并无多言。近年修改的院士评选规则规定,年龄超过70岁的只能参加1次评选,她现在90多岁,不会再参评。她虽然不是院士,但作为一个纯粹的科学家,终其一生都奉献给了青蒿素事业。"

(文/郑心仪)

呼吸病学专家钟南山：
生命至上，勇于担当

钟南山，1936年10月生，福建厦门人，中国工程院院士，著名呼吸病学专家，中国抗击非典型肺炎的领军人物，在新冠疫情防控过程中作出了杰出的贡献。2018年12月18日，钟南山获得"改革先锋"称号。2019年9月25日，获评"最美奋斗者"个人称号。2020年8月11日，被授予"共和国勋章"。

> 我这样一个医学世家出身的人，我的脉搏，没有一刻不是紧贴着祖国的。
>
> ——钟南山

巍巍南山，振振国士。2020年9月8日这一天，钟南山的名字从早到晚都在热搜上。他走上全国抗击新冠肺炎疫情表彰大会的主席台，接受共和国勋章，"我故意走快一点，显得我还没老"；他哽咽发言说，"健康所系，性命相托，就是我们医务人员的初心。保障人民群众的身体健康和生命安全，是我们医者的使命"；他连夜回到广州医科大学，受到全校学生夹道欢迎，"南山风骨，国士无双"的喊声响彻夜空……没有哪一天、哪个人的刷屏比他更让我们热泪盈眶、热血沸腾了。

有人说：我们小时候以为钟南山是一座山，长大后才知道钟南山真的是一座山。生死当头，不是任何一个人都有勇气两次挂帅，挺过危及人类生存的至暗时刻；人命关天，也不是随便一个人都有魄力镇定自若，得到亿万人毫无保留的信任。而这两点，钟南山都做到了。

17年前，"非典"肆虐，钟南山67岁。是他，公开否定国家疾病预防控制中心关于衣原体病因的观点，最早制定出临床诊断标准、率先探索出防治经验。

17年后，新冠来袭，钟南山84岁。又是他，首次面向公众确认存在人传人的现象。"没有特殊的情况，不要去武汉"，自己却义无反顾地赶往战"疫"最前线。

虽千万人，吾往矣。正如钟南山自己所说，"我这样一个医学世家出身的人，我的脉搏，没有一刻不是紧贴着祖国的"。这颗敢医敢言、勇于担当、为国为民的赤子之心，让无数中国人安心。

一个民族不能没有英雄。司马迁在《史记》中描述侠客："其言必信，其行必果，已诺必诚，不爱其躯，赴士之厄困。"有人评价钟南山有着院士的头脑、运动员的体魄、战士的意志、侠客的勇气。他满足了人们对英雄的全部想象：平易近人，却出手不凡，救黎民于疫病；深藏不露，却纾忧解困，挽国家于危难。他是我们这代人、这辈青年，在亲历的两场疫情中亲眼所见的英雄，所知的侠之大者，所记住的为国为民。

世上没有从天而降的英雄，只有挺身而出的凡人。"我不过就是一个看病的大夫。"当钟南山坐上紧急奔赴武汉的动车，闭目养神，他就是一个普通老人；走进重症病房为病人检查，他就是一名普通医生。他是这样的英雄，也是这样的凡人。他又激励了多少凡人，激荡了多少英雄梦？一位在北京打工的广东发型师骄傲地说："我女儿今年考上了广州医科大学，因为她的偶像是钟南山！"他年，这些被激励的凡人、被激荡的青春，也将和今年所有慨然赴难、白衣执甲、无私无畏的人们一样，以凡人之躯让中国"山河无恙，人间皆安"。

在全国抗击新冠肺炎疫情表彰大会前的合影环节，习近平总书记深情问候钟南山:"身体还好吧?"钟南山回答:"好!我还要向您请战,继续在呼吸系统疾病和突发性公共卫生事件防控上为祖国贡献力量,不负国家给予的重托!"

或许,只有读懂了钟南山身上英雄与凡人的合奏,才能理解中国人何以从5000多年的苦难辉煌中走来,又将以何种精神面貌和前进姿态走向明天。

(文/于石)

"人民英雄"张伯礼：
用疗效改变人们对中医的看法

张伯礼，1948年2月生，河北宁晋人，天津中医药大学党委副书记、校长，中国工程院院士。他长期致力于中医药现代化研究，奠定了中医素质教育和国际教育的标准化工作基础，推动了中医药事业传承创新发展，在新冠疫情防控工作中作出了突出贡献，荣获国家科学技术进步奖一等奖和"全国优秀共产党员""全国先进工作者"等称号。2020年8月11日，张伯礼被授予"人民英雄"国家荣誉称号。

> 我希望用疗效改变人们的看法。中华文明延续了几千年，本身就是对中医药疗效的最好证明。
>
> ——张伯礼

对张伯礼来说，2002年始发的"非典"疫情还历历在目。

"当时中国的卫生疾控条件比较差，人员也短缺，我们真是仓促上阵。"张伯礼对记者回忆道。但自从"非典"之后，国家对于公共卫生安全空前重视，不断加强防疫工作，建立了传染病直报机制，2018年又设立了中国疾病预防控制中心。

有了这些基础，在面对2020年初的新冠疫情"遭遇战"时，中国的应对能力明显提升。

"我们对'非典'病毒的结构测序,是在疫情出现后近半年、与香港同人合作完成的。而新冠疫情发生几天后,就由我们自己独立完成了整个基因测序,同时向世界卫生组织进行了报告,并向全世界公布。应该说,近10年来,我们国家对于传染病的认识水平、应对能力有了巨大的飞跃。"张伯礼说。

"疗效是最好的证明"

新冠疫情发生之初,一些人对中医药仍有偏见。

2020年初,张伯礼带领中医药团队冲到武汉抗疫一线。其间,他们救治了一名30多岁的男性患者。当他被治愈、离开方舱医院时,没有像其他患者那样对医护人员表示感谢,反而撂下一句话:"别看你们治好了我,我还是不信中医!虽然你们能治好,但你们说不出是怎么治好的!"

类似的话,张伯礼在新冠疫情之前已经听了几十年,而一些国人对中医的质疑,则从百年前就开始了。

民国初期,一些知识分子看到西方科技、军事、经济强大,认为中国的落后是传统文化造成的,于是否定一切传统。中医药作为传统文化的典型代表首当其冲,消灭中医甚至被国民党政府提上了议事日程,最后因为中医的深厚群众基础及全国中医大夫的抗议才作罢。

到了20世纪80年代,国内又出现了一波否定、质疑中医的风潮。当时刚刚改革开放,中国人再一次看到了西方的高楼大厦、飞机航母、汽车别墅……一些人在盲目崇拜之下,再次否定、矮化中国的传统文化。以"科学"的名义反对中医药成为一种时髦的言论,有人甚至提出要把中医药赶出中国的医疗体系。

这两次反中医的潮流都有其时代背景,产生的影响是广泛而深远的。早年间,每次听到外界对中医的质疑,张伯礼都默默承受下来,极少反驳。

"我希望用疗效改变人们的看法。中华文明延续了几千年,本身就是对中医药疗效的最好证明。"对于很多人质疑的核心问题——中医药的治病原理,他承认有些话"刺耳,但不无道理"。

"中医发展到今天,不但要治好病人,更要揭示治疗机理。这是我们所面对的重大课题,如何才能把古老的中医用现代科学、现代语言诠释好?"

10年来,张伯礼带领中医药研究团队攻坚克难,仅国家科技进步一、二等奖就获得了7项。他坦言,中医药的进步需要依靠科技的力量,"科技是中医药腾飞的翅膀,翅膀越硬,飞得越高、越远"。同时,随着中国在过去10年间的全面崛起,中国人对传统文化越来越有自信,开始重新认识中医药的价值。

张伯礼对记者回忆,"非典"时,中医药参与抗疫是很被动的,疫情在2002年11月出现,中医药直到2003年5月才直接参与"非典"治疗。而在新冠疫情中,2020年1月,中央就提出坚持中西医结合、中西药并用的方针,"中医药不仅在第一时间就参加了疫情防控,还在预防—治疗—康复的全程都发挥了重要作用"。

如今,大众对于中医药的认识又上了一个新台阶,很多人从半信半疑到全面接受。

在上海突发较大规模新冠疫情时,张伯礼又奔赴一线抗疫,中医药再次得到大面积使用,与西医相结合,取得了显著疗效。

"在上海,有的患者发烧不退,有的咳不出痰,有的腹气不通……使用中药后,大多数都取得了很好的效果。"张伯礼说。会诊重症病人时,西医大夫也会主动提出用鱼腥草、马鞭草等中药控制炎症。一些神志不清的病人用了安宫牛黄后,神志转清。

"这次在上海,我们治好了很多有基础病的老人和重症病人,不但老百姓对中医信任度高,就连我们中西医同行之间,也有了更多的共同语言,彼此相互信任。所以说，疗效是硬道理，有了疗效，大家就能进一步增强对中医药的信心。"

"一定要建立中医思维"

2020年，天津中医药大学高考录取分数线比以往有了较大提高——来自全国各地的考生中，有将近一半省份考生的平均分数超出当地一本线近50分，这是学校历史上从来没有的。

开学后，张伯礼与新生们有过一次面对面的座谈。很多学生告诉他，自己原本没打算学中医，就是因为新冠疫情才决定报考中医专业的。

"这些孩子很朴实、很直率，也有奉献精神，他们未来会成为优秀的中医大夫和研究人员的。"张伯礼说。

他对学生的一大期望是"建立中医思维"。因为在临床实践中，学生们总是不知不觉就按照西医的套路诊治。

"我说这可不行，这样你永远学不会中医的真谛。比如呼吸系统疾病，西医不会考虑它跟大便有什么关系，但中医一定要考虑，为什么呢？中医讲肺与大肠相表里，就是说，肺与大肠通过经脉的相互络属，构成表里关系。在武汉、上海，我们救治重症患者时，一定要通腹以泻肺，用现代医学解释，大便一通，腹气一通，膈肌下降了，肺的呼吸明显就好多了。"

张伯礼要求学生必须在中医理论的指导下，用中医思维去认识疾病、处方用药，再经过若干年的临床磨炼，才会成为一名优秀的中医大夫。

"我们不是不用西医的技术、方法，而是一定要先把中医理论学扎实了，再把西医知识拿过来使用。两手都要强，两手都要硬。"

在张伯礼看来，好医生就是知道什么时候用中医理念、什么时候用西医理念，知道两种优势怎么互补。因此，中医学生也要懂得现代医学知识。

"病人不管你是中医、西医，只要求你解决问题。而且来看中医的往往是西医治不好的病人，如果你还按照西医的模式治，同样治不好。"

接受记者采访的当天上午，张伯礼接诊了一名前来复查的患者。两周前，他的症状是胸闷、憋气、盗汗，心率接近每分钟 130 次，而且已经持续了很久，反反复复。

"他之前吃西药，每次顶一阵子，只要一停药就会复发。这次吃了中药，停药后一个星期没有出现任何症状。有学生问我为什么，我说这叫心阴虚、心火亢盛，中医的治疗方法是泻心火、养心阴，就能调心率。这就是中医思维。"

10 年来，张伯礼一直致力于中医教育的科学化、系统化、标准化，积极推动建立统一的中医教学认证标准，编写相关教学大纲、临床实训案例教材。天津中医药大学开设了中医传承班，在教学中"先中后西"，收到了很好的效果。

目前，天津中医药大学在全国各地都是一本招生，其中又分成两类，一类是来自实验区省市的考生，高考成绩超过一本线近 100 分；另一类是来自非实验区省市的考生，高考成绩超过一本线几十分。

"现在，我们的生源是一年比一年好了，这对学校、老师也提出了更高的要求。如何创造更好的条件，让学生更好地学习、实践，不能虚度时光。学生们至少要学 5 年中医专业，还有很多 8 年制、9 年一贯制的专业，我们要为学生夯实基础，培养出水平更高的医生。"

张伯礼常说一句话："医生的错误就是病人的痛苦。"努力减少错误和痛苦，让学生们养成耐心、精细、热情的工作作风和服务态度，是他从事教育工作的最大心愿。

"中医'走出去'的步伐越来越快"

对于中医药在过去 10 年间的变化，张伯礼的另一个感触就是逐渐走向国际。

"中医的国际影响力正随着中国的强大而不断上升。特别是'一带一路'倡议提出后,中医'走出去'的步伐明显加快,取得的进步也远远超过了10年前。"

张伯礼对记者介绍,目前全球有180多个国家和地区在推广中医药、使用中医药。世界标准化组织成立了一个中医技术标准委员会,其秘书处就设在中国,已经通过60多项国际标准,其中由中国提出的标准占一半以上。

近年来,张伯礼率领相关团队制定的中医本科教育标准、教学大纲、核心教材等,已经在50多个国家和地区推广应用。

"我们组织了全世界的专家参与教材编写,出版了英文、法文、葡萄牙文、西班牙文、日文、俄文等多种语言版本,今后还要继续推广。这个前提是,中医在国际上的需求越来越大,否则推也推不出去。"

另一个显著变化是国外的中医药从业人员构成。过去都是华人,或者是从中国出去的医生当中医,现在的"洋中医"越来越多,而且很多是由外国自己培养的。

几年前,张伯礼去国外参加中医药学术会议,参会的大多是中国人或华裔,现在再开会,华人往往占少数,"洋中医"占多数。

"对于中医,他们学得很认真,用得也很认真。中医诊所在国外开得越来越多,中药开始流行,针灸就更不用说了。中医在海外正在成为潮流。"

张伯礼认为,中医要更好地"走出去",一要靠疗效,二要靠标准。抗击新冠疫情就是最好的证明,国际上对中医药的理解更深了,很多国家和地区主动使用中药。

两年多来,张伯礼参加的与海外连线、介绍中医药抗疫经验的视频会议有60余场,其中包括与美国、英国、澳大利亚、加拿大、日本等发达国家的会议。每次做报告,海外少则几百人、几千人在线听,最多的一次有9万人在线听,可见外国同行对中医药的好奇与求知欲。

不过,张伯礼认为中医"走出去"还是要循序渐进,用疗效和证据慢慢地让全世界接受，不必操之过急。

"关键还是要练好内功，把中医药的科学道理研究透。我们今天有条件、有能力把它解释清楚，让它发扬光大。通过现代科技手段，把中医药作用机理讲明白、说清楚，让更多的人理解它、热爱它、使用它，才是我们的目的。要实现这个目标，除了我们中医努力以外，还希望其他领域的有志之士都来加入，发现更多的科学证据、科学结论，把祖宗留下的宝贵财富传承好、发展好、利用好，不仅为中国人民服务，也为世界人民造福。"

让古老的中医药与现代科技相结合，让更多的人理解中医药，为更多的病人解除痛苦，是张伯礼毕生的追求。而培养更多优秀的学生，让自己热爱的中医药事业后继有人，则是让他感到快乐的事情。

"中医药现代化的工作，我做了几十年，多多少少取得了一些进展，但未来的路还很漫长。我们应该坚定信心，走好自己的路，让中医药的价值被世界充分认识。"

（文 / 尹洁）

"人民英雄"陈薇：
中国医生，新偶像的力量

陈薇，1966年出生于浙江兰溪，1991年清华大学硕士毕业，同年4月特招入伍，1998年军事医学科学院博士毕业。现任军事科学院军事医学研究院生物工程研究所所长、研究员、博士生导师，中国工程院院士，少将军衔。

> 军人要时刻去想，我们的战场在哪里？
> ——陈薇

"大家好，我是009号新冠疫苗志愿者朱傲冰，体温36.6摄氏度，身体状况良好！"

2020年3月23日，27岁的朱傲冰发布一条短视频，首先感谢网友对志愿者团队的殷切关注。他接着说："很多媒体和网友称我们为勇敢的探路者和真正的英雄。其实，最早的探路者、最厉害的英雄应该是陈薇院士团队的专家组，共有7名成员，在2月29日就接种了疫苗。现在大家身体状况非常好，这也给予了我们志愿者极大的信心和勇气。"

朱傲冰是退伍军人，这次当志愿者的经历让他见到了偶像陈薇。回想当时的场景，他"整个人都激动起来"，立正敬军礼。因为买不到口罩，朱傲冰戴着自备的防毒面罩。看着朱傲冰头戴黑色大家伙，陈薇打趣说："小伙子，你这装备比我们还专业呀！"后来，朱傲冰收到了陈薇送给他的一包口罩。

"九死一生"研发疫苗

有一张照片在网上流传，护士正往陈薇左臂注射针剂，照片配文为："疫苗第一针，院士先试。""第一支新冠病毒疫苗，今天注射到陈薇院士左臂。专家组7名党员也一同注射。"接着，又有辟谣的声音出现："这张照片其实是陈薇院士出征武汉一线前在注射提高免疫力的药物。"不过，现在已经有多个新冠疫苗志愿者证实，陈薇确实接种了疫苗。

2020年3月16日20时18分，陈薇牵头研发的重组新冠疫苗获批启动展开临床试验。几个小时前，陈薇在新冠疫苗临床研究注册审评会现场完成了新冠疫苗的答辩工作。在答辩现场，陈薇一头干练短发，头戴迷彩帽，身穿迷彩服，虽戴了口罩，声音依旧干脆利落。"6个月以后加强一针的话，（防护）作用可以达到两年。""我们按照国际的规范，按照国内的法规，已经做了安全、有效、可控、可大规模生产的前期准备工作。我们已经做好了正式开展临床的所有准备！"答辩结束后，陈薇接受采访。她说："我们身在地球村，我们处在人类命运共同体的一个时代。疫苗是终结新冠疫情最有力的武器，这个武器如果由中国率先研制出来，不但体现了中国科技的进步，也体现了我们的大国形象。"

要"率先"研制，是非常难的，在疫苗研发的全球考场上，同学们都在奋笔疾书。据世界卫生组织统计，全球新冠疫苗研发项目已有44个，至少有96家公司和学术团体在同时开发。

巧合的是，也是在当地时间3月16日，美国国立卫生研究院（NIH）在官网发文称，在位于西雅图的凯撒医疗集团华盛顿卫生研究所内，新冠疫苗"mRNA-1273"也展开临床试验。当天，一位名叫詹妮弗·哈勒的志愿者打下了美国新冠疫苗第一针。然而，美国医药信息网站随后发文，指出

"mRNA-1273"疫苗试验流程不符合常规，是"越过动物直接上人"。也就是说这一疫苗的动物试验模型数据尚未出炉，就提前进入人体试验阶段。

相比较而言，中国的新冠疫苗已经率先突破药物和疫苗从实验室走向临床的关键技术瓶颈，而这一突破，得益于我国拥有最早成功并经过鉴定的动物模型，为研发疫苗争取了时间。

在新冠疫苗的研制上，我国正兵分五路，同时进行了灭活疫苗、mRNA疫苗、重组蛋白疫苗、DNA疫苗、重组病毒载体疫苗的研发。其中，军事医学科学院生物工程研究所陈薇院士团队和天津康希诺生物股份公司合作开发的重组病毒载体疫苗是速度最快的。

重组病毒载体疫苗的原理，就是把致病病毒A的部分基因植入不致病的病毒B里，重组成新病毒C。这个病毒C拥有A的外形，但致病性和B是一样的。我国的第一个病毒载体疫苗就是陈薇团队研制的腺病毒载体疫苗，2014年他们就是用这种技术开发了我国首个、世界第三个进入临床的埃博拉疫苗。

陈薇曾讲述制作埃博拉疫苗的原理。埃博拉病毒有一个钥匙蛋白，这个蛋白能打开我们机体几乎所有的细胞，病毒就在人类机体内长驱直入，"如果能把这个钥匙蛋白基因嫁接到一种普通的感冒病毒里，比如说腺病毒，体内就会对这个钥匙基因产生一个免疫的记忆。一旦真正有埃博拉病毒侵蚀机体的时候，（免疫系统）就会认识它、识别它，把它拒之门外"。这个发现的过程是极艰难的，"失败很多次，再尝试、再失败，再失败、再尝试，我们几乎把所有的技术途径都尝试了一遍，灭活疫苗、减毒活疫苗、DNA疫苗、VLP疫苗、亚单位疫苗……"陈薇用"九死一生"描述第一次开发这种重组病毒载体疫苗的经历。

我们和埃博拉的距离只是一个航班

提起陈薇与埃博拉疫苗，有几个场景不得不说。

第一个场景发生在 2019 年，埃博拉疫情早已结束。陈薇站在刚果（金）赤道省刚果河河边，脚下是高大的铁树，面前是湍急的水流，感慨万千："刚果河是世界上最深的河流，其中一个著名的支流叫埃博拉河。1976 年以前，埃博拉仅仅是一条河的名称。1976 年 9 月，一场不知名的出血热疫情在埃博拉河两岸的 55 个村庄肆虐，有的村庄甚至无人幸存，震惊全世界。1976 年以后，埃博拉从一条河的名字变成了一个烈性病毒的名字，甚至变成死亡的象征和代名词。"

多年来，很多人问陈薇同一个问题。现在，人们用更通俗的话来问她："埃博拉是个什么鬼？"她答："埃博拉是个魔鬼。"三句话可以解释这个"魔鬼"：它是生物安全最高等级的四级病毒，我们熟悉的"非典"病毒、艾滋病毒都只是三级病毒；它是目前世界上死亡率最高的病原体之一，感染后死亡率高达 90%，在非洲被称为"人类生命的黑板擦"；它是一个 A 类生物战剂和 A 类生物恐怖剂，若被别有用心地使用，后果不堪设想。

自埃博拉病毒出现以来，全世界都在研究相关疫苗。陈薇说："第一，我们要做原创的疫苗；第二，要做高效、安全的疫苗；第三，要做现实中大规模应用的疫苗。"为何陈薇团队脱颖而出？有一个原因是陈薇引以为傲的军人身份。"军人要时刻去想，我们的战场在哪里？"

埃博拉疫苗的主要战场在非洲。"美国同期研制的疫苗有很大的优势，但是它是液体的，需要零下 60 摄氏度到零下 80 摄氏度储存。"非洲烈日炎炎，低温保存是极大挑战，陈薇记得，"我们去的时候，不说别的，电都是要靠自己发"。因此，"疫苗做成对温度更加不敏感的，甚至脱离冷链的，应用的现场就大大增加"。陈薇团队成功把疫苗做成冻干制剂，"在 2 摄氏度到 8 摄氏度常规条件下就能保存 2 年，37 摄氏度环境下能保存 3 周"。

2014 年，西非暴发大规模埃博拉疫情，并且疫情首次离开非洲，到达欧洲和美洲。更为致命的是，病毒发生了变异，而美国和加拿大的疫苗均针对 1976 基因型埃博拉病毒。当年 12 月，埃博拉病毒导致的死亡人数激增，在这个严峻时刻，陈薇团队研发的2014基因型埃博拉疫苗获得临床许可，成为全球首个进入临床的新基因型疫苗。2015年5月，陈薇团队走进埃博拉疫情肆虐的非洲国家——塞拉利昂，这是中国科研团体制作的疫苗首次在境外进行临床试验。陈薇团队抵达后，塞拉利昂街道上常常能见到排起的长队，那是等待注射疫苗的人们。

于是，就有了第二个场景。2015年11月10日，塞拉利昂中日友好医院门前，十几名塞拉利昂小伙子把陈薇抛向空中又接住，他们之前都在这个医院接种了疫苗。就在11月7日，世界卫生组织宣布"埃博拉疫情在塞拉利昂终止"。"我们中国的表达方式不一样，所以在国内没有这个。第二个，我比较胖，一般别人也抛不起来。大家一脸灿烂，他们也很灿烂，我也很灿烂。"陈薇笑着谈起那次"礼遇"。

陈薇爱笑，笑声爽朗，她走路步子大，手甩起来，无论是穿着军装、白大褂还是便服，都是飒爽身姿，这样的性格让热情的塞拉利昂朋友感到很亲切。

陈薇被问过这样的问题，"中国国内要处理的公共卫生事件已经非常多了，而且我们国家还是发展中国家，你们为什么还要去非洲"？

一个原因是要保护境外的中国人。另一个原因，这次新冠疫情防控期间，人们已经有了真切的感受——我们和病毒之间，只是一个航班的距离。陈薇说："若非洲的疫情没有控制住，携带病毒的感染者，特别是在潜伏期没有发现的人，乘飞机来到中国是非常有可能的。"而且，还有一个更深层次的问题，"那就是国家安全问题，生物科技突飞猛进，生物安全已经成为一种新型的非传统的国家安全"。

塞拉利昂的埃博拉疫情结束后，陈薇去了趟当地孤儿院。那是一个特殊的孤儿院，孩子们的父母都被埃博拉病毒夺去了生命。"作为一名女性，一个母亲，我会很自然地想到孤儿院。"去的时候，陈薇带的礼物是中国的拨浪鼓，"我小时候玩过，到现在都能回忆起爸妈给我买了拨浪鼓后的场景"。孤儿院的孩子，大的十几岁，小的只有几岁，他们都争着去拉陈薇跳舞，这是第三个令陈薇难忘的场景。除却军人的身份，陈薇做这些的原因，是对这个世界充满温柔的爱。

"没有国产疫苗，中国将会怎样"

长发飘飘，一身白衣，骑着单车徜徉在落满黄叶的清华园里。读研究生那会儿，陈薇是这样的文艺青年。她会唱歌、爱跳舞，还是学校刊物的副总编辑，常常参加周末学生食堂的舞会。1990年，她因偶然机会到军事医学科学院（今军事科学院军事医学研究院）取抗体，忽然产生了投身这里工作的强烈愿望。从清华毕业前夕，陈薇放弃了深圳一家著名生物公司的高薪职位，选择穿上军装。此后，这个在清华园跳舞的女生过上了另一种生活。

2003年，"非典"肆虐，陈薇37岁。她带领课题组连夜进入生物安全三级负压实验室研究"非典"病毒，到广州一线医院采集"非典"标本，与尚无治疗方法的病毒零距离接触。最终她带领团队成功研发出有效抑制病毒的"重组人ω干扰素"，成为健康人群的预防用药。

2008年，汶川地震，陈薇42岁，担任"国家减灾委科技部抗震救灾专家委员会"卫生防疫组组长。为了预防灾后疫情，她赶赴第一线指挥战役。在废墟上工作两个月后，她又投入北京奥运会安保工作中，作为"奥运安保军队指挥小组"专家组成员，处置了数十起核生化疑似事件。

因为新冠疫苗和埃博拉疫苗，越来越多的人知道了陈薇的名字。实际上，从走进实验室的那一刻起，她就明白自己选择了一条隐姓埋名的人生道路。有人提醒过她："你们花10年甚至20年做出来埃博拉疫苗，但如果2014年埃博拉疫情没有发生，刚果（金）的疫情没有发生，你们岂不是白做了？"

在她看来，"即便后来埃博拉疫苗没有得到应用，我也很开心，那样至少全世界人民是平安的"。她一开始就了解这个职业，并做好了心理准备。她说："我的前辈，那些老一辈科学家，我不认识的、不熟悉的，我认识的、熟悉的，他们一辈子做了什么？我不知道。""但是我知道，一旦国家或者军队需要我们拿出力量，总能看到军队的力量在，'非典'、汶川地震、奥运会、埃博拉疫情……都是这样。"这一次的新冠疫情，陈薇团队依然用疫苗告诉大家，"军队的力量在"。

为什么我们要极尽所能生产疫苗？去购买别国疫苗是否可行？两年前"疫苗事件"发生时，陈薇有过深度思考。

2018年7月，国家药品监督管理局通报了长春长生生物公司违规生产狂犬疫苗的行为。国产疫苗是否安全、是否值得信任，成为一个社会话题。很多人到医院接种疫苗时，首选进口疫苗。"疫苗事件发生后，对当事人或者涉案者怎么样的谴责，以及此后对他们的依法处置，我觉得都不为过。但这类事情怎样去预防？如果没有国产疫苗，中国将会怎样？"陈薇自问。

"有些人经济条件比较好，可以承受得起进口疫苗。我们14亿多人的一个国家，我们的经济能否承受得起？即便我们国家承受得起，全世界的产能足够供给中国用吗？"陈薇说，现在我国97%的疫苗都是国产疫苗，它们在支撑着我们的防疫体系。

另外，疫苗的背后是国家安全问题。"正如这次中美贸易战，不管出多少钱，别人不再提供疫苗怎么办？"再进一步，"进口疫苗一定是安全的吗？"2017年，跨国企业赛诺菲巴斯德36批五联疫苗（其中含有百白破疫苗成分）在批签发检验的过程中，被查出8批（约计71.5万人份）效价不合格。

1955年，美国加利福尼亚州的卡特实验室制造脊髓灰质炎疫苗时灭活病菌不够彻底，导致活体病毒出现。但在安全测试中，这个问题没被发现，很多孩子因此死亡或瘫痪。"这是一个非常大的事件，美国在惨痛的教训中，对相关法律进行完善，将监管水平提到更高。"陈薇希望，"疫苗事件"能成为"把这个行业做好的一个契机"。

陈薇曾是全国人大代表，现在是全国政协委员，她呼吁做好国家生物安全防御体系的建设。"我们国家应该形成一个长效的合力。比如，能否形成一个长效的机制,成立与生物安全相关的国家实验室,把国家的力量、科研的力量,甚至一些有情怀的企业家的力量整合起来。从源头的创新到过程的研究,再到生产、应用及最后的监管,都需要一定的顶层设计。"

研究病毒的科学家面临巨大的风险。2014年8月,美国《科学》杂志发表了一篇关于当年塞拉利昂疫情的基因序列文章,这对埃博拉防控至关重要。文章有55位作者,其中5位在文章发表时已去世,原因就是感染了埃博拉病毒。陈薇进入实验室到现在有30多年,这是小心翼翼的30多年。有同事转业前劝她:"陈薇,你少搞些'魔鬼'课题研究。"但她脑子里挥之不去的就是这些"烈性微生物",炭疽、鼠疫、天花、埃博拉……"您天天跟病毒打交道,怕过吗?"曾有个小姑娘这样问陈薇。陈薇的回答是:"要说不怕,那可不是真心话。我想,我们会尽一切的努力去做好个人防护,做好他人防护,做好环境防护。如果我们承担了更多的怕,小姑娘,你和其他人可能就少一点怕了。"

(文/王媛媛)

"人民英雄"张定宇：
暴风眼里的逆行者

张定宇，1963年出生于湖北省武汉市，临床医学博士，毕业于同济医科大学（现华中科技大学同济医学院），现任湖北省卫生健康委员会副主任、武汉市金银潭医院院长，曾荣获"全国卫生健康系统新冠肺炎疫情防控工作先进个人"称号。2020年8月11日，张定宇被授予"人民英雄"国家荣誉称号。

> 我必须跑得更快，才能跑赢时间，才能从病毒手里抢回更多的病人。
>
> ——张定宇

2020年8月11日上午8点多，金银潭医院行政楼的工作人员陆续来上班，保安操着武汉方言指导大家有序停车。距离武汉新冠病例清零已过去近5个月，大家不再焦急奔跑，一切回到疫情前。金银潭医院在武汉北三环边，记者走进门诊部大厅，角落处正在维修，墙面斑驳，地上还落着些灰。这座医院看起来不太起眼，却被称为"全民抗疫阻击战最早打响的地方""风暴之眼"。它是最早收治新冠患者的医院，院长张定宇是武汉最早统筹治疗救治的人之一，组建隔离病区、采样检测、动员遗体捐献、推动尸检，为了解病毒、救治病人创造了条件。

也是在11日这天,国家主席习近平签署主席令,授予钟南山"共和国勋章",授予张伯礼、张定宇、陈薇"人民英雄"国家荣誉称号,表彰其为抗击疫情作出的贡献。

张定宇的办公室在行政楼三层,楼里没有电梯。对他来说,上楼梯很费劲。他身患渐冻症,脊柱神经出了问题,双腿肌肉萎缩,几乎没有支撑力。前几个月,他跛着走,还能迈出步伐,上楼梯时同事上前扶,他还会拒绝:"不用,我自己来。"最近,他只能走小碎步,胸向前倾,跟跟跄跄往前踮,也就不再拒绝同事的帮忙。一段十几阶的楼梯,在别人的搀扶下,要走三四分钟。

金银潭医院能顶住"风暴",为其他医院提供经验,并非偶然,是张定宇在每个环节都"快了一点点",才阻击了病毒这个看不见的敌人。

"他很有担当"

2020年4月,张定宇被提拔为湖北省卫生健康委员会副主任,有人质疑:"凭什么?好像没做什么大不了的。"言下之意,他只是个院长,为何能升任省卫健委领导。

法医刘良听到后,为他叫屈。"张定宇和所有院长处理同一种紧急情况,但没人做到他那样。"刘良是华中科技大学同济医学院法医学系教授。疫情早期,刘良认为尸检能了解病毒的影响,找到多家医院想做解剖。"所有人都说做不了。当时没人知道这是什么病毒,解剖风险非常大,一旦病毒泄漏,可能造成更大规模感染,这个责任太大了。"他辗转找到了张定宇。

"我记得你!"张定宇说。20多年前,张定宇还在武汉市第四医院工作时与刘良有业务往来,刘良不记得他了,张定宇倒是能记住接触过的医务工作者。张定宇肯定解剖的意义,但他是搞临床的,不太懂解剖病理,就问刘良:"这个能保证安全吗?"刘良做了几版方案讲解,张定宇记下解剖所需的条件:

负压环境防止病毒外泄，设备尽可能少，以免搅动空气造成病毒传播……

2020年2月15日，武汉市卫健委同意解剖事宜时，张定宇已做了不少准备，立即将一间负压手术室作解剖室用，还动员遗体捐献。当天，刘良率团队在金银潭医院进行全球首场新冠遗体解剖。事实证明，病理解剖解释了关于呼吸道的疑惑，为接下来的救治提供了关键参考。

回忆惊心动魄的那几个月，刘良很感慨："在那种情况下，最关键是谁愿意突破。很多人等着'天上掉馅饼'，等政策下来再去做。但张定宇是主动想办法，很有担当。而且他不鲁莽，不是脑袋一拍往上冲，他尊重专业人士，问清楚才去推进，有勇有谋，我非常感谢他。"

张定宇为应对复工复产后可能出现的疫情反弹专门腾出了医院的南楼。疫情防控期间，他把每栋楼的每层设为一个病区，每层由一名中层干部负责，他们就叫病区主任。确立病区也是他"快半拍"的结果。

2019年12月29日，金银潭医院收治首批患者，那时病因不明，张定宇怕这病传染力强，赶紧让人清空一栋楼作消杀，备好床头柜、凳子等。刚备好，病人就急速增加。那些天，他常盯着统计床位的电脑系统，"哗"一声，一层楼就满了。张定宇说："自己只是'快半拍'，尽量在心理上做好准备，而不是等局势逼迫我们做决断。"

张定宇是在2013年成为金银潭医院院长的。在老员工心中，他和前几任院长都不一样。

余亭是金银潭医院结核科主任，在这家医院工作了20年，疫情防控期间担任南四病区的主任。他说："张院长搞业务出身，任何业务都唬不了他。"张定宇参加工作后又在职读博，取得华中科技大学同济医学院博士学位，刚到金银潭医院任院长时就抓学习，让医生护士学临床指南，逼医生考职称。余亭记得："当时我还是住院医师，他一来，我整个人都变紧张了。"大家常参加考试，不及格就脱岗学习，不得看诊。余亭笑称："这很没脸的！"张定宇建立科研平台GCP（国家药物临床试验），让医生做研究、发论文。余亭就在这个平台做了结核感染 T 细胞检测的研究，运用到临床后效果很不错。

医院的业务水平和应急能力提高了，才在突如其来的疫情中扛住了"风暴"。

私底下都心疼他

张定宇经常发脾气。同事和朋友都说他爱咆哮，狮子般的吼声响彻报告厅、办公室、楼道……

疫情早期，医护人员不太熟练救治程序，张定宇冲着重症医学科主任吴文娟吼道："没认真学，你们都好水！做得稀烂！"因为抗疫压力大，吴文娟哭了。她曾参与 H1N1、H7N9 的救治，见过很多大场面，都镇定处事，那次却被张定宇吼哭了。向记者回忆时，她笑道："有时我们没做那么'稀烂'，但他要求什么都做到最好。他觉得如果我们扛不住骂，那也成不了事。"

医院刚开展唾液的核酸检测服务时，余亭突然接到张定宇的电话："你知不知道唾液（核酸）怎么查？"余亭回答说，把口漱干净、吐口水、查唾液。话音刚落，他就听到电话里传来拍桌子的响声，随后是张定宇的"狮子吼"："知不知道你在瞎说？！"张定宇要求每个中层干部熟知检测步骤，一听余亭没搞明白，就发脾气了。他找来病毒所的博士辅导所有人。很快大家懂了——把口漱干净，拿专用海绵放嘴里嚼 3 分钟，再吐到试管里。

同事和搭档怕张定宇，但私底下提起他都很心疼。2018 年，张定宇确诊患上渐冻症。这是绝症，患者会因肌肉萎缩逐渐失去行动能力，就像被渐渐冻住，最后呼吸衰竭而死。此症的萎缩时间因人而异。在记者了解到的病患中，从确诊到离世有一年的，有四五年的，也有几个月的。当时，张定宇不想让同事分心就没说，想查房又不愿同事看到自己跛脚，就趁深夜没什么人拖着脚过去瞧一瞧，后来跛脚瞒不住了，便笑说关节出了问题。他睡觉会抽筋，一晚抽几次，常被抽醒，没法睡安稳觉。

一次，吴文娟偶然发现医院有塞来昔布这种药。塞来昔布用于免疫抑制治疗，金银潭医院用得少，此前从不引进。她一问才知道是张定宇在服用。"我当时觉得奇怪，他吃这个药干什么呢？但这个药也能止痛，或许他是拿来缓解关节疼痛吧。"吴文娟就没放在心上。

2020年疫情早期，医院每天涌进几百号病人，医护人员试了各种办法，有些病人也没好起来，刚抬走一个，又来一个。一些医护人员崩溃大哭。张定宇想安抚大家，给他们鼓劲，就把所有中层干部叫到会议室，从自己的病情说起。说着说着，"狮子"突然变温柔了："我都这样了，还能扛得住，你们也加把劲嘛！"然后对大家深深鞠躬。大家振作了，不少人也哭了。向记者聊起这事时，吴文娟突然不说话了，把头稍撇过去，眼角开始泛红。

张定宇这样理解自己的病：身体残疾了，但思想没残疾，还能指挥调动。"命也许说没就没了，所以要格外珍惜时间。"10多年前，张定宇就深刻地体会到了这句话。

从"撑麻"领悟到的

2010年，还是武汉市第四医院副院长的张定宇向"无国界医生"组织递交申请，通过重重考核成为湖北省第一位"无国界医生"。"无国界医生"是国际医疗人道救援组织为因武装冲突、流行病和天灾等无法就医的人提供医疗援助，由来自全球的优秀医生和专家加入。张定宇本业是麻醉科医生，赴巴基斯坦西北边境的蒂默加拉医院援助时负责麻醉工作。当时，他和同事穿着民族服装，每天早晨坐车去医院，按当地习俗，男女不能混坐，男同事坐前排、女同事坐后排。

那里曾由塔利班和巴基斯坦政府交替控制，当时仍有战火，平民流离失所，死伤无数。2011年1月22日早上，张定宇接到电话："有警察被炸伤，正送往这里，请立即准备。"原来，袭击者在路边藏了引爆装置，警车路过时突遇爆炸。张定宇眼前的重伤警察左上肢的骨骼和肌肉已被炸飞。他有200多斤重，呼吸有障碍，张定宇赶紧给他注射镇静剂，在咽喉做局部麻醉，才插管成功，让他呼吸顺畅。外科医生切开警察的腋动脉，在腋窝发现了一块黑色的泥巴，泥土和残留的人体组织黏在一起。最后，救援队对他进行截肢，才救了他。

"无国界医生"是张定宇最难忘和深刻的经历之一，因为他领悟到，一名医生要学会应对所有情况。

一次，一名25岁的孕妇要剖宫产，突然抽搐，她躺在手术台上，剧烈扭动，张定宇无法为她量血压、测心率等麻醉前的准备工作。情况危急，张定宇便和另外4名医务工作者使劲按住她，其中一人抽空注射镇静剂，然后输液、麻醉、上呼吸机，妇产科医生做手术，张定宇负责降血压和抗惊厥治疗，合力完成救治，患者母子平安。进行麻醉时，病人有时会突然抽动，医护人员就要撑住病人肢体，免得他们摔下手术台或伤到自己。而在武汉方言里，用力按压叫作"蹭"（三声），张定宇觉得和动词"撑"的意思、读音有点像，就说自己在"撑麻"。这场"撑麻"没按正常流程先测血压、心率，若张定宇固守程序才去治疗，病人可能已经身亡。"紧急情况下，医疗救助可能'无章可循'，要权衡利弊轻重，作出对病人伤害最小的决定。"

麻醉医生不只是搞麻醉，还要会做具体治疗。"麻醉医生不是技师，他必须首先是医生，不要让'这不是我要做的'思维框住自己。"疫情防控期间，许多麻醉医生进入重症病房从事插管等工作，成为得力助手。

在3个月的"无国界医生"经历中，张定宇体会到紧急援助就是在"抢时间"。这个意识在张定宇回国后持续发酵。他回到武汉的第二年，出任武汉市血液中心负责人，开启了大刀阔斧的改革。

"做个大胆的尝试"

2012年，张定宇任武汉市血液中心主任。许多人觉得献血离自己很远，但它于公于私都是好事。一袋血可能救多个人。血会被分离出血浆、红细胞、白细胞和血小板，各起作用。像血小板能止血凝血，病人若大出血就需要它。张定宇的妻子曾感染新冠，后治愈，当时发现康复者血浆有抗体，妻子便去献血。另外，病人需要输血时得缴费，若此前献血达到一定量可免除费用。

张定宇发现，血液中心全年的采血量中大部分来自个人志愿者。他和大多数员工都献过血，还鼓励当时正读大一的女儿捐了300毫升的血。不过，血液短缺是世界性难题，许多国家到了夏、冬季，人们因太热或太冷不愿出门，个人献血减少了，出现缺血问题。武汉许多医疗机构用血紧张，病人急需血液时，要么缺某种血型，要么还在运来的路上。张定宇认为，血液中心不只是采血供血，还要能调动人们主动献血。

张定宇找到李梦涛。李梦涛是湖北省的"献血牛人"，当时已经45岁了，在武汉的长丰万国汽配城经营一家汽配公司。他的母亲曾因病严重失血，输血1600毫升才脱险，他意识到捐血很重要，便开始献血。截至2020年8月11日，他已献了300次血。当时，张定宇问李梦涛等志愿者骨干在动员献血时有什么困难，得知他们要自掏交通费前往献血点，还要买饭，便不那么积极。张定宇对他们说："我在巴基斯坦虽是做公益，但国家有补贴。同样道理，无偿献血值得称赞，不能让你们贴钱作贡献。这样，对全市的献血者，我们提供交通和午餐补贴。"

果然，志愿者变多了。张定宇还让每名志愿者骨干对口负责一个片区，动员人们献血，李梦涛负责汽配城。一天，张定宇接到李梦涛的电话，得知汽车城的人想献血，可是献血点在8公里外，很不方便。在那之前，武汉大部分采血车只停在特定地点，有的市民离得远就作罢了。李梦涛问："能不能把采血车开进汽配城？"张定宇很爽快："可以！做个大胆的尝试！"2013年8月21日，采血车开进汽配城，31人无偿献血，献血量超过1万毫升。这个尝试沿用至今，采血车开进社区、单位等，既调动了人们的积极性，也解决了武汉季节性血液短缺。

每当，武汉到了最热的时候，张定宇会穿着大裤衩、光着膀子和好朋友在路边吃大排档，吃着羊肉串、拍黄瓜，聊聊工作、开开玩笑。以前他常骑行，最久的一次骑了70公里，这让他觉得很青春，得病后不能控制双腿，便不骑了。但有件事让他觉得很幸运，这病没影响脚踝，脚还能踩离合器。2020年6月的一个晚上，吃大排档时，他笑呵呵许了个愿：想开车带妻子去西藏旅游。

他还是一只乐观的狮子。

（文/陈霖）

"中国肝胆外科之父"吴孟超:
九十六岁的手与刀

吴孟超(1922年8月31日—2021年5月22日),福建闽清人,毕业于同济大学医学院,著名肝胆外科专家,中国科学院院士,曾任上海东方肝胆外科医院院长,被称为"中国肝胆外科之父"。1996年,吴孟超被中央军委授予"模范医学专家"荣誉称号,2005年获得国家最高科学技术奖。

> 当一名外科医生是我梦寐以求的理想和追求。
>
> ——吴孟超

董卿告诉记者,没想到《朗读者》第二季2018年播出后,刷屏的会是吴孟超。

他2005年就获得了国家最高科学技术奖,是第一位获此殊荣的医学家;又在2012年初被央视评为"感动中国"十大杰出人物之一;"中国肝胆外科之父"的名声早在业界流传开来。可当人们得知,已届96岁高龄的吴孟超仍在为病人做手术,此生已把1.5万名患者从死亡线上拉回来,仍会再一次心生感动。

自从《朗读者》在2018年7月14日播出吴孟超的故事以来,各路媒体、公众号至今没有中断对他的报道。一位网友说:"我早就知道吴老的故事,可每次看到关于他的消息,我还是忍不住再看一遍,再经历一次心灵的洗礼。"

医者吴孟超

在《朗读者》节目中,吴孟超在屏幕上展示了他那因长期手术而变得弯曲的手指。当记者有幸获准现场采访他做手术时,发现他的脚趾发生了更严重的变形——右脚二脚趾搭在大脚趾上,两个脚趾交错在一起呈"X"形,想把它们掰开都要费一番工夫。吴孟超的大女儿吴玲告诉记者,手术一做就是几个小时,甚至十几个小时,他要用脚抓地站稳,早年又习惯于将二脚趾搭在大脚趾上,时间一长就纠正不过来了。

从1943年考入同济大学医学院算起,吴孟超已从医75年。毕业后,吴孟超到第二军医大学(今海军军医大学)第一附属医院工作,并于1956年开始专注于肝胆外科。肝脏内有数不清的血管、胆管、淋巴管,手术稍有不慎就会出现大出血,导致病人在术中或术后死亡。那时候吴孟超和同事就想,一定要把肝脏的血管分布情况弄明白。

20世纪50年代末,吴孟超尝试着向实验用肝脏器官内注入液化塑料,然后用酸液将管道周围的肝组织腐蚀。本以为这样就可以看清肝脏的各路管道了,结果连注入塑料的各种管道也被软化了,整个标本就坍塌了。1959年4月,容国团在第二十五届世界乒乓球锦标赛中获得男子单打冠军,全国为之沸腾。这让吴孟超有了灵感:何不用乒乓球材料试试?当他试图把液态的乒乓球材料赛璐珞注入肝脏血管时,如果太稠就灌不进细微管道,如果太稀就撑不起肝脏形状,压力过大会导致血管被撑破,压力小了又会导致液体分布不均……

经过反复调整浓度和压力,两个月后的一个早晨,当吴孟超和同事用水冲洗掉经腐蚀的肝脏结构后,一具完整的肝脏管道标本终于呈现在眼前。接着,他们又制作了上百具不同类型的标本。在上海东方肝胆外科医院的陈列室里,记者见到了吴孟超当年制作的标本，它们蓝白相间，犹如美丽的珊瑚一般，每一根细小的血管都展示得清清楚楚。根据这些标本，吴孟超认为应该抛弃过去把人类肝脏简单分为左、右两叶的陈旧观点，于1960年首次提出"五叶四段"论，并在当年实施了中国第一例成功的肝脏手术，为一名肝癌患者切除了肿瘤。"五叶四段"解剖理论直到今天仍指导着世界上大多数肝脏手术。

由于对肝脏内管道分布了如指掌，吴孟超接下来的手术都很成功。同时他又有些遗憾："那时候做肝脏手术采用低温麻醉方法，先把病人麻醉，再泡在冰水里，等体温降到32摄氏度再手术。因为只有低温状态下，肝细胞才能经受长时间的缺血。但这样做太残忍了，太不人道了。"一天，他洗脸时发现水龙头的开关能控制水流的断续，这个简单的道理难道不能应用到肝脏血液的控制上吗？经过多次实验、比对，吴孟超发现，15分钟是肝脏手术血流阻断的理想时限，只要把握好时限，多次阻断累加的时间足够施行复杂的肝脏手术。他称这个方法为"常温下间歇性肝门阻断切肝法"。此法很快在全国推广，至今被医学界认为是最简单、最有效、最安全的肝脏手术方法。吴孟超成了中国肝脏外科领域的"一把刀"。

1963年2月，上海某医院收治了一名肝癌患者，肿瘤长在了中肝叶部位。"中肝叶处于肝脏的'心脏'，管道结构极其复杂，几乎所有肝内重要管道都流经这里。如果说肝脏手术是外科手术中的'禁区'，那么中肝叶手术则是'禁区中的禁区'。于是这家医院的医生邀请吴孟超前来会诊。"上海市科普作家协会副理事长、《肝胆相照——吴孟超传》的作者方鸿辉说。吴孟超花6个小时成功完成了世界第一例中肝叶肿瘤切除手术。截至2011年，他共主刀400余例中肝叶肿瘤切除手术，成功率达97.3%。

2011年9月，方鸿辉在手术室拍摄了一张难得的照片。手术前，吴孟超将手术服向上抛起，衣服落下来时，他的双臂正好伸进衣袖。89岁老人的这套娴熟动作，让方鸿辉感叹："这简直就是'上帝之手'。在米开朗基罗的名画《创造亚当》中，上帝将手指伸向亚当，传递着生命的火种。而吴老正做着同样的事,拯救了千万癌症患者的生命。"

赤子吴孟超

吴孟超有 3 个女儿,没有儿子。吴玲告诉记者,小妹是一名眼科大夫,嫁给了一位在德国工作的科学家,已在德国安家。"爸爸常打电话给她,希望她们早日回国发展。尽管他知道有一些现实中的难处,但还是反复叮嘱。"吴玲明白,对祖国的感情与父亲的人生经历密切相关。"他是马来西亚华侨,他的父母都在马来西亚去世,弟弟妹妹也都在马来西亚生活。只有他当年去了抗日前线,回到了祖国。"

1927 年,年仅 5 岁的吴孟超离开家乡福建闽清,随母亲漂洋过海,投奔在马来西亚打工的父亲。他还记得帮父亲做米粉、割橡胶的情形——他们把从橡胶树上收集的汁液烘干,制成胶片,拿到市场上卖。可市场掌握在英国殖民者手里,他们任意杀价,"100 斤只卖 4 块钱"。初中毕业后,父亲想让吴孟超到英国读书,他却说:"难道我们受英国佬的欺负还少吗?"

吴孟超决心回到祖国参加抗日,还鼓励其他华侨子弟的同学这么做。他倡议把用来毕业聚餐的钱和在当地演出募捐来的钱聚集起来,支持祖国抗日,得到了同学们的赞同。于是,一份以"北婆罗洲萨拉瓦国第二省诗巫光华中学 39 届全体毕业生"名义的捐款,通过侨领陈嘉庚送往延安。"当时的侨领也分成两派,陈嘉庚支持共产党,还有的支持国民党,我们学校受陈嘉庚影响,都相信共产党。"吴孟超回忆,学校后来收到一份八路军总部以朱德、毛泽东的名义发来的感谢电报,"这更加鼓舞我回去报效祖国"。

吴孟超和同学辗转到达越南西贡海关办理入境签证。当时的越南是法国的势力范围,吴孟超正准备在登记表上签名时,法国签证官拦住了他,旁边一名越南警察说:中国人只能摁手印。吴孟超指着刚才签字的一个白人,用英语问签证官:"请问先生,我不能同他一样签字吗?"签证官蛮横地用英语答道:

"这里规定黄种人一律得摁手印。"吴孟超感到莫大的耻辱,说道:"我们都是学生,我们会用中文或英文签字……"签证官说:"难道认几个字就能改变你们的肤色吗?黄种人签什么字?你们是东亚病夫!"争执不下,吴孟超最后只好摁手印通关。他后来考取了在云南办学的同济大学附属中学,可这份"摁手印"的屈辱却记了一辈子。

2010年11月,美国芝加哥大学邀请吴孟超到美国参加国际外科会议。他到美国领事馆办签证时,工作人员也请他摁手印。"我会签字,为什么让我摁手印?"吴孟超问道。"吴先生,这是规定。"对方友好地答道。吴孟超的态度很坚决:"我不摁手印!""这是美国的新规定,为了反恐需要。""所有人都要摁手印吗?""不包括欧洲白种人。"吴孟超怒气冲冲地说:"是你们邀请我去参会的。"对方执意让他摁手印,否则不能去。吴孟超答道:"我不去了!"

会议组织方得知后,赶紧与吴孟超取得联系,让他不用管这个事了,他们去联系。吴孟超还是拒绝了:"我还有别的事。我不去了。"

吴孟超也见识过日本人的有色眼镜。1958年,一个日本医学代表团来华访问,一位教授在第二军医大学作关于肝脏外科的学术报告,傲慢地说:"中国的肝脏外科要达到日本现在的水平,起码要30年!"这句话让吴孟超心里憋了一口气,决心自力更生,勇攀高峰。日后他取得举世瞩目的成就,多次应邀到日本讲学。

1986年,第一届中日消化道外科会议在上海举行,吴孟超担任中方主席。日本医学代表团带来一个摄制组,要求在开会期间拍摄吴孟超肿瘤手术全过程,吴孟超没有考虑太多,一口答应。同事和学生提醒说:"吴老,您那一套技术可还没有申请过专利呀,万一被日本人学到手……"吴孟超笑着说:"没关系。"他知道,"吴氏刀法"的秘诀在于手感。他在《朗读者》中说,有时做手术眼睛是向上看的,因为用手一摸就知道病人腹内情况。这种手感是摄像机拍不到的。"他的学生施乐华曾感慨,跟了吴老这么多年都没弄清他手中的奥秘,日本人靠几个摄像头怎么能弄清?"方鸿辉说。尽管这种手感难以学习,吴孟超还是把他的知识和技能对有志于从事肝胆外科的医务人员倾囊相授。"我的所有技术属于人类，我吴孟超没有专利！"

军人吴孟超

抗日战争时期，为避战乱，不少教学、科研机构都被迫迁移到大西南。梁思成主持的中国营造学社搬到了四川宜宾的李庄，与当时的同济大学附中成了近邻。吴孟超和同学们常跑到营造学社"追星"，帮梁思成、林徽因夫妇抄写文稿、描图等。"我们帮他们干活，林徽因有时会给我们一小块巧克力。"吴孟超用拇指掐住食指第一个关节告诉记者，"那时候穷，我们没吃过巧克力。"说到这里，记者向吴老展示了《环球人物》杂志2014年7月刊登过的一期关于林徽因的封面报道。吴孟超看到杂志封面后，马上就认出这是他年轻时崇拜的建筑学家、诗人，还说一度想当一名工程师。而同济以医学见长，他大学毕业后，进入军医大学附属医院，逐渐成长为一位有将军军衔的名医。平时，他不是穿着医生服，就是穿着军装。这一生，他始终保持着军人的本色，从未辜负这一身戎装。

1949年5月，上海解放。5月26日清晨，吴孟超出门准备到本科实习医院上班，发现马路边上整齐地睡着一排一排的解放军战士。"他们不进屋，不扰民，令人震撼。'三大纪律八项注意'的告示到处张贴着。我不由得对这些解放军战士投去钦佩和敬仰的目光。"吴孟超回忆说，"接下来，医院接收了一批解放军伤员，我们就忙开了。"

一年的实习结束后，吴孟超被分配到同济大学附属医院小儿科，因为他的小儿科结业成绩是95分，全班第一，而外科只有65分。但他钟爱的是外科，因为外科医生一刀下去就能把病人治好，干脆利落。为了实现当外科医生的理想，他情愿放弃留校当小儿科医生的好机会。当时华东军区人民医学院第一附属医院（即后来的第二军医大学第一附属医院）正在招外科医生，吴孟超欣然前去应聘。主考官郑宝琦教授同样对他65分的外科成绩有所疑虑。而吴孟超解释说："当一名外科医生是我梦寐以求的理想和追求。外科很适合我的性格,我胆大、心细、动作利索,从小就养成了很强的动手能力……"郑宝琦渐渐被这名毕业生打动,告诉他面试通过了。他觉得,吴孟超身上有一股劲,一股年轻人永不服输的冲劲,一股让人对他刮目相看的韧劲,一股初生牛犊不怕虎的闯劲,这正是一名优秀的外科医生应该具备的素养。

1956年,吴孟超入党、参军。也是这一年,他向老师裘法祖请教未来应该朝哪个方向发展。裘法祖有"中国外科之父"之称,他告诉好学的吴孟超,普通外科是门很古老的专业,胸外科已从这里分出去了,脑外科也已独立建科,当今世界肝脏外科还很薄弱,我国又是肝脏疾病高发国家,如果你有决心,可以往这个方向发展。吴孟超听后下决心朝这个方向努力。裘法祖说:"如果你能朝这个困难的方向努力,说明你确实有军人风范,很有志气。一旦认准了目标,就要勇往直前,决不后退。"

与老师谈完话,吴孟超就跑到上海各大图书馆搜索带"肝"字的著作,几无所获。后来找到一本英文版的《肝脏外科入门》,如获至宝。裘法祖翻阅此书后建议吴孟超:尽快把它译成中文。吴孟超谨遵师诲,和同事方之扬一起翻译,就连患上痢疾住院期间也不忘译著的事。一个多月后,当吴孟超抱着译稿向裘法祖汇报时,老师再次赞赏道:"我让你们尽快,没想到这么快!到底是军人作风,雷厉风行啊。"1958年5月,译著出版。这是我国有关肝脏外科方面的第一部医学译著。

吴孟超还有一股不肯轻易放弃的倔强脾气。1975年,医院收治了一名肝癌患者,肿瘤重达18千克。当时医院暂驻西安,患者是安徽人,已在合肥的大医院看过病,医生们无计可施,他就抱着一丝希望千里迢迢从安徽赶到西安。当时,同事和同行医生都劝吴孟超,对没有多大把握的病人还是"婉拒"为妥,这样对医院和医生的名声也无大碍。可吴孟超偏要试一试。最终经过12个小时手术台上的奋战,他将63厘米的巨型肿瘤切除,创造了医学史上的一个奇迹。这名患者后来健康地生活了40多年。

方鸿辉在接受记者采访时问道:"你们看完吴老手术,觉得他这个人怎么样?"记者回答说:"爱笑,很和蔼。"方鸿辉说:"那是对外人。其实他脾气大着呢,经常训斥他的弟子。"一名科室主任曾回忆:"每次查看医疗记录,吴老都会一个字一个字地看,甚至连标点符号都不放过,一旦有谁的字写得不工整或数据不对,他就会当着很多人的面大声训斥'粗枝大叶',一点也不给你面子。他常说,写病历同给病人看病一样,要严谨细致,要有足够的耐心。"吴孟超说:"我对学生,越喜欢的训得越厉害,希望他能够做好,不要出事。"如今,中国肝胆外科界的中坚力量,最优秀的医生、教授,80%是他的学生。

《感动中国》节目曾说,吴孟超是世界上90多岁高龄仍然工作在手术台前的唯一一位医生。而他自己觉得,"十来天不进手术室,心里空落落的"。记者采访吴孟超手术的那天是个星期三,他离开手术区时,医护人员搀扶着他,略带抱怨说:"不是说好以后每周两台手术吗?今天已经是第三台了。"

在我们的采访中,吴孟超告诉记者,位于上海嘉定区安亭镇的新院区已经投入使用了,那里有1500张床位,规模更大,旁边还有新设立的国家肝癌科学中心。这都是他牵头实施的,他实现了人生事业的又一次腾飞。

(文／田亮)